Elsa Fernandez

Fragmente über das Überleben

UNRAST

Elsa Fernandez ist in Südfrankreich aufgewachsen, lebt in Berlin und hat hier in mehreren romane Projekten gearbeitet (u.a. im Rroma Info Centrum und im Archiv RomaniPhen). Für das Buch *Gespräche über Rassismus* von Zülfukar Çetin und Savaş Taş hat sie ein Interview über »Gadje-Rassismus und Erinnerung« gegeben und für das Online-Buch *Perspektiven und Analysen von Sinti und Roma in Deutschland* von Jane Schuch und Isidora Randjelović einen Text über den Pharrajmos geschrieben.

Elsa Fernandez

Fragmente über das Überleben

Romani Geschichte und Gadje-Rassismus

UNRAST

Bibliografische Information der Deutschen Bibliothek:
Die Deutsche Bibliothek verzeichnet diese Publikation in der Deutschen Nationalbibliografie; detaillierte bibliografische Daten sind im Internet über http://dnb.ddb.de abrufbar.

Elsa Fernandez:
Fragmente über das Überleben
1. Auflage, November 2020
ISBN 978-3-89771-280-5

www.unrast-verlag.de – kontakt@unrast-verlag.de
Mitglied in der assoziation Linker Verlage (aLiVe)

Umschlag: Felix Hetscher, Münster
Satz: Andreas Hollender, Köln
Druck: Multiprint, Kostinbrod

Inhalt

Einleitung

Wenn wir gut hinhören, können wir Zeug*innenschaften überall im Alltag hören: in den Worten der Kinder und Erwachsenen, im unmittelbaren ›Sich-Selbst-Erzählen‹, das aus Zeichen, Schriften, Gesten oder Tönen besteht. Die Dringlichkeit des Sprechens über überlebte Katastrophen und das zwingende Bedürfnis zu bezeugen prägen das ganze Leben.

Manchmal gibt es Dinge, die wir (auch ohne es zu wissen) unbedingt sagen wollen. Sie sind unendlich, kehren immer wieder, sind auf der Suche nach Orten, Ansprechpartner*innen oder Materien. Die Versuche des ›Sich-Selbst-Erzählens‹ werden jedoch oft übersehen, überhört, ignoriert und allein gelassen.

Bestimmte Leben und Worte werden von majorisierten[1] Menschen und Gruppen überhört und negiert. Diese verschweigen, verleugnen und verleumden die Gegenwart von Erzählungen, Recherchen, Verletzungen und des Bezeugens unterdrückter Geschichten. Hegemonie und Unsichtbarmachung verdecken minorisierte[2] Geschichten. Sie verdecken auch, was Menschen zu sagen haben. Die Fragen »Wer bist du?«, »Wie nennst du dich?« oder »Wie ist deine Geschichte?« werden im Westen selten mit Langsamkeit und Geduld gestellt.

Überlebensgeschichten werden meistens erst dann angehört und wahrgenommen, wenn in der majorisierten Gesellschaft die Bedingungen dafür vorhanden sind: wenn die Gefährlichkeit der unterdrückten Aussagen entschärft wurde oder ein langwieriger Kampf um Anerkennung das Ignorieren seitens der Majorisierten entkräftet hat. Unsichtbarmachungen haben mit Klassismus, Ableism, Rassismus, Heteronormativität, Transfeindlichkeit und allen anderen Diskriminierungsformen zu tun. Sie sind bewusste oder internalisierte Handlungen, die auf alltäglichen, ökonomischen, politischen und sozialen Ebenen stattfinden. Erzählungen, Wissen und Geschichten *werden* minorisiert oder majorisiert; Machtverhältnisse, Institutionen und

1 Siehe Glossar.
2 Siehe Glossar.

Menschen machen etwas mit ihnen. Sie existieren nicht an sich, sind weder unabhängig von den Menschen, die sie hervorrufen und weitertragen, noch von den majorisierten Menschen, die diese unterdrücken.

Dieser Text handelt von romani Geschichte, von Gadje-Rassismus[3] und von anderen unterdrückten Geschichten. Er handelt auch vom Überleben und von unterschiedlichen sprachlichen Schöpfungen darüber. Was bedeutet Überleben? Was ist Überleben in einer von Gewalt, Ungleichheit und Repression geprägten Gesellschaft? Wie wirkt sich Überleben auf Überlebende und auf die Gesellschaft aus? Für meine Analyse verknüpfe ich unterschiedliche Herangehensweisen an das Überleben. Dabei konzentriere ich mich auf individuelle und kollektive Formen des ›Jemanden-‹ oder ›Etwas-Überlebens‹ – das Überleben von Unterdrücker*innen, Rassismus und Genoziden.

Ich weiß wirklich nicht, wann ich das erste Mal das Wort ›Gadje‹ gehört habe. Ich weiß auch nicht, wann ich als Kind verstanden habe, dass ›Gadje‹ ein kollektives Wort ist. Ich habe das aber sehr früh gewusst, wie eine geteilte Spur. Aufgrund einer kollektiven Verfolgungsgeschichte habe ich in meinem Umfeld das Wort ›Faschismus‹ häufiger gehört als die Wörter ›Gadji, Gadjo, Gadje‹. Und als ich ungefähr acht war, haben mich meine Großeltern gefragt, wie ich ›Faschismus‹ schreiben würde. Sie haben das Wort die ganze Zeit gesagt, aber nie geschrieben.

›Gadje‹ ist ein kollektives Wort über andere Gruppen, ein Romanipe[4]-Wort. Diese (nicht zwingend abwertende) Benennung bezeichnet jede Person ohne romani Geschichte oder Gegenwart. ›Gadje‹ ist, soweit ich weiß, transnational, transhistorisch und in vielen romane Sprachen und Communitys präsent.[5] Der Begriff ›Gadje-Rassismus‹ ist mein Vorschlag[6], um aus einer romani Perspektive das Netz der Verleumdungen, Verleugnungen und Zuschreibungen und das Ausmaß der Gewalt zu beschreiben, die Rom*nja, Manouches, Sinti*zze, Kalé und andere romane Communitys erlebt und überlebt haben, erleben und überleben. Ich schreibe die gadje

3 Siehe Glossar.
4 Siehe Glossar.
5 Es existieren auch noch andere romane Bezeichnungen für nicht-romane Menschen wie z.B. payos oder rom goro.
6 Siehe mein Artikel *Überlieferungen und Kontinuitäten* und den Artikel von Isidora Randjelović *Das Homogene sind die Leute, die über Rom_nja reden* in: Çetin, Zülfukar und Savaş Taş (2015): Gespräche über Rassismus. Perspektiven und Widerstände. Berlin, Verlag Yılmaz-Günay.

Schimpfwörter nicht, ich verstumme sie mit ****, außer wenn sie in romane Zeug*innenschaften oder Buchtiteln vorkommen.

Ich werde in diesem Text das Substantiv ›Rom*nja‹ und die Adjektive ›romani‹ (weiblich), ›romane‹ (plural), ›romano‹ (männlich) als politische Begriffe verwenden, die viele unterschiedliche romane Communitys umfassen. Der Genozid an den Sinti*zze und Rom*nja hat verschiedene Benennungen (zum Beispiel ›Samudaripen‹ und ›Pharrajmos‹). Ich verwende hier das Wort Pharrajmos, weil es im Deutschen gängiger ist.

Mein Verständnis von Geschichte, Erinnerung und Politik ist breit gefasst: Ich verstehe sie als alltägliche und zwischenmenschliche Ereignisse, Konflikte und Gespräche, die auch in Beziehungen erzählt und konstruiert werden. Ich spreche oft von ›Sentimentalität‹ und ›Spaltung‹ im Kontext von Erinnerungspolitik und in Bezug auf Geschichte. Das Wort ›Spaltung‹ verstehe ich in Anlehnung an seine psychoanalytische Bedeutung als Abwehrmechanismus und psychischen Abtrennungsmechanismus, nicht als Trennung zwischen Menschen. Sentimentalität ist in Geschichtsdiskursen eine unterdrückerische Technik, die durch Pathos von einer Positionierung der menschlichen Beziehungen und Bindungen, von den Kämpfen minorisierter Menschen und von einer würdevollen Geschichtsschreibung ablenkt. Sie stellt die Anforderung, die eigene Geschichte zu vergessen oder zu vergessen, was Menschen anderen Menschen alles antun. Diese sozialen Formen der Spaltung und Sentimentalität betrachte ich als politisch: Sie sind individuelle, wie auch kollektive Strategien zugunsten der Täter*innen und der Herrschaftsstrukturen.

Mein Verständnis von ›Trauma‹ folgt der Herangehensweise des Psychoanalytikers Eric Dem Collec:

> »Das Trauma ist nicht etwas Verdrängtes, es ist keine Erinnerung und kann auch keine Erinnerung werden. Wenn ihm nicht im eigenen Rhythmus begegnet wird, gleitet seine Zeitlichkeit in die Ewigkeit ab. Das Trauma besteht aus zwei unteilbaren aufeinanderfolgenden Momenten. Der erste Moment ist der des Ereignisses, das einen Mensch in eine gänzliche Einsamkeit, Verletzbarkeit und Hilflosigkeit versetzt, ohne die Möglichkeit zu fliehen oder sich zu verteidigen. Der zweite Moment ist der, der das Trauma fixiert: Er liegt im Verrat derer, die Hilfe hätten leisten können: der Staat, die Gesellschaft, die Erwachsenen, die Eltern, die Nachbar*innen …«[7]

---

7 Gespräch mit Eric Dem Collec am 12.09.2018.

Dieses Buch ist essayistisch. Die Kapitel können, wie Fragmente, unabhängig voneinander gelesen werden. Einige Werke haben mich durch den gesamten Schreibprozess hindurch begleitet und kommen in fast allen Kapiteln vor: Die Bücher der romani Schriftstellerin Ceija Stojka, des romano Autors Rajko Đurić, des jüdischen Psychoanalytikers Dori Laub und der US-sumatresischen Filmwissenschaftlerin Fatimah Tobing Rony. Laub und Tobing Rony schreiben auf Englisch und sind kaum bis gar nicht ins Deutsche übersetzt worden. Ihre Zitate wurden für dieses Buch ins Deutsche übertragen.

Meine Freude am Schreiben lag vor allem darin, verstreute romane Stimmen aus ganz unterschiedlichen Genres, Zeitabschnitten und Orten zusammenzubringen, sie miteinander und auch mit anderen POC-Stimmen in einen Dialog zu setzen.

Auch wenn dieses Buch sich nicht vorrangig mit dem Pharrajmos befasst, lag für mich der Ausgangspunkt des Schreibens in der Geschichte des Genozids an romane Menschen und im Bezeugen vom Überleben und Weiterleben danach.

Deswegen möchte ich schon jetzt auf die Verfolgungen während des Genozids eingehen und auf zwei Texte über die Gewalt und Unsichtbarmachung des Pharrajmos, deren Subjekt die majorisierte Gesellschaft ist, hinweisen.

Der Pharrajmos ist nur im Zusammenhang mit der kontinuierlichen gadje-rassistischen Gewalt in Europa seit dem Spätmittelalter zu verstehen. 1899 gründete Alfred Dillmann die ›*Reichszentrale zur Bekämpfung des ****unwesens*‹ in München. Ihre Mitarbeiter*innen waren verantwortlich für Personenauflistung, Überwachung, alltägliche Verfolgung und Assimilierungsmaßnahmen. Auch in den 1920er-Jahren prägte der Gadje-Rassismus grundlegend die deutsche Gesellschaft:

> »Bereits in der Weimarer Republik waren Sinti und Roma polizeilicher und behördlicher Verfolgung ausgesetzt. 1927 wurde für ganz Preußen die Fingerabdrucknahme aller als ›Zigeuner‹ erfassten Personen entschieden. In Hessen wurde 1929 anschließend an das bayrische ›Gesetz zur Bekämpfung von Zigeunern, Landfahrern und Arbeitsscheuen‹ das sogenannte ›Hessische Zigeunergesetz‹ erlassen. Bereits in diesem wurden von der Polizei als ›Zigeuner‹ wahrgenommene Personen in ihrer Bewegungsfreiheit eingeschränkt. Im selben Jahr wurde in Frankfurt am Main an der Stadtgrenze zu Bad Vilbel ein Lager für Sinti und Roma eingerichtet. Bestehende städtische Pachtverträge von Sinti und Roma

und Personen mit fahrendem Gewerbe wurden aufgelöst und es gab lediglich in diesem Lager die Möglichkeit eines legalen Aufenthaltes. Damit wurde von Seiten der Stadt die Absicht verfolgt, dass die betroffenen Menschen über die preußisch-hessische Grenze nach Bad Vilbel ausreisen würden. Die Nationalsozialisten konnten in ihren Gesetzen und der Erfassung von Sinti und Roma auf eine große Sammlung an Daten, Gesetzen und auch Einstellungen gegenüber Sinti und Roma zurückgreifen. Es lässt sich somit nicht von einem klaren Bruch zur vorangegangenen Politik der Weimarer Republik sprechen, vielmehr nutzten die Nationalsozialisten zunächst die bereits bestehenden diskriminierenden Gesetze und verschärften sie.«[8]

Die ersten Gesetze des Pharrajmos wurden offiziell 1935 in Nürnberg verabschiedet. 1936 wurde dann vom ›Reichsministerium‹ des Innern, die ›*Rassenhygienische Forschungsstelle*‹ unter der Leitung des Arztes Robert Ritter gegründet, um romane Menschen zu verfolgen und zu vernichten. Ihr Personal bestand aus ›Rassenkundler*innen‹, ›Volkspfleger*innen‹, Ärzt*innen, ›Genealog*innen‹, Fotograf*innen, Stenotypist*innen und weiteren Hilfskräften. Sie alle haben romane Menschen erfasst, kategorisiert und mit ihnen experimentiert. Sie haben die Vernichtung vorbereitet, legitimiert und über Deportationen entschieden. Die romani Autorin Isidora Randjelović schreibt über die Phase der ununterbrochenen Deportationen:

»Ab 1941 wurde, aufgrund der Doppelfunktion von Robert Ritter als Leiter der ›Rassenhygienischen Forschungsstelle‹ (RHS) und des Kriminalbiologischen Institutes der Sicherheitspolizei und des SD, die Zusammenarbeit zwischen Reichsgesundheitsamt und Reichssicherheitshauptamt intensiviert, was zur Folge hatte, dass die ›Rassengutachten‹ der RHS maßgeblich über die Deportation der Sinti und Roma entschieden. Bis 1944 erstellte die RHS mindestens 24.000 solcher ›Gutachten‹. Die pseudowissenschaftliche Begutachtung der ›Rassenzugehörigkeit‹ war ein fester und wesentlicher Bestandteil der Verfolgung von Sinti und Roma und äußerte sich durch die Sammlung verschiedener physiologischer Daten [ ]. Mit dem Auschwitz-Erlass 1944 wurden die letzten 10.000 in Deutschland registrierten Sinti und Roma nach Auschwitz-Birkenau deportiert. Die Schätzungen der Opferzahl des nationalsozialistischen Genozids

8 Siehe Verband Sinti & Roma Landesverband Hessen. https://sinti-roma-hessen.de/?page_id=3708 (20.08.2020).

variieren zwischen einer halben Million und 1.5 Millionen Sinti und Roma (vgl. Hancock 2004).«[9]

Bereits seit den 1960er-Jahren hat es bedeutende romane wissenschaftliche oder künstlerische Recherche- und Analysearbeiten über den Pharrajmos gegeben, die auch von romane Communitys initiiert wurden. Die Arbeit des 1982 gegründeten *Zentralrats Deutscher Sinti und Roma* und anderer romane Organisationen wurde lange nicht beachtet. Nur wenige Sinti*zze und Rom*nja hatten und haben die Möglichkeit, Bücher oder Filme zu veröffentlichen. Schriften von Überlebenden erscheinen nur in kleinen Verlagen und werden wenig zitiert oder rezensiert. Nur wenige Texte aus beispielsweise Italien, Spanien, Serbien oder Rumänien werden ins Englische, Deutsche oder Französische übersetzt und umgekehrt ebenso. In vielen pädagogischen oder didaktischen Büchern und Ausstellungen bleiben tiefergehende Betrachtungen aus. Analysen zur Gegenwart von romane Menschen und zu deren Verfolgung und Ermordung in ganz Europa sind nur selten zugänglich. Die Allgegenwärtigkeit des Genozids wird bis heute verdeckt, *weil es keine gesamteuropäische gesellschaftliche Analyse des Pharrajmos gegeben hat.*

Silvio Peritore äußert sich über die Leugnung des Pharrajmos und die Gewalt gegenüber den Überlebenden wie folgt:

> »Allmählich begannen auch die Zeitzeugen über ihre Erlebnisse zu berichten und sie fanden zunehmend öffentliches Gehör. Für einige bedeutete dies eine Form der inneren Befreiung, andere hingegen litten aufgrund der hervorgeholten Erinnerungen nun noch mehr. Für Sinti und Roma hat sich lange Zeit keiner interessiert, und wenn, dann wurden ihre Berichte angezweifelt. Es wurde ihnen unterstellt, sie würden vieles nur konstruieren, weil sie nicht in der Lage seien, die eigenen Erlebnisse intellektuell zu verarbeiten und zu kommunizieren. Das erinnerte an ›Argumente‹, die bereits in den NS-Rassengutachten zur ›Beurteilung der geistigen und charakterlichen Fähigkeiten‹ der Sinti und Roma verwendet wurden, und hatte wiederum das Ziel, die Menschen in ihrer Zeitzeugenschaft – und damit vor allem Zeugenschaft gegenüber den Tätern – als unglaubwürdig zu stigmatisieren.«[10]

9 Randjelović, Isidora: Erinnerungsarbeit an den Porajmos im Widerstreit. In: Iman Attia / Swantje Köbsell / Nivedita Prasad (Hg.): Dominanz-Kultur reloaded. Transcript, 2015, S. 90.

10 Peritore, Silvio: Der nationalsozialistische Völkermord an den Sinti und Roma und dessen Rezeption. In: Bahlmann/Reichelt (Hg.): Reconsidering Roma – Aspects of

Stets haben Menschen Sprachen und Gesten erfunden, um der Toten zu gedenken, um eigene Wahrheiten zu suchen, um die Verfolgungen und das Überleben zu überleben und zu benennen, um widerständig zu handeln. Wir können nicht in der Sprache der Täter*innen gedenken. In dieser Sprache kann nichts gedacht werden. Würdiges Gedenken beruht auf den Beziehungen und Verbindungen, die es zwischen Vergangenheit, Gegenwart und Zukunft schafft. Es ist ›Leben trotz des Todes‹, genauso wie die Stimmen des Bezeugens. Die Subversivität, Singularität und Schönheit der Positionen der Überlebenden könnten den gesellschaftlichen Rahmen erschüttern, wenn sie nicht durch Unterdrückung zum Schweigen gebracht oder zerstört würden. Diese Schönheit, Subversivität und Singularität möchte ich durch mein Buch würdigen.

Roma and Sinti Life in contemporary art. Wallstein, 2011, S. 37.

Verletzung und Bezeugen

»Die vielen Zeugenberichte, denen ich zugehört habe, und meine Arbeit mit Überlebenden und ihren Kindern haben mich davon überzeugt, dass das Gegenteil genauso stimmt. Die Überlebenden mussten nicht nur überleben, um ihre Geschichte erzählen zu können; sie mussten ebenso ihre Geschichte erzählen, um überleben zu können. Jede Überlebende hat das unbedingte Bedürfnis, ihre eigene Geschichte zu erzählen und kennenzulernen, ohne dabei von den Gespenstern ihrer Vergangenheit ausgebremst zu werden, gegen die man sich schützen muss. Man muss seine verschüttete Wahrheit kennen, um sein Leben leben zu können. Diese Notwendigkeit, zu erzählen und gehört zu werden, kann selbst zu einer alles verzehrenden Lebensaufgabe werden. Doch man scheint nie genug erzählen zu können, um diesem inneren Zwang gerecht zu werden. Es gibt nie genug Worte oder die richtigen Worte, es ist nie ausreichend Zeit oder es ist nie der richtige Zeitpunkt, und nie wird einem ausreichend oder richtig zugehört, sodass man seine Geschichte, die vom Gedächtnis und von der Sprache nie vollständig erfasst werden kann, zur Sprache bringen kann. So wirkt der Druck unablässig fort, und wenn die Sprache inadäquat oder nicht vertrauenswürdig ist, kann das Leben selbst, für das man sich entschieden hat, das Vehikel werden, das den Kampf ums Erzählen weiter vorantreibt. Die eben erwähnte Überlebende tat das, indem sie ihr Leben in einer so schicksalhaften Art konstruierte, dass es ein Zeugnis ihrer Einsamkeit und ihrer Verluste wurde, obwohl sie von liebenden Menschen umgeben war und bemerkenswerte Fähigkeiten hatte – ihre Kreativität, ihre Wärme, ihre Eloquenz und ihre Liebe zum Leben.«[11]

Dori Laub

Sinti*zze Überlebende erzählen in zahlreichen Gesprächen, dass sie außerhalb ihrer Communitys nie etwas über den Genozid gefragt wurden. Und dass sie mit weißen[12] Deutschen nicht darüber sprachen, weil sie aus

11 Laub, Dori: Testimony, crises of witnessing in literature, psychoanalysis and history. Routledge, 1992, S. 75-92. Danke an Katharina Voß und Luis Greco für die Übersetzung.

12 Siehe Glossar.

Erfahrung wussten, dass ihnen nicht geglaubt worden wäre[13]: Die ehemaligen Täter*innen arbeiteten nach wie vor in den Sozialämtern und bei der westdeutschen Polizei und der Genozid wurde 37 Jahre lang vom Staat negiert – was die Überlebenden alltäglich zu spüren bekamen. Romane Communitys wurden vom deutschen Staat für die nationalsozialistischen Verfolgungen und Ermordungen verantwortlich gemacht und nicht als Opfer einer genozidalen Politik anerkannt. Erst 1982 traf der damalige Bundeskanzler Helmut Schmidt Vertreter*innen des neu gegründeten *Zentralrats Deutscher Sinti und Roma* und erkannte bei diesem Treffen die Verfolgung von romane Menschen im Nationalsozialismus an. Diese Worte bedeuteten allerdings noch lange keine Konsequenzen auf staatlicher Ebene und auch keine gesellschaftliche Anerkennung des Genozids. Anerkennungsprozesse sind für Opfer immer langwierig und gewaltvoll. Sie sind von Verrat, Manipulation und Instrumentalisierung durch Majorisierte bestimmt. Es sollte persönlich und gesellschaftlich hinterfragt werden, wie eine individuelle und kollektive ›Anerkennung‹ tatsächlich aussehen kann.

Es ist zumeist nicht einmal so, dass das Leid der Verfolgung und des Überlebens unaussprechbar wäre; aber nur die eigenen Leute sind da, um es wahrzunehmen und um zuzuhören. Manchmal gibt es Menschen an der Seite der Überlebenden, aber oft kein Gegenüber. Dann werden sie lange in einer retraumatisierenden Einsamkeit gelassen. Die Idee der Unaussprechlichkeit (nicht gleichzusetzen mit Undarstellbarkeit) ist oft Betrug an menschlichen Katastrophen und an ihrem Bezeugen. Sie wurde von den Majorisierten verdreht, um ihre Täter*innenschaft, ihr Wegschauen und ihr Ignorieren während der Genozide zu rechtfertigen. Der Diskurs über das angeblich Unsagbare verleugnet, bagatellisiert und rechtfertigt außerdem das lange Verweigern eines Gesprächs mit Überlebenden. So erklärten zum Beispiel weiße Menschen aus europäischen und nordamerikanischen Staaten die Shoah für undenkbar, um sie nicht verhindern bzw. stoppen zu müssen. Hinterher wurde die Vorstellbarkeit der Shoah bestritten, um sich von Schuld freizusprechen und die Auseinandersetzung mit Überlebenden zu vermeiden. Für Roosevelt und die USA war die Shoah angeblich undenkbar, weil die Menschheit noch nie eine so umfassende Vernichtung

13 Siehe das Vorwort von Ilona und Reinhold Lagrene in: Strauß, Daniel (Hg.): »... weggekommen«. Philo Verlag, 2000. Das Buch ist einer der wenigen Gesprächssammelbände über den Genozid an den Sinti*zze und Rom*nja. Es ist wenig bekannt, vergriffen und wurde nie übersetzt.

erlebt hatte. Dabei gründet die Errichtung der USA auf dem Genozid an den *Native Americans*, den verschiedene weiße Gruppen jahrhundertelang fortgeführt haben, während die Verantwortung und Schuld der weißen Kolonisator*innen und der US-amerikanischen Staatspolitik sorgfältig negiert wurde. Und das, obwohl schon das revisionistische Filmgenre des ›Westerns‹ zeigt, dass den Staatspolitiker*innen des 20. Jahrhunderts der Genozid an den *Native Americans* nicht unbekannt sein konnte.

Die Medien und die Illusion des Bezeugens

> »Geschichte wird aufgehoben, wenn archetypische Momente wiederholt werden.«
>
> *Fatimah Tobing Rony*

> »Die eindringliche Schlussfolgerung hier ist, dass eine Rückkehr zum Naturalismus nicht möglich ist. Tatsächlich ist das Leiden in unserer unmittelbaren (westlichen) Lebenswelt in erster Linie zu einem Medienphänomen geworden. Auch unsere Wahrnehmung des Holocausts ist von seiner medialen Darstellung beeinflusst – und wenn wir dann Überlebende aus Fleisch und Blut treffen, begegnen uns diese Personen als Exemplar, als Bestätigung unserer medial vorgeformten Ansichten.«[14]
>
> *Andreas Hamburger*

Seit den 1990er-Jahren häufen sich in Nachrichtensendungen, Dokumentarfilmen, Belletristik und Sachbüchern ›Zeugenberichte‹ und ›Wahrheitsmomente‹, deren Autor*innen jedoch keinen Überlebendenstandpunkt haben. Die Medien und die Kunst des 21. Jahrhunderts scheinen das Leugnen der Massaker des 20. Jahrhunderts wiedergutmachen zu wollen, indem sie häufig das Wort ›Zeuge‹ benutzen und eine Illusion des Bezeugens hervorrufen. So wurde der Krieg in Syrien 2017 von weißen europäischen Medien und *Aljazeera English* durch Live- und Online-Voyeurismus präsentiert. Z.B. wurde gesagt, dass jene auf dem Bildschirm sichtbare Bloggerin morgen womöglich tot sein würde. Doch die Bloggerin blieb namenlos. Wichtig war, dass die Zuschauenden die Bloggerin sahen; und nicht, was diese zu sagen hatte und gerade überlebte. Die Zuschauenden

14 Hamburger, Andreas: Genocidal Trauma: individual and social consequences of assault on the mental and physical life of a group. In: Laub, Dori/ Hamburger, Andreas (Hg.): Psychoanalysis and Holocaust Testimony. Routledge, 2017, S. 72. Übersetzung von Katharina Voß und Luis Greco.

hatten mehr Wert als die Überlebende. Alles wurde verdreht: Kamera und Publikum wurden durch ein objektifizierendes und voyeuristisches System selbst zu vermeintlichen Zeug*innen und nahmen die Geschichte des*der ›Anderen‹ in Besitz.

Der Krieg und das Bisher-Überlebte der Bloggerin wurden von den Medien als anekdotisch dargestellt. Gleichzeitig wurde den Zuschauenden ermöglicht, mit einer ›Zeugin des Krieges‹ mitzufühlen. Die Regie bestärkte den Irrglauben der Zuschauenden, einen (gerade in diesem Moment) überlebenden Menschen live zu begleiten. Diese Entschuldung durch Bilder beruht auf dem Leugnen der historischen Verantwortung der Unterdrückenden für kollektive Katastrophen. Zurschaustellung und Gefühlsduselei lenken ab und helfen den Dominierenden sich nicht positionieren zu müssen. Solche Fernsehsendungen und Dokumentarfilme sind Teil einer Geschichte der Entschuldung der Dominierenden und somit der Inszenierung ihrer Unschuld. Sie sind strukturell weiße Sichtweisen und Genres, die das reale Bezeugen und die Geschichten der Überlebenden verraten und fälschen.

Die Gewalt der Vorstellung von ›Authentizität‹

> »Du kannst dir nicht vorstellen, wie traurig ich bin... Niemand kann sich das vorstellen; niemand, der nicht selber seinem Zuhause entrissen wurde, dessen Vater nicht gestorben und ausgestellt wurde und den man in einem fremden Land hat verhungern lassen, wo die Leute einen beleidigen, wenn man darum bittet, dass die Leiche des eigenen Vaters beerdigt oder nach Hause geschickt wird. So sind die zivilisierten Menschen; sie stehlen, morden und foltern und beten und sagen ›Wissenschaft‹.«
>
> *Minik Wallace, in einem Brief an einen Freund*[15]

Die Anfänge des sogenannten Dokumentarfilms waren zugleich Folge und Produkt des rassistischen und exotisierenden Blicks. Alice Guy (1873-1968), eine weiße französische Filmemacherin, Produzentin und Femini-

15 Tobing Rony, Fatimah: The Third Eye. Race, Cinema and Ethnographic Spectacle. Duke University, 1996, S. 107. Minik Wallace wurde als Kind mit sechs anderen Inuit, darunter sein Vater, gefangengenommen und durch Anthropolog*innen und das Museum of Natural History of the USA verfolgt. Das Museum behielt die Knochen des Körpers seines Vaters nach dessen Tod, und die Wissenschaftler organisierten als Cover eine Fake-Beerdigung. Die Übersetzungen von F. Tobing Rony in diesem Kapitel sind von Katharina Voß und Luis Greco.

stin, wurde durch die sexistische Filmgeschichte – im Gegensatz zu ihren männlichen Kollegen Pathé und den Gebrüdern Lumière – unsichtbar gemacht. 1905 drehte sie einen angeblich dokumentarischen Kurzfilm mit kolonialem Blick.[16] Ihr Film *Spanien* zeigt ein Land, das zu dieser Zeit sehr arm war und von Frankreich, Deutschland, Britannien[17] oder den USA rassifiziert und exotisiert wurde. In der Schlusssequenz, die ein Drittel des Films ausmacht, zeigt sie Flamenco singende und tanzende Rom*nja. Im neuen Medium Film verwendet sie die aus Malerei, Literatur und Opern der vorherigen Jahrhunderte bereits bekannte Bilder und Darstellungen von Rom*nja. Alles ist stereotypisch gefilmt und inszeniert, sodass das weiße Publikum die Bestätigung bekommt, dass Rom*nja und Flamenco einzig und allein das sind, was hier gezeigt wird. Im gleichen Atemzug und ohne auch nur mit einem einzigen Wort oder Bild mit dem Weißsein konfrontiert zu werden, bekommen sie die Bestätigung der eigenen weißen Position; die Bestätigung, das zu sein, was sie zu sein glauben. Alice Guy nimmt sich für diesen Film die zwei Subjekte ›Spanien‹ und ›die Romnja‹[18], die mit der notwendigen geografischen Nähe und gleichzeitig mit der notwendigen gesellschaftlichen und ökonomischen Distanz zu ihr und ihrem Publikum konstruiert werden, um exotisierbar und genießbar zu sein: Das ist der ›weiße Abstand‹, aus dem das Weißsein quasi mit Leichtigkeit instrumentalisierte Objekte erschaffen kann. Die Exotisierung und der Konsum des konstruierten ›Anderen‹ ist immer ein Déjà-vu, ist immer schon bekannt. Hier werden Klischees produziert und reproduziert, die die Majorisierten und Weißen immer wieder verwenden können. Es ist durchaus möglich, dass die Rom*nja sich während der Dreharbeiten vor Lachen über Alice Guy und ihre Kamera in die Ecke geschmissen haben. Ob es wirklich so war, erfahren wir natürlich nicht.

Der bekannteste US-amerikanische Dokumentarfilm der 1920er-Jahre ist *Nanook of the North* von Robert Flaherty, ein Film mit einer enormen rassistischen und voyeuristischen Gewalt gegenüber *First Nation* Menschen aus Québec. Er wurde auf kolonialen Expeditionen gedreht und die Menschen, die der Film zeigt, sind Erb*innen eines Genozides und

16 Ich habe ihn zufällig auf YouTube gefunden, als ich ihren Film *Les résultats du féminisme* sehen wollte.

17 Ich schreibe nicht ›Großbritannien‹, da das Präfix ›Groß‹ eine koloniale, imperialistische Geschichte beinhaltet.

18 Sie verwendet natürlich nicht das Wort ›Romnja‹, sondern ein Schimpfwort, das ich hier nicht reproduziere.

jahrhundertelanger Verfolgungen. Strukturell betrachtet konnte der Film gerade aufgrund dieser Vernichtungsgeschichte entstehen. Er wurde in einem von der Verfolgung des Inuit[19]-Lebens geprägten Kontext konzipiert. Parallel zum Morden der kolonisierenden Armeen verursachten koloniale Forscher*innen, Industrielle und Wissenschaftler*innen Krankheiten, Hungersnöte und die Zerstörung sozialer Bindungen. Sie entführten Native Americans und First Nation Menschen nach Europa und beschleunigten durch das Einführen ihrer Währung eine ökonomische Destabilisierung und Destrukturierung. Flaherty selbst nahm mit seiner Kamera an mehreren von Industriellen finanzierten Expeditionen teil.

Fatimah Tobing Rony stellt fest:

> »Hätte Flaherty aus ›Nanook of the North‹ nicht die Geschichte verbannt, hätte er seine eigene Rolle als Akteur des Wandels im Leben der Inuit anerkennen müssen.«[20]

Flahertys kulturelle und visuelle Aneignung beruht auf einer rassifizierenden Romantisierung und auf der Vorstellung einer verlorenen archaischen Tradition, die in der vermeintlichen ›Modernität des Westens‹ verloren gegangen ist. Fatimah Tobing Rony schreibt über Flahertys Filme und über andere koloniale und revisionistische Filme aus dem Anfang des 20. Jahrhunderts:

> »Das pittoreske Tableau wurde durch Details als etwas Authentisches angeordnet, wobei die konventionalisierten Details dazu dienten, der dem ›Exotischen‹ innewohnenden Vielheit eine Einheit aufzuzwingen. Als Maske, unter der man das koloniale Unbehagen verbergen konnte, war das Pittoreske ein Mittel, um das ›Ferne‹ zu katalogisieren. Suleri beschreibt diesen Diskurs als ›ungehemmten Ästhetizismus, der Fragen nach kolonialer Schuld verschleiert und absondert, dabei aber seiner eigenen abstrakten Schuld zum Opfer fällt‹. Durch die pittoreske Katalogisierung melanesischer, amerikanischer und weiterer Menschen lieferte die Anthropologie die Rechtfertigung für etwas, das in vielen Fällen ein Genozid war: Eine verbreitete und zentrale Annahme der Anthropologie besagte, dass das *Native* immer schon im Verschwinden begriffen sei und den Anthropolog*innen in ihrem Rennen gegen die tickende Uhr der Evolution gar nichts anderes übrig

19 Wie das Wort Manouche/Manuš auf Romanes bedeutet die *First Nation* Selbstbezeichnung Inuit ›Mensch‹.

20 Tobing Rony, Fatimah: The Third Eye. Race, Cinema and Ethnographic Spectacle. Duke University, 1996, S. 105.

> bleibe, als das Dokumentieren und Rekonstruieren. Oft wurde diese Grundannahme allerdings von abstrakt gewordener Schuld begleitet, als Nostalgie für verlorene Ursprünge und als Angst – eine Kontemplation des Todes im Abstrakten, die zur Kontemplation des eigenen Todes führte.« [21]

Auch das heutige Publikum beschäftigt sich nicht mit der Entstehungsgeschichte und dem sozialen Kontext von Flahertys Film. Der Anthropologe Bronisław Malinowski verbreitete das verlogene Konzept der ›participant observation‹ (teilnehmenden Beobachtung), das Anthropologie und Dokumentarfilm bis heute nutzen. Als sein Zeitgenosse wird auch Flaherty als ›participant observer‹ gesehen. Dieses Konzept erschafft den Mythos, dass Authentizität existiert: Die unterdrückende weiße *Inszenierung* der Kleidung, der Jagd, des Essens, des Lächelns, des Zuhauses wird zugunsten des guten Gewissens, des Genießens und der Romantisierung verdrängt. Der Film und sein Publikum ergötzen sich an einer angeblichen Objektivität und Neutralität, einem angeblich uneigennützigen Humanismus und an der Lüge einer rationalen Subjektivität, die behauptet, dass Wissenschaft und Kunst eine unschuldige Wahrheit schaffen.

Nur wissen erfahren wir in solchen Inszenierungen nichts über die Geschichte der Menschen, die in der (weißen) ›teilnehmenden Beobachtung‹ gefangen sind, da nach ihren Meinungen und Sichtweisen nicht gefragt wird. Die zeitgenössische Idee der weißen ›politischen oder kollaborativen Kunst‹ ist auch eine Augenwischerei, da die minorisierten Mitgestalter*innen nicht die Autor*innen des fertigen Produkts sind und wenn doch, nicht als solche dargestellt oder genannt werden.[22]

In einem Film von Claude Massot aus dem Jahre 1988, *Nanook revisited*, sind Spuren der Sichtweise von Inuit auf *Nanook from the North* sichtbar. Inuit-Bewohner*innen des Dorfes Inukjuak und der Belcher Islands sprechen über ihre Perspektiven auf Flaherty und über den Filmdreh. Anwesend sind Nachfahren eines der Kinder, das Flaherty gezeugt und ausgesetzt hat.[23] Fatimah Tobing Rony beschreibt ihre Perspektive wie folgt:

---

21 Tobing Rony, Fatimah: The Third Eye. Race, Cinema and Ethnographic Spectacle. Duke University, 1996, S. 90-91.

22 Siehe z.B. den deutschen Künstler Tobias Zielony und seine Ausstellungen über Migrationskämpfe, durch die er sein eigenes symbolisches und ökonomisches Kapital aufbaut. https://www.artatberlin.com/ausstellung-tobias-zielony-kow-kunst-in-berlin-art-at-berlin/ (12.07.2019).

23 Tobing Rony, Fatimah: The Third Eye. Race, Cinema and Ethnographic Spectacle. Duke University, 1996, S. 122.

»In den Interviews macht sich eine auffällige Spannung bemerkbar: Die westliche Rezeption des Films als großes Kunstwerk und das Bedürfnis der lokalen Inuit, eine Aufzeichnung ihrer Vorfahren und ihres Landes zu sehen, reibt sich mit der Tatsache, dass die Inuit den fiktionalen Charakter vieler Szenen klar erkennen, von denen sie eine ganze Reihe lächerlich finden. Bei einer Filmvorführung von *Nanook of the North* krümmten sich Mitglieder der Inukjuak-Community während der berühmten Robbenfang-Szene, die Bazin so toll fand und die von einem westlichen Publikum meist mit großer Ernsthaftigkeit rezipiert wird, vor Lachen. Die Fehler des Films werden von Moses Nowkawalk, dem Intendanten des dortigen Fernsehsenders, und von Charles Nayoumealuk, dessen Vater mit Allakariallak befreundet war, benannt. Nowkawalk erklärte, Flaherty habe Szenen gefälscht; er habe Inuit-Darsteller*innen in Eisbärkostüme gesteckt, ein Filmset-Iglu bauen lassen und die Robbenjagd zu einem absurden Ausmaß falsch dargestellt, damit die Bilder der südlichen [nicht-Inuit oder weißen] Vorstellungswelt entsprechen können. Die Szene mit dem Grammofon war inszeniert.«[24]

Es ist traurig, dass die Filmgeschichte mit der Ethnologie, mit Beleidigungen und Entführungen von Überlebenden des Rassismus begann. Es hätte auch anders laufen können. Erstaunlich ist das trotzdem nicht, das zeigt ein Blick auf die Anfänge der Fotografie. Der Dokumentarfilm ist in einem historischen Moment entstanden, in dem es moderner, bequemer und politisch effizienter wurde, den Voyeurismus der Jahrmärkte, Museen und Zoos, in denen POCs gewaltvoll eingesperrt und zur Schau gestellt wurden, durch den filmischen Voyeurismus zu ersetzen:

»Das Kino ist ein mächtiges Instrument, mit dem sich die Bedrohung der Blikkumkehrung indirekt umschreiben lässt. Als die Kosten der Prohibition, die zwei Weltkriege und das Ende des Imperialismus dazu führten, dass keine *native villages* mehr ausgestellt wurden, übernahm das Kino viele dieser Funktionen. Kino ist schließlich ein viel kostengünstigerer Weg, nichtwestliche Körper ›vor Ort‹ statt in rekonstruierten ›Dörfern‹ zirkulieren zu lassen. Im frühen Kino mit seiner Vielzahl von Reiseberichten, wissenschaftlichen Forschungsfilmen, Safarifilmen, Spielfilmen und kolonialen Propagandafilmen zeigte sich eine Faszination für den Gegenstand der *native*, nicht-europäischen Communitys. Wie die Ethnografie ist auch das Kino ein Ort, in dem Wissenschaft und Fantasie aufeinandertreffen. Das Kino beseitigte jedoch die potenzielle Bedrohung durch das Zurückblicken der

24 Tobing Rony, Fatimah: The Third Eye. Race, Cinema and Ethnographic Spectacle. Duke University, 1996, S. 122-123.

Darsteller*innen, die in den Ausstellungen noch persönlich anwesend gewesen waren, und hatte damit einen noch perfekteren wissenschaftlichen Voyeurismus zu bieten. Filme über die Bräuche und Sitten der Menschen aus ›X‹ fokussierten auf die Familie und ihren Lebensraum, wie es auch die Jahrmärkte getan hatten. Die Kinoleinwand wurde das, was der Zaun des Jahrmarkts vorher gewesen war, und die Position des europäischen Publikums wurde erneut bestärkt. Und schließlich wurden die dargestellten Communitys im Film als abgekapselte, eingefangene ›Dörfer‹ präsentiert. So wurde der ethnografische Film, genau wie der ethnografische Jahrmarkt, zu einer wunderbaren Zeitmaschine, die ihr Publikum dazu einlud, zeitlich und räumlich rückwärts durch die evolutionäre Zeit in die ›Kindheit‹ des modernen weißen Menschen zu reisen und den *native* Körper dabei als Hieroglyphe der Sprache und Geste oder als erstarrtes ethnografisches Tableau konstruierte.«[25]

Im späten 19. und frühen 20. Jahrhundert war die Zurschaustellung von POC-Körpern in Zoos, Museen, Expositionen, im Showbusiness und auf Jahrmärkten für die Unterhaltung von Weißen normalisiert. Beispielsweise hat der weiße Showbusinessstar Buffalo Bill das Massaker an Native Americans in Wounded Knee, Nebraska (USA), 1891 auf Shows und Jahrmärkten in einer verdrehten, falschen Darstellung der Ereignisse inszeniert. Bis in die 1920er-Jahre ist er mit mehreren sehr erfolgreichen Shows getourt und war mit berühmten Personen wie zum Beispiel Theodor Roosevelt befreundet. Der bekannte Native American Thathanka Iyothanka (auch Sitting Bull genannt) wurde in Wounded Knee ermordet. Davor war er mit Buffalo Bill auf internationalen Tourneen unterwegs, bevor er in seinen Herkunftsort zurückkehrte. Buffalo Bill besuchte 1891 die Überlebenden und entwickelte anschließend eine Inszenierung des Massakers für seine ›Wild West Show‹. Das Massaker wurde infolge der Instrumentalisierung und des Verrats an den Ermordeten und Überlebenden, infolge seiner Leugnung und Verleumdung durch die weißen Majorisierten und infolge des Revisionismus und des rassistischen Kapitalismus (und der Unterhaltungsindustrie) zu einer ›Schlacht‹ erklärt, obwohl die Gewalt nur von einer Seite ausgegangen war, nämlich von den Weißen. Armee, Polizei, Ranger und Farmer beteiligten sich am Morden. Weiße Politiker, Buffalo Bill mit seinen Shows, Charles Bristol, der in aller Rechtmäßigkeit die Ge-

25 Tobing Rony, Fatimah: The Third Eye. Race, Cinema and Ethnographic Spectacle. Duke University, 1996, S. 43.

genstände und Skalps der Ermordeten in der ›Weltausstellung‹ von 1893 in Chicago zur Schau stellte, und viele andere sind für die Fälschung der Geschichte und Herabwürdigung der Überlebenden verantwortlich. Shows über dieses ›Massaker ohne Massaker‹ tourten bis 1916 durch Frankreich, Britannien, Italien und die USA.

Die Kontinuitäten des dokumentarischen Films im 20. und 21. Jahrhundert stehen in einem bewussten oder unbewussten Dialog mit diesen Geschichten der Zerstörung und Unterdrückung.

Der französische Filmemacher und Ethnologe Jean Rouch (1917–2004) drehte in vielen von Frankreich kolonisierten und ausgebeuteten Ländern. Er bewunderte Flaherty und wird bis heute von verschiedenen intellektuellen Szenen als großer Regisseur gefeiert. Er gilt als Erfinder des sogenannten *Cinéma Vérité*. Man kann aber keine Wahrheit sagen oder zeigen, wenn man historische Machtverhältnisse nicht anerkennt und sich darin nicht positioniert. Bereits der Titel seines Films *moi, un Noir* (*Ich, ein Schwarzer*, 1958) ist eine Beleidigung. Er essenzialisiert und objektifiziert schwarze Menschen. Durch den unbestimmten Artikel im Titel steht ›der schwarze Mensch‹ ohne Namen da, wird entmenschlicht und enthistorisiert. Er und die anderen schwarzen Menschen im Film werden als gleich und ununterscheidbar dargestellt. »Ich, ein Schwarzer von Jean Rouch«: Der Titel spielt mit dem Gedanken, dass Rouch durch seinen Film schwarz sein oder in die Nähe schwarzer Menschen rücken könnte. Schwarzsein, POC-sein bedeutet aber, eine Geschichte zu haben bzw. zu sein, und nicht, ein Objekt zu sein. Es ist nicht austauschbar und weiße Menschen können nicht auf einmal POC werden. Diesem Titel fehlt jede Ethik. Er bezieht sich zudem auf das *Voiceover* der Protagonist*innen, die das kommentieren, was die Kamera zeigt. Rouch dreht in den Straßen von Abidjan, und unter dem Vorwand, ›afrikanischen Menschen‹ das Wort zu geben, verschleiert und universalisiert er seine eigene Identität und Geschichte als männlicher weißer Regisseur, der sich mit rassifizierten und voyeuristischen Kunsttheorien bewaffnet.[26] Sowohl die Kamera und

26 Im Rouchs Voiceover-Text vor dem Vorspann wird seine koloniale und herablassende Position überdeutlich: »In den Städten Afrikas [Afrika ist ein Kontinent, der in den Köpfen weißer Menschen homogenisiert wird.] versucht die Jugend in die moderne Welt hineinzukommen Sie [die jungen Menschen] sind eine der Krankheiten der afrikanischen Städte.« Dies ist ein unmissverständlicher Beweis für seine Instrumentalisierung und Rassifizierung des afrikanischen Kontinents, der Menschen, die er in Abidjan gesehen hat, und der von ihm gefilmten Menschen.

der Schnitt als auch das von Rouch geschriebene und inszenierte (und von schwarzen Menschen gesprochene) Voiceover reproduzieren eine koloniale Sichtweise. Der Film richtet sich eindeutig an ein weißes Publikum; POCs zu adressieren kommt nicht infrage. Zu Beginn des Films sagt Rouch über seine Schauspieler: »Ich habe ihnen vorgeschlagen, einen Film zu drehen, in dem sie ihre eigene Rolle spielen würden, in dem sie das Recht hätten, alles zu machen und zu sagen.« Auch die Wortwahl »eigene Rolle« verdeutlicht die Objektifizierung der schwarzen Leben, die er filmt. Wir sollen denken, dass die Schauspieler dank Rouch besonders frei oder authentisch sein konnten. Die Tatsache, dass Rouch nicht nur denkt, sondern sogar behauptet, dass er die Macht und Fähigkeit besitzt, anderen Menschen ein Recht auf Freiheit zu schenken, zeugt von seiner mangelhaften Selbstreflexion und seinem strukturellen und allgegenwärtigen Rassismus.[27] Die weiße Einbildung, Anderen das Wort zu ›geben‹ (aber am Ende alleinige*r Autor*in des Filmes, der Ausstellung, des Buchs zu bleiben), ist meist verlogen und respektlos. In einem rassistischen, heteronormativen und klassistischen gesellschaftlichen Zusammenhang wird das ›Übergeben‹ des Wortes an ›Andere‹ schnell zu einem Diskurs über die Menschen, die hier doch angeblich sprechen dürfen, und erzeugt *Othering* und Voyeurismus. Die majorisierten oder weißen Menschen hatten schon immer mehr Zeit, Raum, soziales und ökonomisches Kapital, um in Institutionen kreativ zu sein, als minorisierte Menschen und Überlebende. Wenn ein*e Regisseur*in in einem Kontext kolonialer Befreiungs- oder Dekolonisierungskämpfe den Überlebenden wirklich das Wort geben will, sollte sie*er technische Geräte und Ausstattung zur Verfügung stellen und sich zurückziehen, damit das Wort von POCs sich entfalten kann.

In einem anderen, diesmal in Paris gedrehten Film tut Rouch so, als würde er die ethnologisierende Praxis umkehren. Er filmt schwarze Männer, die »eine Ethnografie für das Fernsehen machen«. Sein Diskurs bleibt in Stereotypen und in Rassifizierung stecken. Die Rolle des schwarzen Ethnologen kann Geschlechter nicht voneinander unterscheiden. Rouch reproduziert die ethnologisierende Praxis (ein schwarzer Mann beim Vermessen von Weißen auf der Straße), als ob diese Umkehrung der Politik und der Geschichte irgendetwas bringen könnte. Die ›Rollen‹ umzukehren

27 Antirassistische Theorien haben unterschiedliche Rassismusformen konzeptualisiert: z.B. strukturellen, institutionellen, alltäglichen, biologistischen oder religiösen Rassismus.

ist pervers, absurd und heuchlerisch; es zeugt von einer revisionistischen Pädagogik und von einer Provokation, da die gesellschaftlichen Machtstrukturen, die Geschichte und das Leiden keineswegs umkehrbar sind.

Jean Rouch und Chris Marker werden nach wie vor von der internationalen Kunstkritik und Kunstszene bewundert. Eine Analyse ihrer Filme aus einer POC- oder minorisierten Perspektive kann jedoch ihren ›Pionier‹-Status dekonstruieren[28]. Die Filme *Sans soleil* (*Unsichtbare Sonne*) und *Les statues meurent aussi* (*Auch Statuen sterben*) essenzialisieren und verdinglichen POC-Geschichte und -Körper. In Letzterem wird 1953 behauptet »ein Schwarzer in Bewegung ist noch N.-Kunst«. In Ersterem werden Japan und Guinea ›geothert‹ und mystifiziert. Die Blicke von POCs in die Kamera werden mit langer Brennweite und geringer Tiefenschärfe gefilmt. Es sind Blicke von Weitem, die in die Nähe gerückt werden. Der Film funktioniert wie ein vermeintlich philosophischer und existenzieller Reisebericht, der die Anmaßung, dass die weißen Mittel- und Oberklassen ›Weltreisen‹ machen, um anschließend über das Gesehene nachdenken zu können, normalisiert; es wird sich von und bei den ›Anderen‹ bedient, um über sich selbst nachzudenken, und dies wird als logisch, legitim und selbstverständlich betrachtet.

In diesen drei Beispielen aus der älteren und neueren Geschichte des Dokumentarfilms inszenieren die Regisseur*innen die gefilmten Menschen mittels einer taxidermischen[29] Geste. Dabei werden das konstruierte ›Anderswo‹, POCs und alles, was sich außerhalb der weißen Mittel- und Oberklasse befindet, objektifiziert.

Die Filmemacher*innen erschaffen präparierte Bilder und vermeintliches Bezeugen mithilfe einer Authentizitäts- und Wahrheitsillusion, als sei ihre eigene Sichtweise neutral und nicht positionierbar. Sie schreiben die Geschichte und die Erzählungen der Menschen um, anstatt dass die Überlebenden dieser Geschichten das Wort haben. Es wird manchmal gesagt, dass Filme den Menschen Unsterblichkeit schenken. Diese Behauptung nimmt im Kontext des Missbrauchs von rassifizierten und überlebenden

---

28 Rouch und vor allem Marker werden an westlichen Unis, auf Filmfestivals und in Büchern als ›Pioniere‹ des Kunstfilms und des politischen Kinos bezeichnet. Der Begriff ›Pionier‹ ist aufgrund seiner militärischen Geschichte auf bezeichnende Weise kolonial und eurozentristisch.

29 Dieses Konzept wird von Fatimah Tobing Rony in *The Third Eye. Race, Cinema and Ethnographic Spectacle* entwickelt.

Menschen einen ganz spezifischen Sinn an: Die Geschichte und die Arbeit mit einem taxidermischen Verfahren besteht aus dem Erjagen und Töten eines Tieres, aus seiner Präparation und aus der Illusion seiner Wiedergeburt. Die taxidermische Praxis produziert ein zugleich lebendes und totes, ein unhistorisches und zeitloses Objekt, sie enteignet das Leben und den Tod und eignet sich das an, was ihr nicht gehört. Sie gibt dem Tod (dem toten Körper) einen lebendigen Aspekt und dem Lebendigen (den potenziellen Erzählungen und Erinnerungen) einen toten Aspekt. Die Geschichte und Praxis der enteignenden Bilder sind auch im heutigen, gut finanzierten Genre des Dokumentarfilms immer noch präsent. Es gibt seit Jahren keine Dokumentarfilmfestivals ohne ›gut gemeinte‹, sentimentale[30] weiße Filme über Rom*nja oder über unwürdige Lebensbedingungen in armen oder zerstörten Ländern. Filmschaffende[31] und Akteur*innen der Wirtschaft und Wissenschaft kommen in einem solchen Dokumentarfilmgeschäft zusammen, um die Dichotomien zwischen dem Ethnologisierbaren und dem Historisierbaren, zwischen dem Objektifizierbaren und dem Personifizierbaren zu begründen, zu reproduzieren und zu rechtfertigen.

Das majorisierte Verhältnis zu Kriegen und zu den Überlebenden des 21. Jahrhunderts ist strukturell von dieser Geschichte der rassistischen Gefangennahme und weißen Unterhaltung geprägt. Weil die unterdrückte Geschichte der Überlebenden verdreht und verschwiegen wird, kann der dominante Diskurs, zusammen mit Künstler*innen und Wissenschaftler*innen, das Leben und Überleben der Opfer in Konsumgüter verwandeln. Die Negierung der Geschichte, der Kämpfe und der Kreativität der Unterdrückten ist in diesen Produktionen allgegenwärtig.

Instrumentalisierung von Überlebenden

> »Das Videoarchiv könnte, so die Hoffnung, mit dazu beitragen, post factum die fehlenden Holocaust-Zeugen ins Leben zu rufen. Denn es eröffnet den Holocaust-Zeugen die Möglichkeit, das Erlebte historisch zu erfassen; es ist sozusagen die retrospektive Möglichkeitsbedingung ihrer Zeugenschaft. So begründen diese Zeugnisse einen konzeptuellen Durchbruch und eine Rückgewinnung der Geschichte, die für mich einen ›historischen Widerruf‹ darstellt.

30 Siehe Glossar.

31 Edison, Pathé, Meliès und die Gebrüder Lumière hatten alle eine koloniale und rassistische Filmpraxis.

Was letztlich in allen Prozessen des Bezeugens wichtig ist – unabhängig davon, ob sie als plötzlicher Ausbruch oder kontinuierlich, bewusst oder unbewusst geschehen –, ist nicht nur die Information, die Darstellung der Tatsachen, sondern die Erfahrung selbst, das *Durchleben* des Bezeugens, das Ablegen des Zeugnisses. Das Zeugnis ist also der Prozess, durch den die Erzählende (die Überlebende) sich ihre Position als Zeug*in wieder aneignet, durch den sie das innere ›Du‹ und so die Möglichkeit einer Zeug*in und Zuhörer*in in sich selbst wieder rekonstituiert. In meiner Erfahrung ist die Wiederaneignung der eigenen Lebensgeschichte durch das Bezeugen in sich schon eine Handlung, eine Veränderung, die tatsächlich geschehen muss, damit die Überlebenden den Prozess des Überlebens nach ihrer Befreiung fortsetzen und abschließen können. Das Erlebte muss zurückgewonnen werden, denn auch wenn es erfolgreich unterdrückt wurde, spielt es doch immer eine entscheidende, prägende Rolle dafür, wer man wird und wie man sein Leben lebt.«[32]

Dori Laub

Das Wort ›Zeuge‹ wird in religiösen, erinnerungspolitischen, polizeilichen, juristischen und weiteren Kontexten verwendet. Im erinnerungspolitischen Kontext wird das Wort ›Zeitzeuge‹ für alle möglichen Menschen benutzt, die Zeugnis über eine Vergangenheit bzw. etwas Vergangenes ablegen. Das Wort erinnert an den sehr weiß-deutschen Begriff ›Zeitgeist‹. Mit dem Begriff ›Zeitzeuge‹ werden Überlebende der Shoah und des Pharrajmos bezeichnet, aber auch Täter*innen oder Menschen, die aus weißer Sicht öffentlich über die Nazizeit oder über die (revisionistischen) 1950er-Jahre in der BRD oder ›die Wende‹ in der DDR/BRD sprechen. Beispielsweise finden sich solche Berichte auf der schrecklichen Webseite *Zeitzeugenportal, Gedächtnis der Nation*, auf der Ceija Stojka und Anna Mettbach, die beide den Pharrajmos überlebt haben, in viel zu kurzen Videoclips über ihre Verfolgung sprechen. Direkt daneben werden andere »Zeitzeugen« präsentiert, die über Erlebnisse aus den Bereichen »Sport, Wirtschaft, Kunst oder Grenzerfahrungen« berichten.[33] Überlebt zu haben, ist jedoch nicht

32 Laub, Dori: An event without a witness: truth, testimony and survival. In: Felman Shoshana/ Laub Dori (Hg.): Testimony, crises of witnessing in litterature, psychoanalysis and history. Routledge, 1992, S. 75-92.

33 Siehe die respektlose Selbstbeschreibung der Webseite: »Worüber Zeitzeugen sprechen. Kleine Glücksmomente, einschneidende Erlebnisse, persönliche Erfolgsgeschichten oder große historische Umbrüche. Das inhaltliche Spektrum der Zeitzeugenberichte reicht weit. Dennoch gibt es Themen, die sehr viele beschäftigen.« (20.12.2018).

das Gleiche, wie eine Epoche miterlebt zu haben. Diese Verschwommenheit ist würde- und respektlos und keinesfalls dem Zufall geschuldet. Sie entspricht der Heuchelei der ›Erinnerungskultur‹ (einem weiteren weiß-deutschen Wort der Ablenkung und Selbst-Entschuldung) und ist Teil der symbolischen Gewalt, die den Überlebenden angetan wird. Sie wird beispielsweise dann ausgeübt, wenn durch den Begriff ›Zeitzeuge‹ suggeriert wird, die ermordeten und überlebenden Gruppen hätten ihre Geschichte passiv erlebt und überlebt. Der sekundäre Antisemitismus nach 1945 folgt diesem Muster. Die Überlebenden kommen als ›Zeitzeugen‹ und nicht als Akteur*innen der Geschichte vor, obwohl sie doch die Akteur*innen ihres eigenen Überlebens waren. Auch nach der Shoah bleiben sie weiterhin Akteur*innen ihres eigenen Überlebens: Es hört nie auf. Dieser Paternalismus schränkt das Sprechen über die Katastrophe davor und danach ein. Er ermöglicht die Instrumentalisierung, den Diebstahl und die Aneignung der Geschichte durch Täter*innen, besonders wenn die Worte der Überlebenden als ›relatives‹ (statt als fachliches) Wissen wahrgenommen und dargestellt werden.[34] In einem solchen Kontext fällt es majorisierten Gesellschaften viel leichter, gewaltvoll zu handeln und z.B. zu behaupten, die Überlebenden hätten nur auf dem Rücken anderer, ebenfalls verfolgter Menschen überleben können. Dieser Diskurs verstärkt die Schuldgefühle, mit denen Überlebende ohnehin schon zu kämpfen haben, da er suggeriert, dass Menschen nur überleben konnten, wenn sie andere denunziert, ihnen Essen gestohlen oder ihre Mitgefangenen verraten haben. Ich habe das in den 1990er-Jahren in Frankreich in der Schule so ›gelernt‹. Ebenso wird behauptet, Zeug*innenschaften seien im Gegensatz zur Wissenschaft ungenau und unzuverlässig.[35] Dabei ist der vermeintliche Widerspruch zwischen Bezeugen und Wissenschaft absurd. Die Ausbeutung jüdischer Überlebender umfasst auch die Forderung, sie ›müssten‹ sprechen, einen pädagogischen Auftrag für die weiße Gesellschaft leisten und öffentlich

---

34 Dori Laub schreibt dazu: »Die Erfahrungen eines Überlebenden dürften das einzige historische Zeugnis sein, das weder durch Methoden der historischen Niederschrift noch durch den öffentlichen Diskurs vereinnahmt werden kann, mit diesen beiden Formen auch nicht zu erfassen ist, sondern nur durch den wirklichen Prozess des Bezeugens.« (Laub, Dori: Erinnerungsprozesse bei Überlebenden und Tätern. In: Huhnke (Hg.): Das Vermächtnis annehmen. Psychosozial Verlag, 2002, S. 205).

35 Vgl. Laub, Dori: Bearing witness or the vicissitudes of listening. In: Shoshana Felman/Dori Laub (Hg.): Testimony, crises of witnessing in literature, psychoanalysis and history. Routledge, 1992.

verfügbare ›Zeitzeugen‹ sein.[36] Fast könnte man meinen, die Majorisierten warteten nur darauf, dass, nach der Katastrophe, die Generation der Überlebenden stirbt, um dann nur von ganz wenigen Überlebenden ein Bezeugen zuzulassen.

Die Gespräche aus dem 1979 gegründeten *Fortunoff Video Archive for Holocaust Testimonies* berühren den zeitgenössischen Blick jedoch auf ungewöhnliche Weise. Da das Archiv relativ bald nach der Shoah entstanden ist, sind die Überlebenden auf den Bildern keine alten Menschen und ihre Gesten und Sprache dementsprechend nicht ›alt‹. Das verändert die Perspektive der Zuschauenden und ihren Bezug zu dem, was gesagt wird und geschieht. Die in Westeuropa nach 1975 geborenen Generationen sind mit der staatlichen Erinnerungspolitik aufgewachsen und sind es gewöhnt, Überlebende als alt wahrzunehmen. Überlebende der Shoah ›müssen‹ alt sein. Diese Vorstellung wird nicht formuliert, sie bleibt unbewusst, aber dennoch zwingend. Viele Überlebenden sind zwar stark und empowernd, aber die altersspezifischen Zuschreibungen (Bewegungslosigkeit, intellektuelle, körperliche und psychische Ohnmacht, schrumpfender Körper mit Beeinträchtigungen, allgemeine Harmlosigkeit) ermöglichen einen taxidermischen Blick und die Zuordnung zu vergangenen Orten und abgeschlossenen Epochen. Die ihnen zugeschriebene Bewegungslosigkeit passt zur angeblichen Passivität der Opfer, die vermeintliche Ohnmacht zur Objektifizierung und Neutralisierung der besonderen und klugen Sprache des Bezeugens. Diese Mechanismen würden nicht so ohne Weiteres greifen, wenn die Sprechenden nicht am Ende ihres Lebens dargestellt und wahrgenommen werden würden.

In der pädagogischen Arbeit zu Genoziden sollte es selbstverständlich sein, Zeug*innenschaften aus unterschiedlichen Zeitlichkeiten des Überlebens oder Überlebende unterschiedlicher Altersgruppen zu zeigen, um majorisierte Gruppen und Verfolgte historisch und gesellschaftlich zu situieren. Die Zeitlichkeit des Überlebens, wie auch die des Traumas, sind immer individuell.

Das Überleben eines Genozids dauert ein Leben lang. Dabei variieren die Etappen des Leidens, der Selbstwiederherstellung, der Selbsterzählung,

36 Siehe die Beschreibung des majorisierten und strukturellen Verhältnisses zu Überlebenden in *Weiter leben* von Ruth Klüger. Auch im Artikel von Anne-Lise Stern *Sois déportée...et témoigne* [Sei Deportierte und berichte davon] geht es um diese Frage. Stern, Anne-Lise: Le savoir déporté. Seuil, 2004.

der Trauer und der körperlichen Folgen, aber auch das Verhältnis zu Geld und Behörden, zum Schlafen oder Essen, zu Familie und Arbeit sowie zu anderen Menschen je nach Zeitlichkeit, Orten und Verhältnissen, in denen ein*e Überlebende*r sich befindet. Dementsprechend sind (Selbst-)Erzählungen, wie bei allen Menschen, immer unterschiedlich, obwohl dieselben vergangenen Fakten benannt werden.

Die Videointerviews aus dem *Fortunoff Video Archive* werden viel seltener gezeigt und gesehen als die Interviews der *Spielberg Foundation*, die jedoch weniger respektvoll, feinsinnig und mutig sind.[37] Das *Fortunoff Archive* hat einen interdisziplinären Umgang mit den Worten der Überlebenden, in dem sich Psychoanalyse und Geschichte verweben. Fast alle Gründer*innen waren Überlebende der Shoah, hatten also zwangsläufig eine positionierte Herangehensweise an das Anhören und Aufnehmen des Bezeugens. Die *Spielberg Foundation* hingegen verwandelt das Handeln und Sprechen der Überlebenden in eine fernsehkompatible, sentimentale Inszenierung: Die Fragen, der Schnitt und die mangelnde Komplexität der Gespräche[38] führen zu Voyeurismus und Abflachung im Hinblick auf das Überleben und die Shoah, wie sie auch in der staatlichen Gedenkpolitik üblich sind. Die Projektkonzipierung und -durchführung des *Spielberg Foundation Archive* waren von Anfang bürokratisch und unwürdig: Vorgeschrieben und festgelegt waren Umfang, Art und Dauer der Erzählungen (20 % jedes Interviews mussten laut der früheren Mitarbeiterin Régine Waintrater von der Zeit vor dem Genozid handeln, 40 % von der Verfolgung, 40 % von der Zeit danach[39]). Hätten Analytiker*innen wie Régine Waintrater sich nach langen Streitigkeiten und Kämpfen nicht durchgesetzt, dann hätten die Zeugenden Verträge darüber unterschreiben müssen, dass sie nicht vor Gericht gehen würden, wenn sie während oder nach dem Interview einen

37 Die Gespräche des *Fortunoff Video Archive for Holocaust Testimonies* sind online verfügbar, auf YouTube oder auf der Webseite der Yale University, die das Projekt mitgetragen hat.

38 Die Erzählungen sind von den Interviewer*innen ›vorprogrammiert‹ und können sich nicht frei und spontan entfalten.

39 Siehe Régine Waintrater, Radiosendung »Une histoire des memoires«, Radio france culture, 08.11.2016. https://www.franceculture.fr/emissions/la-fabrique-de-lhistoire/une-histoire-des-memoires-13-faire-temoigner-les-collecteurs-de (13.05.2019).

Herzinfarkt erlitten hätten oder in Folge des Interviews psychische Retraumatisierungen aufgetreten wären.[40]

Leider teilen sehr wenige große Projekte des Bezeugens die Intelligenz, Menschlichkeit und Genauigkeit des *Fortunoff Video Archive*. Projekte, die sehr gut finanziert sind und/oder von Menschen gemacht werden, deren Geschichte nicht selbst von Verfolgung betroffen ist, sind in der Regel beziehungslos, unpositioniert und würdelos.[41]

40 Siehe Annette Wieviorka und Régine Waintrater, Radiosendung »Une histoire des memoires«, Radio france culture, 08.11.2016. https://www.franceculture.fr/emissions/la-fabrique-de-lhistoire/une-histoire-des-memoires-13-faire-temoigner-les-collecteurs-de (13.05.2019).

41 Siehe beispielsweise das Interviewprojekt der Freien Universität in Berlin über Zwangsarbeit im Nationalsozialismus.

Sprachen, um der Toten zu gedenken

»Monate später trafen sich Historiker*innen, Psychoanalytiker*innen und Künstler*innen auf einer Konferenz zum Verhältnis zwischen Bildung und Holocaust und schauten dort das Videointerview [mit der Zeugin] an, um diese historische Phase besser verstehen zu können. Es folgte eine lebhafte Debatte. Die Historiker*innen meinten, die Aussagen der Zeugin seien nicht genau genug. Die Anzahl der Schornsteine sei falsch; es sei nur ein Schornstein gesprengt worden, nicht alle vier. Da die Erinnerung der Zeitzeugin also fehlbar sei, könne man ihrer ganzen Darstellung der Ereignisse keinen Glauben schenken und sie daher nicht akzeptieren. Es sei äußerst wichtig, ganz genau zu sein, damit die Geschichtsrevisionist*innen nicht alles diskreditieren könnten. Ein Psychoanalytiker, der die Zeugin gemeinsam mit Kolleg*innen interviewt hatte, widersprach dieser Sichtweise entschieden. ›Sie hat nicht die Anzahl der gesprengten Schornsteine bezeugt‹, insistierte er, ›sondern etwas Anderes, Radikaleres, Wichtigeres: die Realität eines unvorstellbaren Ereignisses. Ein Schornstein, der in Auschwitz gesprengt wurde, ist genauso unglaublich wie vier Schornsteine. Die Anzahl ist weniger wichtig als die Tatsache des Geschehens. Das Ereignis an sich ist fast unvorstellbar. Die Frau bezeugte ein Ereignis, das die allumfassende Struktur von Auschwitz sprengte, innerhalb derer bewaffnete Aufstände von jüdischen Häftlingen einfach nicht passieren konnten, keinen Ort hatten. Sie bezeugte den Zusammenbruch einer Struktur. Das ist die historische Wahrheit.«[42]

Dori Laub

Jiddisch und Romanes

Schon lange ignorieren die dominierenden europäischen Gesellschaften die Geschichte, die Ermordung und das Überleben des Jiddischen und machen es unsichtbar. In Frankreich wird seit den 1970er-Jahren die Existenz, Kreativität und Geschichte der jiddischen Welt durch Rachel

42 Bearing witness or the vicissitudes of listening. In: Felman, Shoshana/Laub, Dori: Testimony, crises of witnessing in litterature, psychoanalysis and history. Routledge, 1992, S. 57-74. Danke an Selma Berg und Katharina Voß für die Übersetzung.

Ertels Analyse-, Recherche- und Übersetzungsarbeit bekannter. Doch in Deutschland kenne ich keine zeitgenössischen, gleichermaßen bekannten Schriftsteller*innen, die die Geschichte der Yiddischkeit weitertragen. Deutschland ermordete die jiddische Sprache und das jiddische Leben. Bis heute exotisiert und folklorisiert das weiße deutsche Bürgertum die Yiddischkeit. Erst seit zehn Jahren wird jiddische Literatur wieder vermehrt ins Deutsche übersetzt (z.B. Moyshe Kulbak 2017 und Jitzchak Katzenelson 2015). Dahingegen waren berühmte Autor*innen, wie Isaac Bashevis Singer und Israel Joshua Singer, aus dem Englischen, nicht aus dem Jiddischen, ins Deutsche übersetzt worden. Diese linguistische, menschliche, ethische und historische Absurdität ist bezeichnend für die revisionistische deutsche Herangehensweise an die jiddische Geschichte. Vor 1933 war Berlin ein großes Zentrum der Yiddischkeit im Exil. Es bestand aus proletarischen, intellektuellen und politischen Gruppen, die Zeitschriften, poetische Flugblätter und Bücher publizierten. Zwischen 1945 und 1950 flohen viele jiddischsprachige Überlebende aus Osteuropa nach Berlin, Dresden, München oder Frankfurt (ca. 250.000 Menschen). Sie lebten mehrere Jahre in Lagern für *Displaced Persons*, bis sie u.a. wegen der in Deutschland vorherrschenden revisionistischen und opferumkehrenden Stimmung nicht länger bleiben konnten. Sie wanderten in die USA, nach Frankreich oder Israel aus. In dieser Zeit gab es in Deutschland zahlreiche jiddische Publikationen, Radiosendungen, Sportteams, Vereine, Kunst- und Erinnerungsformen. In der Presse, im Theater, in Autobiografien, Flugblättern und anderen Zeug*innenschaften wurde jiddisches Denken gegen den Willen der weißen Deutschen sichtbar. Die Historikerin Atina Grossmann schreibt in ihrem Buch *Juden, Deutsche, Alliierte. Begegnungen im besetzten Deutschland*:

> »Die blühende jiddische Presse, die von 1945 bis in die 1950er Jahre im besetzten Deutschland gut 80 Zeitschriften und Mitteilungsblätter sowie etwa 300 Bücher hervorbrachte, war auf Maschinen, Anlagen und Können deutscher Drucker angewiesen.«[43]

Der Zeitabschnitt von 1945 bis 1950, geprägt von den Konfrontationen zwischen Täter*innen und Überlebenden und von einem regen jiddischen und jüdischen Leben in Deutschland, wird vergessen und verdrängt. Die

43 Grossmann, Atina: Juden, Deutsche, Alliierte. Begegnungen im besetzen Deutschland. Wallstein, 2012, S. 353.

deutsche Sprache benutzt jiddische Wörter oft unbewusst, wie z.B. ›Macke‹, ›pleite‹, ›Tacheles‹ oder ›schnorren‹.

Die jiddische Sprache wurde im 19. Jahrhundert als Alltagssprache der osteuropäischen und russischen Arbeiter*innenklasse in ganz Europa verachtet. Einige jiddische jüdische Schriftsteller*innen und politische Akteur*innen wählten diese Sprache zum Handeln, Denken und Sich-Positionieren. Die ersten bekannten jiddischen Schriftsteller Yitskhok Peretz, Sholem Aleihkem und Mendele Seforim schrieben auf Polnisch oder Russisch, obwohl sie auch jiddischsprachig waren, doch verfassten sie später Romane und Essays ausschließlich auf Jiddisch. Die jiddische Geschichte und die romani Geschichte unterscheiden sich, doch man kann sie zusammen denken, ebenso wie die jeweiligen Communitys. Es gibt zahlreiche Parallelen zwischen den Geschichten des Jiddischen und des Romanes: Sie sind beide minorisierte und illegitimisierte Sprachen, waren verboten, zugleich sesshaft und beweglich, sind multilinguistisch, diasporisch, supranational und geografisch zerstreut, doch besonders in Osteuropa verbreitet. Sie sind überlebende Sprachen und die Sprachen der Überlebenden.

Wegen des Verbots, Romanes zu sprechen, und seiner absoluten Illegitimität[44] haben romane Menschen diese Sprache vielmals zugunsten der majorisierten Sprachen ihrer Länder aufgegeben: Dafür verantwortlich ist die Verfolgungs- und Assimilationspolitik seit dem 16. Jahrhundert. Die romani Geschichte und der romano Bezug zum Romanes sind je nach Land sehr verschieden. Es gibt zahlreiche Formen von Romanes; romane Sprachen sind vielseitig und unterscheiden sich entsprechend der Geschichte und Orte einer jeweiligen Community.[45] Der Caló in Spanien wurde sehr früh verboten und die Kalé wurden zu Assimilation und Selbstaufgabe gezwungen. Heutzutage wird er nur noch sehr wenig gesprochen. Auch die türkischen Rom*nja sind oft nicht mehr romanessprachig. Doch wie im Französischen (und zwar in der Sprache der Arbeiter*innenklasse, im *Ver-*

44 Ich habe 2001 im französischen Radio gehört, dass nach den Anschlägen vom 11. September 2001 in New York das Romanes wie das Kurmancî (eine kurdische Sprache) von der Bush-Regierung als gefährliche und geheime Sprachen eingestuft werden sollten.

45 Das romani Online-Wörterbuch Romlex kategorisiert z.B. 27 Formen des Romanes und listet für ein einziges Wort dementsprechend bis zu 27 Übersetzungsvarianten auf.

lan[46] oder im POC Slang[47]) hat das Türkische romane Worte aufgenommen[48]. Das manouche Romanes in Frankreich, das russische Romanes, das rumänische oder jugoslawische Kalderari und das Lovari werden relativ viel gesprochen. Der Samudaripen oder Pharrajmos hat natürlich den Prozess der Verfolgung und des Verlusts des Romanes beschleunigt. Den eigenen Kindern ausschließlich die majorisierte Sprache beizubringen, diente insbesondere kurz nach 1945 als Schutz gegen den Gadje-Rassismus. Gleichzeitig konnte und kann Romanes ebenfalls als Schutz wahrgenommen werden, da es ein Reichtum ist, die eigene Sprache bei sich zu haben. Es ermöglicht eine besondere Sicht auf das Selbst, auf die Welt.

Im Gegensatz zum Jiddischen, das als Alltagssprache mit den Überlebenden der Shoah oder des *Khurbn* (so wird im Jiddischen die Shoah genannt) und der Nachfolgegeneration verschwindet, wird das Romanes heute diasporisch gesprochen, aber nicht in viele Sprachen übersetzt. Es wird nicht als schriftliche und kreative Sprache wahrgenommen. Die romanessprachige Literatur ist dementsprechend transnational weitgehend unbekannt. Wenn romane Werke ins Deutsche, Englische oder Französische übersetzt werden, sind sie oft die Übersetzung einer Übersetzung (z.B. aus dem Polnischen, Slowakischen oder Deutschen)[49]. Dies verdeutlicht das Negieren des Romanes als vollwertige Sprache.

Jiddisch und Romanes sind bezeugende Sprachen. Vor den 1930er-Jahren waren sie die Alltagssprachen von Welten, die wenige Jahre später ausgelöscht wurden. Nach den Genoziden hörten die Verfolgungen der jiddischen und romane Communitys nicht auf. Bis 1947 fanden in Polen und in der Ukraine Pogrome, Plünderungen und Gewalt gegen jüdische und jiddische Communitys statt. Ich konnte nicht herausfinden, ob auch romane Menschen in diesen Pogromen verfolgt und ermordet wurden. Diese Hypothese ist allerdings keineswegs absurd, da jiddische und romane Menschen oft nah beieinander lebten.[50] Deutsche Täter*innen und ihre

---

46 Der *Verlan* ist eine frankophone Sprache, in der die Silben der Wörter umgedreht werden.

47 Zum Beispiel *marav, lové, rakli, chiner, gadjo* ...

48 Siehe den Artikel über den Slang der Gay-Communitys von Hristo Kyuchukov und Peter Bakker: A note on romani words in the gay slang of Istanbul. Grazer Linguistische Studien 51, 1999.

49 Wie das Werk von Papusza, Ceija Stojka oder Tera Fabiánová.

50 Siehe die Texte von Sholem Aleikhem und den Film *The broken sound* über Lautari- und Klezmer-Musik jüdischer und romane Familien in Bessarabia (in Moldawien und der Ukraine), die zusammen musizierten, lebten und einander heirateten.

Kollaborateur*innen haben sie zusammen in Ghettos wie Radom oder Łódź deportiert oder in kollektiven Erschießungen wie jenen von Babi Jar (1941) ermordet. Die Schtetl (die Dörfer des Jiddischen) mit ihren einzigartigen Infrastrukturen, Kulturen und sozialen Gefügen wurden 1945 endgültig zerstört.

Das Jiddische ist eine große Sprache des Bezeugens. Während der Shoah bzw. des Khurbn war es eine Sprache des Handelns und des Widerstandes. 1941 strahlte das *Jüdische Antifaschistische Komitee* im sowjetischen Radio auf Jiddisch einen Aufruf über die nationalsozialistische Verfolgung aus. Auch viele andere Versuche, die Vernichtung für die wegblickende Welt bekannter zu machen, wurden auf Jiddisch verfasst. Ebenso die Schriften der Menschen, die bei den ›Sonderkommandos‹ in den Krematorien in Auschwitz zwangsarbeiteten und ihre Zeug*innenschaften im Lager verstecken mussten. Während des Khurbn schrieben Ytshak Katzenelson und Isaiah Spiegel Gedichte darüber auf Jiddisch. Die zwischen 1939 und 1944 kollektiv geschriebenen *Oyneg Shabes* (geheime Archive des Warschauer Ghettos) sind in Jiddisch verfasst, ebenso wie das im Ghetto von Wilno geschriebene Tagebuch des Schriftstellers Avrom Sutzkever. Während des Khurbn und des Pharrajmos sammelten und verteilten die jüdischen russischen Schriftsteller Wassili Grossman und Ilya Ehrenburg Texte über den Krieg und die Genozide. Die meisten davon wurden jiddisch gedacht und geschrieben. Viele Autor*innen waren im *Jüdischen Antifaschistischen Komitee* und im Widerstand aktiv. Die Textsammlung erschien in einem Buch gleich nach dem Krieg: *Das schwarze Buch über die niederträchtige Vernichtung der Juden durch die deutschen faschistischen Invasoren in den vorläufig besetzten Gebieten der UdSSR und in den Vernichtungslagern in Polen im Krieg von 1941–1945*. Kurz nach der Veröffentlichung zensierte die UdSSR das Buch 40 Jahre lang, ein weiterer Beweis ihres staatlichen Antisemitismus. Mittlerweile wurde es in mehrere Sprachen übersetzt und beinhaltet Dokumente, Berichte, die Zeug*innenschaften ablegen, Tagebuch-Auszüge, Briefe, Besprechungsprotokolle und Essays aus der Zeit der Vernichtung von insgesamt 40 Autor*innen.

---

https://www.timesofmalta.com/articles/view/20180128/arts-entertainment/discovering-klezmer.669063 (01.12.2018).

Romanipe

Die Geschichte, die Zerstörung und das Fortbestehen der Romanipe wurden stets von majorisierten Gesellschaften ignoriert, und dies sowohl im Westen wie auch in Osteuropa. Nichtsdestotrotz behauptet der Westen das Gegenteil. Er liebt voyeuristische und elendstouristische Bilder ›armer Roma‹, die sein gutes Gewissen und seine Rassismen (Gadje-Rassismus und anti-osteuropäischen Rassismus) nähren. Er nutzt den Deckmantel des Humanismus, um seine Unschuld zu inszenieren und sein philanthropisches Selbstbild zu konstruieren. Dabei sind Ungerechtigkeiten, Diskriminierungen, Alltagsrassismus, Verleugnung und Prekarität dem Westen innewohnend.[51]

Das Fehlen von romani Sichtbarkeit und von präzisen gadje Kenntnissen über das romani Überleben und Bezeugen ist im Kontext des Gadje-Rassismus zu verstehen. Verleugnen, strategisches Ignorieren und Verdrängen sind die Grundlage der gadji Geschichte. Gewalt- und Minorisierungsprozesse finden transnational statt. Der Gadje-Rassismus wurde in unterschiedlichen Nationen und Orten verblüffend ähnlich konstruiert, auch wenn natürlich Unterschiede bestehen. Nie wird die romani Geschichte in nationalen oder majorisierten Narrativen mitgedacht, auch nicht in Büchern, die von Erinnerung, Verfolgung oder Zeug*innenschaft handeln. Einerseits wird romani Geschichte generell von Gadje ignoriert, andererseits wird sie, wenn überhaupt, als isoliertes Thema behandelt. Entweder reden die Majorisierten gar nicht über sie oder sie setzen sie nicht in Beziehung zu anderen Geschichten. Ich kenne keine Bücher oder Filme über die Jahre 1933 bis 1945 oder über die Genozide, das Bezeugen, das Überleben und das Erinnern, das romani Dasein und romani Geschichte in ihren Verknüpfungen zu anderen Geschichten denken. Der Ausschluss der Romanipe von gemeinsamen Narrativen anderer majorisierter oder auch minorisierter Erzählungen ist ein fester Bestandteil des Gadje-Rassismus, dem oft nur informelle POC-Begegnungen und selbstorganisierte POC-Projekte etwas entgegensetzen.

---

51 Zu Alltagsrassismus, Diskriminierungen und Lebenssituationen von Rom*nja in Deutschland siehe z.B. den Parallelbericht an den UN-Antirassismusausschuss: Rassistische Diskriminierung in Deutschland, 2015, S. 14-16. https://neuedeutsche.org/fileadmin/user_upload/Parallellberich_15Jun_ZweiteAuflage.pdf (06.09.2018). Das Hintergrundpapier Rassismus gegen Sinti und Roma in Deutschland ist im Volltext verfügbar unter: https://rassismusbericht.de/hintergrundpapiere-2/ (23.08.2020).

Dabei sind historische romane Berufe stark von sozialen und menschlichen Verbindungen geprägt. In Südfrankreich waren Anfang des 20. Jahrhunderts viele romane Menschen tourende Kinovorführer*innen, Sänger*innen, Blumenverkäufer*innen, Heiler*innen und Heilkräuterverkäufer*innen. In Deutschland sind Marionetten- und Theatervorführung historische romane Berufe. In Jugoslawien, Ungarn und Rumänien waren romane Menschen z.B. Kesselflicker*innen oder -händler*innen, Heiler*innen oder Sänger*innen in Stadt- und Dorfkneipen. Die Arbeit auf Märkten war und ist immer noch ein romano Beruf. Wie bei allen Menschen waren und sind auch romane Berufe bei Weitem vielfältiger, als die wenigen Beispiele, die ich hier erwähnt habe. Aber die genannten Beispiele haben eine historische und gesellschaftliche Kontinuität, sind Berufe mit menschlichen Beziehungen und Interaktionen. Mittelalterliche Stände- und Zunftvorschriften untersagten romane Menschen jahrhundertlang mit wenigen Ausnahmen die Berufe der Zünfte.[52] Berufe, die romane Menschen zugeschrieben oder auf die sie beschränkt wurden, waren oft selbstständige Berufe des Dienstleistungssektors und der alltäglichen sozialen Kontakte.

Romani Literatur handelt oft von sozialen Beziehungen und vom Verhältnis zwischen Rom*nja und Gadje. Romani Kreativität ist sehr bezeugend bezüglich der eigenen unterdrückten und verfolgten Geschichte und zugleich bezüglich der Reibungen mit der Welt. Eine der gadje Narrativen über romane Communitys ist der Rückzug auf sich selbst und das Fehlen einer schriftlichen Kultur. Eine häufige Zuschreibung ist, dass Rom*nja, Manouches, Sinti*zze, Kalé und alle anderen romane Communitys ihre Erfahrungen und ihre Geschichte ›verstecken‹ und eine homogene Gruppe ohne Archiv sind. Auch wenn es viele romane Autor*innen gibt, die geschrieben, gesungen und veröffentlicht haben, stimmt es, dass bis zur Mitte des 20. Jahrhunderts romane Worte viel weniger verschriftlicht wurden als andere unterdrückte Worte. Das ist eine Tatsache, aber kein Argument für das angebliche Ausbleiben eines romani Bezeugens. Die Ursachen dieser Tatsache liegen meiner Meinung nach nicht unbedingt in der Mündlichkeit der Romanipe, sondern in der begrenzten Anzahl von Berufen, die romane Leute ausüben durften, und vor allem im Desinteresse und in der Zensur seitens des Archivwesens und Kulturbetriebs (kommunale Archive, Verlage, Bildungsinstitutionen). Ich kann mir vorstellen, dass dieses Des-

52 Siehe Strauß D. / Krausnick M. (Hg.): Von Antiziganismus bis Zigeunermärchen, Informationen zu Sinti und Roma. Books on Demand, 2009, S. 15.

interesse und dieser Rassismus romane Menschen davon abgeschreckt und entmutigt haben, überhaupt zu schreiben und Verlage, Zeitungen usw. zu kontaktieren; insbesondere, wenn sie keine Netzwerke hatten, die ihnen über Kontakte und Empfehlungen eine (Selbst-)Legitimierung hätten geben können. Ich habe keine Analysen darüber gefunden, warum romane Menschen bis heute wenig publiziert oder interviewt worden sind. Auch die Mündlichkeit der Romanipe wurde nicht wahrgenommen, reflektiert und anerkannt. Dabei sind romane Musik und Gesang eine sehr dialogische, adressierte und zwischenmenschliche Kunst, oft im Dialog mit dem Publikum. Die Liedtexte des Cante jondo[53] und der jugoslawischen romane Stars[54] werden selten als Erzählung, Geschichte oder als persönliches und kollektives Bezeugen betrachtet.

Der Text *Gelem, Gelem*, den der zweite romano Weltkongress 1978 als romani Hymne auserwählte, ist eine Zeug*innenschaft und historische Positionierung.[55] Er spricht über jahrhundertelange Verfolgung, Überleben und Widerstand. Er wird oft zusammenhangslos in Filmen und TV-Sendungen über Rom*nja benutzt. Dabei wäre es doch einfach, den Text wahrzunehmen und zu lesen.

Die romani Literatur besteht nicht lediglich aus Autobiografien (wie Ceija Stojka, Anna Mettbach, Philomena Franz und Otto Rosenberg), sondern auch aus Romanen, Kinderbüchern und wissenschaftlichen Arbeiten (wie die von Ian Hancock, Silvio Peritore, Jane Weiß, Isidora Randjelović und Vania de Gila-Kochanowski oder auch die aus der neuen Zeitschrift *Critical Romani Studies*[56]). In Deutschland und Frankreich ist die sehr adressierte und dialogische romani Dichtkunst weniger bekannt als die Prosa von z.B. Ceija Stojka, Mateo Maximoff und Menyhért Lakatos, die alle Überlebende des Pharrajmos sind. Dabei spielt Poesie eine wesentliche Rolle im romani Bezeugen und in der romani Literatur, wie auch in der Yiddischkeit. Sie wird oft auf Romanes geschrieben, wie bei Ceija Stojka, Philomena Franz, Rajko Đurić oder Papusza, einer polnischen Überlebenden des Pharrajmos, die 1987 nach jahrelangen Aufenthalten in psychiatrischen Anstalten verstorben ist. Seit dem 19. Jahrhundert

53 Eine Form von Flamenco-Gesang und -Musik.

54 Wie Esma Redžepova, Ljiljana Petrović Buttler oder Saban Bajramovic.

55 Das ursprüngliche Lied von Žarko Jovanović existiert in verschiedenen Versionen und Bearbeitungen unterschiedlicher Längen.

56 https://crs.ceu.edu/index.php/crs/issue/view/2 (01.04.2019).

haben romane Autor*innen in allen Schriftformen auf Romanes und in den majorisierten europäischen Sprachen geschrieben. Engelbert Wittich schrieb 1911 Chroniken in der Absicht, gadje Stereotypen über romane Menschen zu dekonstruieren. Romane Autor*innen transkribierten die eigenen mündlich überlieferten Kunst und Werke der Märchenerzählung. Wichtige Dichterinnen sind Papusza, Tera Fabiánová[57], Ceija Stojka und Sandra Jayat. Die weiße Gadje-Selbstverständlichkeit besteht darin gadje Schriften, Filme oder Reden über ›dieSintiundRoma‹[58] zu lesen und anzuschauen, allerdings fast immer, ohne sich damit zu beschäftigen, was romane Menschen selbst geschrieben oder erschaffen haben.

Auch im politischen und erinnerungspolitischen Kontext wurden überlebende romane Worte nicht in Betracht gezogen und erhört. In den Nürnberger Prozessen (1945–1949) durften keine Überlebenden des Pharrajmos bezeugen. Auch in den Auschwitzprozessen (1963–1965, 1965–1966 und 1967–1968) in Frankfurt waren sie kaum sichtbar.[59]

Der Tod, das Leben und das Überleben in den Ghettos Łódź, Lublin, Radom[60] oder Warschau sind Fußnoten in Büchern, ebenso wie die Erschießungen in Babi Jar[61] oder die Verfolgung von romane Communitys in den 41 französischen Internierungslagern zwischen 1940 und 1946. Weder die wissenschaftliche Forschung noch die Erinnerungsarbeit widmen sich einer Recherche dieser Aspekte der Verfolgung. Aber das Bezeugen der Überlebenden besteht fort, allerdings wenig sichtbar und sehr vereinzelt. Da die Interaktionen und Beziehungen zwischen Gadje und Rom*nja geleugnet werden, ist es nicht erstaunlich, dass die Zeug*innenschaften und die überlebenden Worte negiert werden. Romane Erfahrungen des Überlebens sind weitestgehend unbekannt und missverstanden, doch die Menschen, ihr Denken, die Buchstaben, die Töne und die Spuren existieren.

57 http://rombase.uni-graz.at/cgi-bin/art.cgi?src=data/pers/fabianova.en.xml (01.12.2018).

58 Mehr zum Ausdruck ›Sintiundroma‹ im Kapitel 5.

59 Eine der wenigen zugelassenen Zeug*innenschaften über den Pharrajmos war die von Max Friedrich. Seine Vernehmung beim ersten Auschwitzprozess fand 1964 statt. Auch Elizabeth Guttenberger bezeugte beim Auschwitzprozess.

60 Anita Awosusi spricht in ihrem Buch *Vater Unser* vom romani Überleben im Ghetto von Radom.

61 Tausende jüdische und romane Menschen wurden in Babi Jar und in anderen Gruben in Europa von der SS erschossen. Es gibt kaum Recherchen und öffentliches Wissen über romane Opfer.

Das Romanes und die Romanipe wurden von den Prozessen gegen den Faschismus und Nationalsozialismus ausgeschlossen. Parallel dazu wurde die jiddische Sprache in den Nürnberger Prozessen verboten: Der Schriftsteller Avrom Sutzkever wurde gezwungen, auf Russisch Zeugnis abzulegen, nachdem er zuvor aus politischen Gründen versucht hatte, auf Jiddisch zu bezeugen. Das Romanes und das Jiddische, Sprachen des Kosmopolitismus und der Migration, sind keine Ghetto-Jargons, sondern Sprachen des Bezeugens, die überleben und Widerstand leisten mussten. Die Romanipe und die Yiddischkeit sind von den Verfolgungen vor, während und nach den Genoziden geprägt. Doch sie hatten und haben viele Worte und Gedanken über sich und über ihr mörderisches Gegenüber zu sagen.

Überleben und Beziehungen

»Eine heilende Wiedervereinigung mit denen, die nicht da sind und nie mehr da sein werden, gibt es nicht; eine Wiedergewinnung oder Wiederherstellung des Verlorenen, die Anknüpfung an eine plötzlich unterbrochene unschuldige Kindheit gibt es nicht. Das Zeugnis strebt danach, die verlorene Wahrheit dieser Wirklichkeit wiederzuerlangen, aber das tatsächliche Bezeugen ist nicht mit der Erfüllung dieses Versprechens gleichzusetzen. In seiner Verpflichtung gegenüber der Wahrheit ist das Zeugnis eine Durchquerung und eine Erkundung von Differenzen und keine Erkundung von Identität; so wie auch die Erfahrung des Holocaust, die es bezeugt, nicht verarbeitet werden kann, da das Zeugnis die Durchquerung der ultimativen Differenz darstellt – der *Otherness* des Todes. Trotzdem ermöglicht genau dieses Bekenntnis zur Wahrheit in seinem dialogischen Kontext und mit seinem authentischen Zuhörer eine Aussöhnung mit dem nicht eingelösten Versprechen und lässt das Anknüpfen ans Leben überhaupt erst zu. Das Zeugnis kann den Holocaust nicht tilgen. Es kann ihn nicht leugnen. Es kann die Toten nicht zurückbringen, es kann das Grauen nicht ungeschehen machen, und es kann die Sicherheit, die Authentizität und die Harmonie dessen, was einmal das Zuhause war, nicht wiederherstellen. Und trotzdem widersteht es dem Tod, der Sehnsucht, dem Verbleiben in der Erinnerung, den permanenten, sich wiederholenden Kämpfen mit der Vergangenheit, der Flucht an die Oberfläche oder in die verlockende Versuchung, sich ersatzweisen Illusionen hinzugeben. Es ist ein dialogischer Prozess der Erkundung und der Aussöhnung zweier Welten, die anders sind und immer anders bleiben werden: die, die brutal zerstört wurde, und die, die jetzt ist. Das Zeugnis selbst ist ein Prozess der Auseinandersetzung mit dem Verlust, ein Durchschreiten der schmerzhaften Tätigkeit des Bezeugens; es bringt eine weitere Wiederholung der Erfahrung von Trennung und Verlust mit sich. Es wiederholt die Durchquerung der Differenz allerdings so, dass vielleicht, bis zu einem bestimmten Grad, die Wiederinbesitznahme dieser Differenz möglich wird. Das Zeugnis ist die Erkenntnis, dass die Verlorenen nicht zurückkommen werden, dass es im Leben genau darum geht, mit einer unerfüllten Hoffnung zu leben – diesmal allerdings mit dem Wissen, dass man nicht mehr allein ist, dass man einen Gefährten haben kann, der einen kennt, mit einem die unerfüllte Hoffnung durchlebt und sagt: »Ich werde an deiner Seite sein, während du dabei bist, mich zu verlieren. Ich bin dein Zeuge.«[62]

Dori Laub

Gewürdigtes Bezeugen in Melanie Spittas Filmen

Im 20. Jahrhundert wurden überlebende Worte wunderbar überliefert: Claude Lanzmann und Melanie Spitta gaben beide auf eine einzigartige Weise ein Wissen und eine Geschichte des Überlebens der Shoah und des Pharrajmos̜ weiter. In Bildern, Worten, historischen Recherchen, Gesprächen innerhalb ihrer Communitys und der Konfrontationen mit Täter*innen erschufen sie eine bezeugende Sprache.

Nachdem seine Filme in Kinos gezeigt wurden, veröffentlichte Claude Lanzmann die Transkription der Zeug*innenschaften, die in den Filmen *Shoah, Ein Lebender geht vorbei, Sobibor, 14. Oktober 1943, 16 Uhr* und *Der letzte der Ungerechten* abgelegt wurden. In diesen vier Filmen geht es um die Shoah. Es macht sehr viel Sinn, dass der Film zu einem Buch geworden ist, dass die gesprochenen Worte eine neue Form annehmen. Die Mündlichkeit der Erzählung wird zu einer schriftlichen Spur. Die zwei Formen des Bezeugens kommunizieren miteinander. Das ermöglicht den Zuhörenden ein doppeltes Verhältnis zur Sprache der Überlebenden. Dieses Verhältnis ist wertvoll, weil es persönliche Bezüge zum Schriftlichen und Mündlichen berücksichtigt. Diese erneute Existenz des Bezeugens durch die Verschriftlichung kann den Worten der Überlebenden ein doppeltes Fortbestehen geben, auch, weil im Westen soziale Legitimität leider über das Geschriebene und Lesbare entsteht.

Melanie Spitta gab in ihren Filmen romane Überlebenden aus unterschiedlichen Kontexten und Generationen Raum. Sie war eine romani Filmemacherin und Autorin und drehte zwischen 1980 und 1987 vier Filme mit Katrin Seybold. In all diesen Filmen äußert sie sich über den Pharrajmos und seine Kontinuitäten und macht in einem rassistischen und revisionistischen Kontext die Worte Überlebender und späterer Generationen hörbar. Der Genozid war noch nicht vom Staat anerkannt worden, als sie anfing ihre Recherche über die Vernichtung der romane Communitys

62 Laub, Dori: An event without a witness. In: Felman, Shoshana/Laub, Dori: Testimony, crises of witnessing in literature, psychoanalysis and history. Routledge, 1992, S. 75-92. Danke an Selma Berg und Katharina Voss für die Übersetzung.

und ihrer eigenen Familie in die bundesdeutsche Öffentlichkeit zu tragen. In den 1980er-Jahren wurde der Pharrajmos noch gewaltvoller als heute verschwiegen und unsichtbar gemacht. Die Überlebenden lebten in einer noch tieferen Einsamkeit als heute. In den majorisierten Gesellschaften kam der Pharrajmos nicht vor, er blieb außerhalb der Gedanken und des Gewissens. Die Ermordung von romane Menschen wurde in der BRD durch revisionistische Diskurse mit dem inkohärenten und faschistischen Argument, romane Menschen seien nicht rassistisch verfolgt worden, sondern wegen ihrer ›kriminellen oder anormalen Verhalten‹, gerechtfertigt. So wurden romane Menschen von der BRD für den an ihnen begangenen Genozid verantwortlich und schuldig gemacht. Solche Aussagen bedeuteten implizit eine Zurückweisung und Verleugnung der jahrhundertelangen Rassifizierung, also der Verfolgung von romane Menschen in ganz Europa, und dementsprechend das Negieren ihres Leidens, ihrer Ermordung und ihres Widerstands *vor*, während und nach dem Genozid. So wurden nicht nur die Verbrechen des Genozides geleugnet, sondern auch die gesamte Geschichte der europäischen weißen Täter*innenschaft und mit ihr die europäisch-romani Geschichte.Die Fakten, die historische Einordnung[63] und die Kontinuitäten weißer Täter*innenschaft wurden verworfen und die lange Geschichte der Unterdrückung umgedreht. Wenn ein Genozid ignoriert, relativiert oder negiert wird, werden es gleichzeitig auch die Verfolgungen aus den Jahren oder Jahrhunderten zuvor.

In romane Communitys hingegen war der Genozid allgegenwärtig; für die Verfolgten waren die Traumata gezwungenermaßen omnipräsent. Enorm viel Mut und Arbeit waren nötig, um in einem solchen Kontext des Verschweigens und der Widerlegung *öffentlich* über das Morden und Überleben zu sprechen und darüber in einen Dialog zu treten.

Melanie Spittas bekanntester Film, *Das falsche Wort* (1986), beginnt mit dem folgenden Voiceover:

> »Um ihr Leben zu retten, ist meine Mutter mit ihrer Familie nach Belgien geflohen. Eine vergebliche Hoffnung, denn nur wenige haben Auschwitz überlebt. Mein Bruder und unsere ganzen Kinder sind elend gemordet worden. Dafür habt ihr Deutschen Mut aufgebracht. Aber dafür einzustehen, wie diese Morde zustande gekommen sind und zugelassen wurden, fehlte den meisten von euch der Mut.«

63 Damit meine ich die Chronologie der Vergangenheit, aber auch Prozesse, zwischenmenschliche Beziehungen, Machtverhältnisse usw., die in der Geschichte stattfinden.

Melanie Spitta positioniert sich gleich zu Beginn des Films durch ihre Adressierung der Täter*innen und durch das Erzählen der Überlebensgeschichte ihrer eigenen Familie. Sie ist 1946 geboren, dem Jahr, in dem die Vernichtung vorbei war und der unmögliche Wiederaufbau der romane Communitys begann.

Die Darstellung ihrer Beziehung zu den Täter*innen und Überlebenden erzeugt in der Narration, in den Kameraeinstellungen und insgesamt in der Ästhetik des Films einen besonderen Respekt gegenüber den Worten der Überlebenden. Die Zeug*innenschaften haben eine besondere Tiefe, weil Spitta sich positioniert. Sie weiß, woher sie spricht, und spricht das aus.

Ihre Anschuldigungen gegen die BRD und die morbide Maskerade des Wiedergutmachungssystems haben eine starke Unmittelbarkeit und Würde. Der Titel des Films, *Das falsche Wort*, bezieht sich auf die empörende Verwendung des Wortes ›Wieder-gut-machung‹ nach 1945, mit dem die ›Entschädigungszahlungen‹ an Überlebende bezeichnet wurden und immer noch werden. Der deutsche Staat und die deutschen Gemeinden haben diese Zahlungen an romane Überlebende extrem erschwert. Die jahrelangen Kämpfe von Überlebenden und von romane Organisationen für eine Entschädigung waren nicht immer erfolgreich, und viele starben, bevor sie etwas erhielten. Melanie Spitta sagt:

> »Weil bei euch so viele Hakenkreuzler übrig geblieben sind, die wussten, wie man eine Entschädigung an uns verhindert, war unser Kampf vergeblich. […] Ihr habt uns den Kopf abgeschlagen und sprecht von ›Wiedergutmachung‹. ›Wiedergutmachung‹ ist das falsche Wort, denn ihr habt euer Gefühl für Reue und Sühne vergessen.«

Ihr Film greift in den Gesprächen mit Überlebenden und in ihren eigenen Worten im Voiceover vielfältige romane Themen auf; so entsteht ein vielstimmiges Werk.

Isidora Randjelović schreibt in ihrem Artikel *Erinnerungsarbeit an den Porajmos im Widerstreit*:

> »Die Erzähler_innen bleiben reale Gestalter_innen ihrer Geschichte(n) und sie sind zugleich Zeitzeug_innen, Expert_innen, Analytiker_innen.«[64]

---

64 Randjelović, Isidora: Erinnerungsarbeit an den Porajmos im Widerstreit. In: Iman Attia / Swantje Köbsell / Nivedita Prasad (Hg.): Dominanz-Kultur reloaded. Transcript, 2015, S. 91.

Wie so oft in positionierten Werken mit Zeug*innenschaften wird das Sprechen der Überlebenden nicht in einem starren Frage-Antwort-Format gezeigt. Das Sprechen ist in Bewegung, Dialoge und Gespräche entfalten sich. Melanie Spitta erarbeitet hier eine Geschichte des Genozids und thematisiert gleichzeitig Beziehungen zwischen weißen Gadje und Rom*nja während des Genozids. Dabei bezieht sie sich auf das weiße Negieren der Überlebenserfahrungen nach dem Pharrajmos und die alltäglichen Kämpfe für die Rechte von romane Communitys. Die Überlebenden beschreiben mit welchen Lügen, falschen Begründungen und mit welcher Selbstgerechtigkeit ihnen Entschädigungen, Renten oder Krankengeld vom deutschen Staat und seinen Beamt*innen verweigert oder entzogen wurden. Sie erzählen von Alltagssituationen, in denen sie die Täter*innen auf der Straße und in Ämtern erkannt haben[65] und ihnen plötzlich gegenüberstehen mussten: Bis heute wurden für die Verbrechen des Pharrajmos keine Täter*innen verurteilt. Diese Kontinuitäten und dieses Fortbestehen des faschistischen Rassismus in der BRD beschreiben Überlebende in *Das falsche Wort*.

Der erste Satz des Films steht auf Deutsch auf einer Leinwand *geschrieben*:

> »Wir brauchen nicht aufzuschreiben, wer die Mörder an uns Sinte waren. Wir wissen es. Ich bin ein Kind der Opfer. Melanie Spitta«

Der letzte Satz des Films wird von der Regisseurin *ausgesprochen*. Er bezieht sich auf die Verleugnung, die Bürokratisierung der Vernichtung und die Täter*innenschaft vieler Ärzt*innen, Psychiater*innen und Wissenschaftler*innen, vielleicht auch auf die umfangreichen Tagebücher weißer Deutscher:

> »Sie haben alles aufgeschrieben, aber von nichts gewusst.«

Ihr früherer Film *Es ging Tag und Nacht, liebes Kind* (1982) handelt unmittelbarer vom Genozid und von seinen Folgen für romane Menschen und weniger von der Nachkriegspolitik. Er ist noch unbekannter als *Das Falsche Wort*, der auch schon kaum gezeigt wird. *Es ging Tag und Nacht, liebes Kind* beschäftigt sich mit Sinti*zze Überlebenden und deren Kindern, die die Gedenkstätte im ehemaligen Konzentrationslager Auschwitz-Birkenau besucht haben. Die Filmemacherin war selber Teil dieser Gruppe:

65 Siehe auch die Gespräche in Strauß, Daniel (Hg.): »... weggekommen«. Philo Verlag, 2000.

»Ich kam von Auschwitz-Birkenau zurück und suchte meine kranke Freundin Wanda auf, die mir immer schon von ihrem Leben im Lager erzählt hat. Ich wollte von ihren schlimmen Erlebnissen hören. [...] Bei unserer Reise nach Auschwitz hatten wir keine Frauen dabei, die im Lager waren. Wanda ist eine Sintizza, die ich bei meiner Tante traf. Uns verbindet die gemeinsame Trauer um das Leben unserer Mütter.«

Der Film besteht aus drei Teilen, die vom ›Sich-Selbst-Erzählen‹, vom Weitertragen und vom Intergenerationellen handeln: *I tag und nacht. II für uns ist die vergangenheit nicht tot. III für unsere kinder*. Er beruht also vor allem auf Zeug*innenschaften und zwischenmenschlichen Verhältnissen; das Ansprechen weißer Deutscher ist weniger präsent.

Die ersten zwei Filme Melanie Spittas über das romani Überleben sind: *Schimpft uns nicht Zigeuner* (1980, 43 Min.) und *Wir sind Sintikinder und keine Zigeuner* (1981, 21 Min.). Dass sie in ihren Filmen unterschiedlichen Überlebensgeschichten und Überlebenskämpfen viel Raum gibt, ist eng damit verknüpft, wie sie sich als Filmemacherin, Sprecherin und Zuhörerin positioniert: nämlich als Sintezza, sowohl während des Filmemachens als auch in der historischen Recherche zur deutschen Sinti*zze-Geschichte. Sie entwickelte eine spezifische historische Herangehensweise für Archivarbeit und für intergenerationelle Gedenkarbeit und stellte sich der Last des europäischen *Silencing*[66] entgegen. Es ist zermürbend, Dinge zu sagen, die niemand aus der majorisierten Gesellschaft weder passiv noch aktiv hören will, und dem Gesagten eine Form zu geben.

Melanie Spitta erzählt von ihrer Arbeit:

»Der Weg aus der Wohnung in den Schneideraum dauert neun Minuten. Ich habe für diesen Weg öfters vier Stunden und mehr gebraucht. Die Angst vor dem Material und der Arbeit ließ mich oft doppelt einkaufen, neue Umwege und Ausflüchte finden.«[67]

Das Romanes, das in ihren Filmen gesprochen wird, übersetzt sie nur manchmal. Ihre Arbeiten, Filme und Texte[68] sind hauptsächlich romane

66 Diesen Begriff prägte G.C. Spivak in ihrem Text *Can the subaltern speak?*. Siehe auch Nikita Dhawans Buch *Impossible Speech: On the Politics of Silence and Violence*.

67 Melanie Spitta, 2000. Dieses Zitat kommt auch in Isidora Randjelovićs Artikel über Entinnerung vor. In: Iman Attia / Swantje Köbsell / Nivedita Prasad (Hg.): Dominanz-Kultur reloaded. Transcript, 2015, S. 89-100.

68 Ihre Texte sind u.a. in der Zeitschrift *Jekh Chib* erschienen, einer beeindruckenden deutschen romani Zeitschrift aus den 1990er-Jahren.

Menschen bekannt, werden wenig übersetzt und sehr selten gezeigt. Dabei sollten sie unbedingt diskutiert und mit anderen Werken über Genozide und über das Überleben in Verbindung gebracht werden, die, so wie Melanie Spittas Filme, tatsächlich ›Geschichte bezeugen‹ und dieses Bezeugen zu Wort kommen lassen.

Psychoanalyse und Überlebende

Das Sprechen über das Überleben entfaltet sich oft durch Kreativität, weil eigene Worte gefunden werden müssen. Das ist schon immer auf zwischenmenschliche, künstlerische, geschichtliche und wissenschaftliche Weise geschehen. Es kann auch die Form des Ver-rücktseins annehmen, dessen Erfindungen oft nicht angemessen gehört, gelesen und akzeptiert werden. Solche psychischen Krisenzustände können erstaunlich schöpferisch und, so schmerzhaft sie auch sind, sehr verblüffend sein.

Manchmal tritt der Begriff des Bezeugens auch in der psychoanalytischen Theorie und Praxis auf, sowohl bei Patient*innen als auch bei Therapeut*innen. Das Überleben, das Bezeugen und die Zeug*innenschaft können in der Psychoanalyse unterschiedliche Formen annehmen: Zeug*in sein, eine*n Zeug*in haben, Zeugnis ablegen, sich an Zeug*innen seines Lebens erinnern, von früheren Falschaussagen oder Verleumdungen erzählen und sich vor ihnen schützen. All diese Formen von Beziehungen, Interaktionen, Erlebnissen und Recherchen können im Alltag wie auch in einer Psychoanalyse eine Rolle spielen. Die*der Analytiker*in kann in der Aufnahme der Erzählung der*des Analysand*in die Position bzw. Rolle der Zeug*in einnehmen. Die*der Analysand*in bzw. Patient*in kann sich durch das Bezeugen selbst erzählen und darüber sprechen *was* und *wen* sie*er überlebt hat. Sie*er kann vielleicht endlich eine*n Zeug*in haben, um ihre*seine Geschichte mitzutragen (*to contain*) oder sich daran zu erinnern, wer die Zeug*innen waren, die die Traumatisierungen miterlebt, aber über sie geschwiegen haben.

Wenn Analytiker*innen die Worte ihrer Patient*innen, ihre Symptome und Nachforschungen über sich selbst als *gesellschaftliche, zwischenmenschliche und zeitlich verortete Erzählungen* betrachten, tritt die Psychoanalyse mit Erinnern und Geschichte in Beziehung. Durch diese Mündlichkeit, mit der es möglich wird, sich wirren und flüchtigen Dingen zu nähern, treten traumatische individuelle, aber auch immer kollektive und gesellschaftliche Geschichten in Erscheinung.

Nur ein kleiner Teil der Psychoanalyse setzt sich mit dem Überleben auseinander: Sándor Ferenczi und Sigmund Freud bereits zu Beginn des 20. Jahrhunderts, andere nach 1945. Anna Freud, Donald Winnicott und W. F. Bion arbeiteten zu Kriegstraumata. Bruno Bettelheim, Anne-Lise Stern und Dori Laub entwickelten ihre psychoanalytische Praxis und Theorie aus ihrer eigenen Position des Überlebens der Shoah heraus.

Die Nazis bemühten sich, Psychoanalytiker*innen, die Psychoanalyse und das psychoanalytische Denken in ganz Europa zu ermorden, als die Arbeit dieser Menschen gerade erst angefangen hatte, einen Platz in den europäischen Gesellschaften zu erlangen. Der Inhalt und Sinn ihres Schaffens wurde von 1933 bis 1945 vollkommen verdreht. Das psychoanalytische Institut in Berlin wurde durch das *Institut Göring* ersetzt, benannt nach dem Psychiater Matthias Göring, einem Cousin des ›Oberbefehlshabers‹ der Luftwaffe, Hermann Göring. Durch Experimente und Propaganda und in Zusammenarbeit mit Himmler, der Polizei, Industriellen und der SS, deren Angehörige übrigens auch Patienten waren, verwandelte dieses Institut die Psychoanalyse in einen nationalsozialistischen Psychiatrieapparat[69]. Der bis heute allgemein anerkannte Psychologe Carl Gustav Jung gehörte von 1936 bis 1940 dem Vorstand an.

Die deutsche Psychiatrie ist direkt und indirekt verantwortlich für die Ermordung Hunderttausender Menschen. Mithilfe von Psychiater*innen und Mitarbeiter*innen des nationalsozialistischen Gesundheitswesens wurden diese Menschen auf der Grundlage ableistischer Konstrukte ermordet. Von 1939 bis 1945 wurden sie systematisch durch Injektionen, in Gas-LKWs oder Gaskammern umgebracht. Ebenso wurden fast alle in Deutschland lebenden Sinti*zze und Rom*nja vor ihrer Deportation in ost- und mitteleuropäische Konzentrationslager von der ›Rassenhygienischen Forschungsstelle‹[70] ausgefragt, erfasst und festgenommen. Diese Institution wurde vom Psychiater Robert Ritter und von der Anthropologin Eva Justin geleitet, die mit ihren Mitarbeiter*innen ›psychologische‹ und ›anthropomorphische Gutachten‹, sowie Listen von romane Menschen

69 Vgl. Anne-Lise Sterns Artikel *Histoire, historioles* im Buch *Le savoir déporté*, Seuil, 2004 und das Buch: *Death of a ›Jewish Science‹: psychoanalysis in the Third Reich* von James E. Goggin und Eileen Brockman Goggin, Purdue University Press, 2000.

70 Der Hauptsitz befand sich in Berlin-Dahlem, wo heute die Freie Universität ist. Zudem gab es Nebenstellen in verschiedenen deutschen Städten, wo, natürlich nicht durch Zufall, auch Zwangs- und Konzentrationslager zum Inhaftieren von romane Menschen waren (Frankfurt/Main, Magdeburg, Köln, Hannover, Düsseldorf).

erstellten. Ihr Ziel war, sie zu ›erfassen‹, zu inhaftieren und in deutsche Konzentrations- und Vernichtungslager zu deportieren.[71]

Im Bundesarchiv in Berlin-Reinickendorf können die von Ritter und von der Kriminalpolizei unterschriebenen Deportationsbefehle gegen romane Menschen eingesehen werden. Nach 1945 arbeiteten sowohl Ritter als auch Justin in der BRD als Psychiater und Psychologin weiter und wurden, genauso wie ihre zahlreichen Mitarbeiter*innen[72], nie für ihre Verbrechen verurteilt.

Psychoanalytische Arbeiten beschäftigten sich schon früh mit dem Nationalsozialismus und der Shoah. Sie waren eine Form des Widerstands. Nach seiner Flucht 1939 in die USA versuchte der Psychoanalytiker Bruno Bettelheim, Überlebender der Lager Dachau und Buchenwald, bereits 1942 eine Analyse seines Überlebens und seiner Kämpfe in den Konzentrationslagern zu veröffentlichen. Sein Text wurde jedoch von allen Zeitschriften, an die er sich wandte, abgelehnt.

Auch Charlotte Beradt, eine jüdische Schriftstellerin, verwob in ihrer Arbeit *Das Dritte Reich des Traums* Zeug*innenschaft, Psycho- und Alltagsanalyse. Sie war keine Psychoanalytikerin, stand aber als Publizistin in Kontakt mit vielen in Deutschland tätigen Psychoanalytiker*innen. Gleich 1933, nachdem Hitler als Vorsitzender der stärksten Partei im Parlament zum Reichskanzler ernannt worden war, archivierte sie Träume unter dem Titel *Das Dritte Reich des Traums*. Bis 1939, dem Jahr ihrer Flucht in die USA, sammelte sie Träume, die ihr persönlich in Berlin oder von Dritten erzählt wurden. Sie schrieb sie nieder und versteckte die Aufzeichnungen, da diese Archivarbeit und die Träume selbst oft subversiv waren oder verbotene Inhalte hatten. Ihre Idee, verstreute Träume über den Nationalsozialismus zusammenzutragen, war an sich schon eine bezeugende Arbeit. Auf der Grundlage seelischer Erzählungen und mithilfe der mündlichen Wiedergabe von Träumen, die etwas äußerst Intimes und Einzigartiges ist, trägt sie zu einer Geschichte des Nationalsozialismus und der Täter*innenschaft bei: Wenn sie erzählt werden, sind Träume eine Art des Bezeugens und

71 Vgl. *Das falsche Wort*: Melanie Spitta zeigt hier die Archive der ›Rassenhygienischen Forschungsstelle‹, Vgl. auch Peritore, Silvio: The national socialist genocide of the Sinti and Roma catalogue of the permanent exhibition in the State Museum of Auschwitz. Dokumentations- und Kulturzentrum Dt. Sinti und Roma, 2003.

72 Das sogenannte Entnazifierungsverfahren von Ritter kann im Bundesarchiv Berlin-Reinickendorf eingesehen werden.

bilden Spuren. In ihrem Buch deutet sie die Träume nicht. Sie lässt sie für sich sprechen und betrachtet sie 20 Jahre nach den Genoziden und dem Nationalsozialismus bewusst aus einer zeitlichen Distanz heraus. Die meisten Träumer*innen sind *weiß*; jüdische Träumer*innen[73] kommen nur in einem kurzen Kapitel zu Wort; romane Träumer*innen kommen in dieser Arbeit überhaupt nicht vor. Am Anfang einiger Kapitel zitiert sie Autoren wie Kafka oder Brecht und lässt so einen Dialog zwischen Träumen, literarischen Werken und ihren eigenen Gedanken entstehen. Sie schreibt:

> »Von Kafkas Parabeln ist oft gesagt worden, dass sie sich auf den totalitären Zustand anwenden lassen. Im gleichen Sinne kann man von diesen Träumen sagen, dass sie sich auf wichtige Erzeugnisse der Literatur über das Dritte Reich anwenden lassen, deren Quelle man hier zu sehen meint, auch in der Form.«[74]

Charlotte Beradt betrachtet die Kreativität, die sich im Schlaf entfaltet, und ihre psychischen Erzeugnisse als etwas Eigenes, als eine potenzielle und positionierte Sprache, die auch Geschichte schreiben kann. Wenn die ungefilterte Erzählung einer Person über sich selbst wiederhergestellt und verortet wird, kann ein Werk daraus entstehen. Träume über körperliche Gewalt hat Charlotte Beradt nicht in ihr Buch aufgenommen. Die von ihr ausgewählten Träume sind ein Spiegel der Angstzustände, der Anerkennungs- oder Zugehörigkeitswünsche und auch der Täter*innenschaft der Majorisierten im Nationalsozialismus. So zeigt sie beispielsweise die Verantwortung *weißer* Frauen am Nationalsozialismus auf.[75] Die erzählten Träume zeugen von der Angst vor möglicher Repression, obwohl *weiße* Deutsche sehr selten davon betroffen waren, und auch vom Wissen *weißer* Deutscher über die Verfolgungen. Charlotte Beradts Arbeit wurde zunächst in einer mündlichen Form veröffentlicht: 1963 wurden ihre Traumanalysen in einer Sendung des *Westdeutschen Rundfunks* vorgestellt. Ihr Buch erschien 1966 auf Deutsch. 2016 wurde eine Neuauflage veröffentlicht, aber Beradt bleibt in Deutschland weniger bekannt als zum Beispiel in Frankreich, wo Recherchen zum Überleben, auch dank der Arbeit jüdischer

---

73 Der Titel des Kapitels lautet: *Träumende Juden oder »Wenn nötig, mache ich dem Papier Platz«*.

74 Beradt, Charlotte: Das Dritte Reich des Traums. Suhrkamp, 2016, S. 21.

75 Leider reproduziert die Autorin sexistisch-sexualisierte Sichtweisen und eine heteronormative Herangehensweise, zum Beispiel im Kapitel *Offene Wünsche oder den wollen wir dabeihaben*. Beradt, Charlotte: Das Dritte Reich des Traums. Suhrkamp, 2016, S. 111.

und anderer POC Autor*innen, in der psychoanalytischen Forschung viel präsenter sind.

Nach der Shoah und dem Pharrajmos wurde die deutschsprachige Psychoanalyse reformiert – hauptsächlich mit dem Zweck, die Täter*innen und ihre Kinder seelisch zu stärken. Psychoanalytische Begriffe wie ›Schuld(angst)‹ und ›Trauer(arbeit)‹ wurden im Dienst des Revisionismus und der Täter*innen-Opfer-Umkehr völlig verdreht[76]. Die meisten Jüd*innen, die die Shoah überlebten, kehrten nicht nach Deutschland oder Österreich zurück oder blieben dort nur kurz, wobei das nicht auf alle Überlebenden zutrifft, denn einige entschieden sich auch dort weiterzuleben[77]. Doch ihre Anwesenheit nach 1945 wurde geleugnet und verdrängt. In der deutschsprachigen Psychoanalyse kamen die zwischenmenschlichen und andere relationale[78] Ansätze kaum mehr vor, während sie in der Zeit, als dieser Fachbereich noch stark jüdisch geprägt war, zentral gewesen waren.

Anne-Lise Stern, die die Lager Auschwitz, Bergen-Belsen und Theresienstadt überlebte, analysiert in ihrem Buch *Le savoir-déporté* (Das deportierte Wissen) die Geschichte und Praxis der Psychoanalyse im Verhältnis zur Shoah. Ihr Werk wurde nie ins Deutsche übersetzt, obwohl sie deutschsprachig in Mannheim aufwuchs und viele Texte zur deutschen Psychoanalyse veröffentlichte. Die Shoah wurde von deutschen Analytiker*innen lange nicht reflektiert, oft noch nicht einmal thematisiert, und auch die Konsequenzen der Auslöschung der Psychoanalyse durch die nationalsozialistische Psychiatrie zwischen 1933 und 1945 wurden unsichtbar gemacht:

> »Das mangelnde Verständnis der Shoah innerhalb der Psychoanalyse hat sich während des Kongresses der International Psychoanalytical Association 1985 in Hamburg geäußert, der *zum ersten Mal* wieder in Deutschland stattfand.«[79]

Nach 1945 blieb Anne-Lise Stern endgültig in Frankreich, bekam vom deutschen Staat eine Entschädigungssumme und finanzierte damit in den

76 Zum Beispiel in den Schriften von Margarete und Alexander Mitscherlich.

77 Siehe die Interviews mit jüdischen Menschen, die in Deutschland bis 1945 versteckt lebten oder nach 1945 in die BRD zurückkehrten und dort blieben: Heenen-Wolff, Susann: Im Land der Täter. Fischer Verlag, 1994.

78 Siehe auch den Glossareintrag ›relationaler Revisionismus‹.

79 Stern, Anne-Lise: Le savoir déporté. Seuil, 2004, S. 65. Übersetzung von Katharina Voß.

60er-Jahren das *Psychoanalytische Labor*[80], in dem drei Analytiker*innen[81] armen Patient*innen kostenlose Therapiestunden anboten. Sie war eine der Gründer*innen einer Einrichtung, die politische Praxen und politisches Denken miteinander verband. Anschließend arbeitete sie mit drogenabhängigen Menschen. Sie analysierte die katastrophischen gesellschaftlichen Verhältnisse, die zu einem massivem Drogenkonsum führen können, der wiederum ein zusätzlicher Grund für Diskriminierung ist[82]. Sie reflektierte das extreme psychische Leid, das Menschen überleben (müssen und können). In ihren Seminaren und in ihrem Werk ermöglichte sie einen Dialog zwischen Psychoanalyse, Shoah und post-genozidalen Gesellschaften und deren Beziehungen. Sie verknüpfte die Erfahrung des Überlebens mit der psychoanalytischen Praxis und Forschung. Deutsch als Täter*innensprache, Leugnung als soziales System, die Komplexität von Zeug*innenschaft, Bezeugen und Überliefern und die Geschichte der psychologischen Berufe sind die Hauptthemen, die Anne-Lise Stern für die Öffentlichkeit aufwarf und erforschte.

Ein weiterer (Psycho-)Analytiker des Überlebens ist Dori Laub. Wie bereits erwähnt prägte er eine ethische Beziehung zu Überlebenden und ihren Zeugnissen, als er das *Fortunoff Video Archive for Holocaust Testimonies* mitbegründete. Ab den 1970er-Jahren entwickelte er eine psychoanalytische Theorie über die Traumata der Shoah und über andere massive psychische Traumata. Er wurde 1937 in Czernowitz, Rumänien, geboren und 1942 in ein rumänisches Konzentrationslager in Transnistrien deportiert. Nach 1945 ging er nach Israel und anschließend in die USA, wo er auch das *Genocide Studies Program* der Yale University mitbegründete. Dori Laub verstarb 2018.

In seinem Werk analysiert er das Trauma entlang seiner zwischenmenschlichen Aspekte. Er zeigt die Übereinkunft der Majorisierten in Bezug auf sich ereignende Genozide und verdeutlicht damit die Isoliertheit der Verfolgten und Überlebenden in genozidalen und post-genozidalen Gesellschaften.

80 *Le laboratoire de psychanalyse:* Siehe http://www.oedipe.org/documents/laboratoire (02.01.2019).

81 Pierre Alien, Renaude Gosset und Anne-Lise Stern.

82 Siehe ihren Text Le marché des drogués, In: Le savoir déporté. Seuil, 2004, S. 144.

»Was meine ich mit dem Begriff des ›internen Zeugen?‹ Man muss sich die Welt des Holocaust als eine Welt vorstellen, in der schon die Vorstellung eines Anderen nicht mehr möglich war. Es gab keinen Anderen mehr, den man in der Hoffnung, gehört zu werden, als Subjekt anerkannt zu werden, eine Antwort zu bekommen, als ›Du‹ hätte ansprechen können. Die historische Realität des Holocaust löschte philosophisch gesprochen die Möglichkeit der Ansprache, der Anrufung, des Sich-Aneinander-Wendens aus. Wenn man sich nicht an ein ›Du‹ wenden kann, kann man auch zu sich selbst nicht ›Du‹ sagen. So produzierte der Holocaust eine Welt, in der man für und von sich selbst kein Zeugnis ablegen konnte. Das nationalsozialistische System war wasserdicht – nicht nur in dem Sinn, dass es theoretisch keine externen Zeugen gab, sondern auch insofern, als dass es seine Opfer, die potenziellen ›internen‹ Zeugen, davon überzeugt hatte, dass das, was über ihr ›Anderssein‹ und ihre Unmenschlichkeit behauptet wurde, stimmte, und dass ihre Erfahrungen nicht einmal mehr für sie selbst kommunizierbar waren und daher möglicherweise nie stattgefunden hatten. Der Verlust der Fähigkeit, von und für sich selbst Zeugnis abzulegen, sich von innen heraus zu bezeugen, ist vielleicht die wahre Bedeutung der Vernichtung, denn wenn die eigene Geschichte aufgehoben ist, hört auch die eigene Identität auf zu existieren.«[83]

Dori Laubs Konzepte des ›inneren Zeugen‹, des *testimonial process*, der Leugnungen während der Genozide und des ›Du‹ sind in seiner eigenen Erfahrung, in der Sprache der Überlebenden und in den Arbeiten von Paul Celan und Jean Améry begründet. In vielen Texten analysiert er die Konsequenzen der Zerstörung von Empathie und von der Beziehung zwischen dem Wir, dem Ich und dem Du in Genoziden. Seine Texte wurden kaum ins Deutsche übersetzt, obwohl sie sich mit Genoziden und mit der Verbindung zwischen der Psychoanalyse, dem Bezeugen und dem Erinnern befassen.[84] Er entwickelte Theorien darüber, wie traumatischen Erzählungen zugehört werden kann[85], und widmete sich dem Leid und den Traumata

83 Laub, Dori: An event without a witness: Truth, Testimony and survival. In: Shoshana Felman/ Dori Laub: Testimony, crises of witnessing in litterature, psychoanalysis and history. Routledge, 1992, S. 75-92. Danke an Selma Berg und Katharina Voss für die Übersetzung.

84 Siehe auf English *Testimony: Crisis of Witnessing in literature, psychoanalysis and history* von Felman/Laub, Routledge, 1991 und der vor Kurzem erschienene Sammelband *Psychoanalysis and Holocaust Testimony,* Dori Laub und Andreas Hamburger (Hg.), Routledge, 2017.

85 Laub, Dori: Bearing witness or the vicissitudes of listening. In: Felman, Shoshana/ Laub, Dori: Testimony, crises of witnessing in litterature, psychoanalysis and history. Routledge, S. 57-74.

der Nachkommen Überlebender.[86] Er verstand das Bezeugen als zwischenmenschliche Beziehung und reflektierte die Komplexität von Wissen und Nichtwissen im Trauma und in der Zeug*innenschaft[87] sowie die *schweigende und wortlose* Erzählung der Überlebenden. Außerdem konfrontierte er die Psychoanalyse mit psychotischen Analysand*innen (Patient*innen). Das ist ein Ansatz, der immer seltener praktiziert wird, obwohl er psychisch leidenden Menschen einen Weg aus dem Psychiatriesystem ermöglichen kann. Dori Laub begründete eine einzigartige intellektuelle Arbeit und Praxis, die den Überlebenden massiver Traumata einen seltenen und wertvollen Raum gab und das Überleben in die Welt einschrieb. Sein Werk ermöglicht zudem ein interdisziplinäres Denken menschlicher Katastrophen.

Esther Mujawayo und Souâd Belhaddad veröffentlichten 2014 ein Buch über den Genozid in Ruanda und seine Folgen. Der französische Titel lautet *SurVivantes. Rwanda histoire d'un génocide,* der deutsche *Ein Leben mehr: Zehn Jahre nach dem Völkermord in Ruanda.* Esther Mujawayo überlebte 1994 den ruandischen Genozid gegen die Tutsi. Mit ihrer Koautorin hat sie das Buch als Gespräch, als dialogische Erzählung konzipiert. Souâd Belhaddad ergreift das Wort nur zu Beginn und lauscht anschließend Mujawayos Zeug*innenschaft und Gedanken. Inhaltlich wie formell weist der Text eine sehr berührende zwischenmenschliche Feinheit und Schönheit auf. Die dialogische und adressierte Form verortet das Sprechen beider Autorinnen und übersetzt die menschliche Beziehung in eine Erzählung. Verzweiflung, Zerbrechlichkeit, Wut, Kraft, Humor und die Widersprüche der Selbsterforschung werden greifbar. Die Mündlichkeit ermöglicht scharfsinnige, wichtige und kluge Anekdoten ebenso wie ausgiebige Analysen. So entsteht eine lebendige Theorie. Dieses Buch ist zugleich ein Ort, ein Moment und eine Literatur des Überlebens. Hier geschieht das, was in den majorisierten post-genozidalen Gesellschaften nicht passiert: Es entsteht Hoffnung, dass Überlebende auch anderswo Raum beanspruchen, Raum bekommen und verstanden werden können.

---

86 Siehe den Artikel: Laub, Dori: The Empty Circle: Children of Survivors and the Limits of Reconstruction. In: Journal of the American Psychoanalytic Association, 1998, n° 46, S. 507-529.

87 Laub D./ Auerhahn N.: Knowing and not knowing. Forms of traumatic memory. In: International Journal Psychoanalysis, 1993, n° 74, S. 287-302.

Esther Mujawayo behandelt in diesem Buch viele Themen: die Geschichte des Genozids, ihr Leben davor und danach, die post-genozidale Gewalt sowie die Absurditäten und der Rassismus westlicher Institutionen und NGOs. Sie befasst sich mit ähnlichen Themen wie jene in den bereits aufgeführten Arbeiten über das Überleben: die Einsamkeit der Überlebenden, der aktive und passive Revisionismus der Genozide, die Unfähigkeit und Weigerung der Majorisierten, zu hören und zuzuhören, und das Gefühl der Überlebenden, ihr Leid sei ›zu viel‹ oder zu anstrengend und sie dürften daher nicht existieren. Esther Mujawayo merkt dazu an: »Die große Mehrheit der Allgemeinheit kümmert sich einen Dreck um den Genozid. Ich habe gelernt, es mir einzugestehen.«[88]

Sie spricht lange über die Angst, dass ihr nicht geglaubt wird. Sie spricht über die große Frage der Überlebenden, die gestellt wird, weil der Schrecken des Genozids zunächst nicht verarbeitbar ist: »Warum wollten sie uns alle ermorden?«. Sie schildert die Schuldgefühle des Überlebens und die Erfindung einer spezifischen Sprache, die Überlebende brauchen, um über den Genozid sprechen zu können. Und sie beschreibt, wie notwendig Treffen von Überlebenden – unter Ausschluss aller Anderer – sind, um sich gemeinsam und gegenseitig zu stärken und sich vor den Reaktionen der Majorisierten zu schützen. Dadurch bleiben diese Erzählungen auch den Majorisierten erspart, um deren Schutz die Überlebenden oft auch noch Sorge tragen. Im Kapitel *Nur unter Überlebenden über »das« sprechen* (*Parler de »ça« uniquement entre rescapés*) sagt sie:

> »Sie glauben, du bist gut beraten, wenn sie dir raten, nicht darüber zu sprechen. Ich glaube viel eher, dass wir die Leute durch unser Schweigen geschützt haben.«[89]

In Bezug auf die Beziehung zwischen Menschen mit und ohne Überlebenserfahrung erwähnt sie den Präsidenten Kagame, der vier Jahre nach dem Genozid forderte: »Räumt eure Gefühle in den Schrank!« Daran anschließend beschreibt sie die zwischenmenschlichen post-genozidalen Bedingungen mit folgenden Worten:

88 Belhaddad, Souâd/Mujawayo, Esther: SurVivantes. Rwanda histoire d'un génocide. Edition de l'aube, 2005, S.271. (Meine Übersetzung).

89 Belhaddad, Souâd/Mujawayo, Esther: Ein Leben mehr: Zehn Jahre nach dem Völkermord in Ruanda. Ullstein 2007, S. 98.

> »Dasselbe steckt hinter der Redewendung ›Wir haben schon gespendet‹, wenn jemand bei dir klingelt und um etwas Geld bittet. Und zu uns sagen die Leute ›Wir haben schon zugehört‹. Wir aber glaubten tatsächlich, die Leute würden voller Anteilnahme vor uns auf die Knie fallen! Im Gegenteil: Sie haben Reißaus genommen.«[90]

Esther Mujawayo zeigt zudem die direkte Schuld auf, die Frankreich sowie die ausländischen und ruandischen Kirchen tragen. Sie weist auf die Verantwortung der ganzen Welt hin, vor deren Augen dieser Genozid stattfand. Im Detail beschreibt sie die politischen Prozesse im post-genozidalen Ruanda, die koloniale Vorgehensweise des Westens und den Schutz, den die Täter*innen erhielten, als ihnen im Gegensatz zu vielen Überlebenden medizinische Unterstützung gewährt wurde. Die Hutus setzten HIV-Infektionen durch Vergewaltigungen als Waffe ein:

> »Sie haben durchgehalten, den Horror überwunden, und jetzt, zehn Jahre später, haben sie's geschafft und leben in endlosem Sterben. Im Todeskampf. Genau da zeigt sich, welche Macht ein Genozid hat: Es ist nicht nur Horror, solange er stattfindet, sondern auch darüber hinaus. Wenn ein Völkermord zu Ende ist, hört er noch lange nicht auf, denn innerlich nimmt er kein Ende. Es finden nur keine Tötungen mehr statt, keine Massaker, keine Verfolgungen – was natürlich extrem wichtig ist – aber die Zerstörung, die geht weiter.«[91] An anderer Stelle ergänzt Esther Mujawayo: ›Wir, wiederum, haben keine Möglichkeit zu vergessen.‹

Sie analysiert die gewaltvolle Justiz, die die Überlebenden in entwürdigenden Gerichtsprozessen retraumatisierte, als sie sich für die überlebten Vergewaltigungen und die erlittenen Gewalttaten rechtfertigen mussten. Das Handeln der großen NGOs und Staaten des globalen Nordwestens schildert sie als brutal und sinnlos. Sie legt dar, wie verlogen deren Beziehungen zu den Überlebenden und zur post-genozidalen Situation sind. Sie spricht auch von der symbolischen Gewalt, die von weißen Therapeut*innen und Geldgebern ausgeübt wird: So war eine Bedingung für die Finanzierung von Überlebendenvereinen, dass diese sich zur Zusammenarbeit mit Hutu-Täter*innen verpflichteten. In einer kolonialrassistischen Logik erwarteten die weißen westlichen NGOs von den ruandischen Vereinen, dass diese

90 Belhaddad, Souâd/Mujawayo, Esther: Ein Leben mehr: Zehn Jahre nach dem Völkermord in Ruanda. Ullstein, 2007, S. 98.

91 Belhaddad, Souâd/Mujawayo, Esther: Ein Leben mehr: Zehn Jahre nach dem Völkermord in Ruanda. Ullstein, 2007, S. 234.

finanzielle Unterstützung akzeptieren würden, ohne eigene Ansprüche und Bedingungen zu stellen:

> »Glücklicherweise war unsere Wut noch sehr lebendig, so dass wir ihnen sagen konnten: Nein danke, und zur Hölle mit euren Schuldgefühlen – wir müssen sie nicht durch Rückzahlungen lindern.«[92]

Esther Mujawayo ist nach dem Genozid Therapeutin geworden, um sich, wie sie sagt, gegenüber den internationalen und ruandischen Institutionen und NGOs besser behaupten zu können. Sie ist eine der Gründerinnen von *Avega*, einem Verein überlebender Witwen. Sie beschreibt *Avega* mit großer Genauigkeit, Zärtlichkeit und Ehrlichkeit. Für die Begegnungen mit Patient*innen, für ihre Position als Überlebende und Analytikerin und für die menschlichen und therapeutischen Möglichkeiten, das Überleben zu überleben, wählt sie beeindruckende und berührende Worte. Am Ende ihres Buches stellt sie (sich) Fragen über die Rolle der Intellektuellen, aber auch über die Überlebenden, die bezeugen können, im Verhältnis zu anderen Überlebenden, die es nicht können, vor allem aber im Verhältnis zu den ermordeten Menschen, die es auch nicht können. Sie knüpft an Primo Levi an und zitiert aus seinem Buch *Die Untergegangenen und die Geretteten*: »Wir, die Überlebenden, sind nicht die wirklichen Zeugen« – denn die Menschen, die das Schlimmste erlebt haben, haben selber nicht überlebt.

Esther Mujawayo erzählt von einem Kolloquium, bei dem sie als letztes Bild ihres Vortrags einen weißen Bildschirm zeigte:

> »Die Teilnehmer glaubten, es sei ein technischer Defekt. Ich habe das Publikum beruhigt und gesagt: ›Das ist das Bild all derer, die sich nicht zeigen wollen, weil sie sich für das schämen, was ihnen geschehen ist. Hier sehen Sie die Überlebenden, die von den Völkermördern vergewaltigt wurden. Für diese Frauen, die noch nicht wissen, dass sie das Recht haben zu leben, führen wir unseren Kampf‹.«[93]

Zur Vereinsarbeit gehörte auch zu vermitteln, dass »es eine normale Reaktion auf eine unnormale Situation ist«, wenn Überlebende vom Leiden oder Ver-rücktsein überwältigt werden.

---

92 Belhaddad, Souâd/Mujawayo, Esther: SurVivantes. Rwanda histoire d'un génocide. Edition de l'aube, 2005, S. 240. (Meine Übersetzung, da ich die Übersetzung aus der deutschen Ausgabe nicht stimmig finde).

93 Belhaddad, Souâd/Mujawayo, Esther: Ein Leben mehr: Zehn Jahre nach dem Völkermord in Ruanda. Ullstein, 2007, S. 309.

Das Buch von Esther Mujawayo und Souâd Belhaddad umfasst die Realitäten vieler Menschen. Es bietet eine ehrliche Sichtweise auf den Genozid gegen die Tutsi in Ruanda und eine wertvolle Analyse des Überlebens. *Ein Leben mehr: Zehn Jahre nach dem Völkermord in Ruanda* würdigt die ermordeten Menschen und die Überlebenden. Es gehört zu den politischen Werken der Literatur und Psychoanalyse über Genozide und Überleben.

Die filmischen, literarischen und psychoanalytischen Werke, die ich in diesem Kapitel vorgestellt habe, sind Werke *über* das Überleben und *des* Überlebens. Durch ihre eigene Sprache und durch die Sprache Überlebender zeugen sie von Menschen, Leben und Beziehungen. Auf eine sehr persönliche Weise würdigen sie die Toten und ebenso die Lebenden. Sie machen weder die Überlebenden zum Anderen oder zum Objekt, noch betrachten sie Überlebenskämpfe, Traumata, psychisches Leid und Geschichte als etwas Pathologisches und Starres, im Gegensatz zu den üblichen Ansätzen des 20. und 21. Jahrhunderts, die darauf ausgerichtet sind, unverwertbare Gefühle klein zu machen.

Individuelle und kollektive Traumatisierungen

»Psychisches Trauma lässt sich im weitesten Sinn in zwei Kategorien aufteilen: a) Traumata, in denen Ereignisse sich gegen das Individuum verschwören (Naturkatastrophen, Krankheiten, Unfälle), und b) Traumata, in denen andere Personen vorsätzlich versuchen, das Individuum zu zerstören (Krieg, Mord und Folter). Die zweite Kategorie lässt sich in zwei Unterkategorien aufspalten: a) Traumata, bei denen der Täter ein Individuum ist (Vergewaltiger, Angreifer), und b) Traumata, bei denen die Gesellschaft als Ganzes oder in Gestalt der Regierung zur Verfolgung der Opfer beiträgt, sie billigt oder gar unterstützt (so wie im Krieg, bei Genoziden, bei staatlich sanktionierter Folter). [...] Die Beziehung zwischen dem Selbst und dem Anderen gründet in der Möglichkeit und der Erwartung von Empathie, die zu einem gewissen Ausmaß als selbstverständlich vorausgesetzt wird. In den Konzentrationslagern hob das sadistische, bürokratische Morden diese Grundannahme auf. Eine empathische Reaktion fehlte nicht nur bei den Nationalsozialisten, sondern auch bei den Einwohnern und den Alliierten, also bei der Gesellschaft insgesamt. Wenn Menschen sich in so massivem Ausmaß bösartig verhalten, behält der Überlebende die Erinnerung an ein grundsätzliches Defizit zurück – an eine Beschädigung der Empathiedyade. Wenn seine Grundbedürfnisse von den Anderen weder beachtet werden, noch überhaupt eine Reaktion hervorrufen, verlieren Individuen die Erwartung, dass diese Bedürfnisse überhaupt erfüllt werden können. Das Vertrauen in die Möglichkeit der Kommunikation stirbt, und intrapsychisch kann es passieren, dass die Matrix von ›zwei Menschen‹, eines Selbst und eines Gegenübers, das mit dem Selbst in eine Resonanz tritt, nicht mehr aufrechterhalten werden kann. Dementsprechend denke ich, dass das Trauma, das Überlebende von Genoziden erleiden, einen zentralen Wesenszug aufweist: Die Traumatisierten meinen, dass sie nicht zwischenmenschlich auf ihre Umwelt einwirken können, um ein Gefühl der Gegenseitigkeit herzustellen. Das Opfer empfindet, dass es ›niemanden mehr gibt, auf den man zählen kann‹ (Wiesel 1968/1970, S. 229), da die Beziehung zwischen dem Selbst und dem Anderen durch das Versagen der Empathie ausgelöscht ist.«[94]

Dori Laub und Nanette Auerhahn

94 Auerhahn, N/Laub, D.: Failed Empathy. A central theme in the survivor's Holocaust experience, Psychonalytic Psychology, 1989, S. 377-400. Übersetzung von Selma Berg und Katharina Voß.

In diesem Kapitel beschäftige ich mich mit der Frage, wann der Begriff des kollektiven Traumas Sinn macht und wann nicht, was für Geschichten er verbindet, was er verschweigt und wie er seit den 2000er-Jahren im Westen verwendet wird.

Die Klassifizierung der Traumata und der unterschiedlichen Formen von *PTSD* (Posttraumatischer Belastungsstörung, auf Deutsch PTBS) hat sich in den letzten Jahrzehnten weiterentwickelt und die Besonderheiten *zwischenmenschlich begangener* Traumata wurden nach Dori Laub konzeptualisiert. In der zeitgenössischen Forschung werden sie ›soziale Traumata‹ genannt. Der Psychoanalytiker und Kollege von Dori Laub, Andreas Hamburger, spricht wie folgt über sie:

> »Menschengemachte Traumata, die einen großen Teil der Bevölkerung betreffen – beispielsweise durch Genozid und Krieg oder in Diktaturen mit rassistischer, ethnischer und politischer Verfolgung –, nehmen eine besondere Position ein. Die Einbindung des gesellschaftlichen Umfelds in die Traumatisierung (durch die Verfolgung) einer Gruppe und in die Täterschaft einer anderen Gruppe oder Nation hat erhebliche traumatische Konsequenzen, die auf der Ebene der Interaktion sichtbar werden. Die Verweigerung der Anerkennung, der Schweigepakt, die Ablehnung durch Institutionen, die erfolgreiche Mythenkonstruktion und der dazugehörige historische Diskurs sind einige der Symptome, entlang derer sich soziale Traumata fortschreiben und die das traumatisierte Individuum angreifen, sodass es in einer vernarbten und bisweilen feindlichen Umwelt der wichtigen Resilienzfaktoren beraubt wird, die es für einen erfolgreichen Bewältigungsprozess brauchen würde.«[95]

In einem Genozid begeht eine Gruppe ein massives Trauma an einer anderen Gruppe. Diese kollektive Gewalt zerstört bei den Verfolgten und Überlebenden die Beziehung zur majorisierten Gesellschaft und die Hoffnung auf ein mögliches Mitgefühl.

> »In den letzten Jahrzehnten hat sich die klinische Forschung zu sozialen Traumata verändert; inzwischen werden die interaktiven Aspekte von Traumata tiefgehender qualitativ untersucht. Ein Trauma ist kein Ein-Personen-Phänomen. Es wird in sozialen Situationen erlebt und wiederholt, und eins seiner wesentlichen Symptome ist der Verlust des kommunikativen Austauschs mit einem internalisierten Anderen. Soziale genozidale Traumatisierungen führen zu einer

95 Hamburger, Andreas: Psychoanalysis and Holocaust Testimony, Routledge, 2017, S. 70. Übersetzung von Selma Berg und Katharina Voß.

Psychopathologie, die nicht nur auf das Traumatische selber zurückzuführen ist, sondern auch auf den Schaden am kulturellen und gesellschaftlichen ›Haltgebenden Umfeld‹. Der ›Schweigepakt‹, den die Täter und die Opfer miteinander eingehen, resultiert in einer Chronifizierung der traumatischen Erfahrung, die das überwältigende Erlebnis, in einem unsymbolisierten Raum alleine zu sein, ist. Was da Rocha Barros & da Rocha Barros als Angriff des traumatischen Erlebnisses auf die symbolische Funktion beschreiben, entspricht der Entstellung des kommunikativen Raums im sozialen Trauma.«[96]

Die Täter*innen vernichten während des Genozids die zwischenmenschlichen Bindungen und den kommunikativen Raum. Insbesondere ihr Angriff auf die Bindungen hält für die Opfer durch das Negieren, das Schweigen, die Gleichgültigkeit und durch die Kontinuitäten der Verfolgungen auch im Nachhinein an. Die Zerstörung der inneren Darstellung zwischenmenschlicher Beziehungen bei den Opfern führt zu einer Verletzlichkeit und Einsamkeit, die bezeichnend ist für die von ihnen erfahrene extreme kollektive Gewalt.

In der oben erwähnten ›Verschwörung des Schweigens‹ [*conspiracy of silence*] ist das Schweigen bei Opfern und Täter*innen nicht gleich verortet: Die Täter*innen verweigern das Sprechen und erzeugen durch ihren Revisionismus Selbstschutz, Selbstvergebung und Spaltung[97]. Die Opfer wiederum schweigen über bestimmte Aspekte des Traumas, weil sie eine Vorkenntnis der Verleugnung und der ›Unausgesprochenheit‹ aufseiten der Täter*innen-Gesellschaft haben. Oder weil die Beziehung zu sich und den Anderen unmöglich wiederherzustellen ist. Oder auch weil die Möglichkeit eines ›inneren Dus‹ zerstört wurde und mit ihr die Möglichkeit, sich an Andere zu wenden.

Soziale Traumata können durch unterschiedliche strukturelle Gewaltformen begangen werden, die von Leugnung, Wissensverweigerung, Täter*innen-Opfer-Umkehr und Zurückweisung begleitet werden, wie etwa bei rassistischen Angriffen, sexualisierter Gewalt oder im Umgang mit Na-

96 Hamburger, Andreas/Laub, Dori: Psychoanalysis and Holocaust Testimony. Routledge 2017, S. 279. Übersetzung von Katharina Voß.

97 Meine Auffassung des psychoanalytischen Begriffs ›Spaltung‹ ist wie folgt: Wenn Systeme oder Personen spalten, entscheiden sie sich, zu einem bestimmten Zweck bewusst oder unbewusst nur bestimmte Dinge zu sehen oder nicht zu sehen oder gar sie zu vergessen, aber auch Dinge oder Menschen auszulassen oder gar wegzuschieben.

turkatastrophen, wenn diese mit Diskriminierung und Vernachlässigung[98] zusammenhängen. In einem Genozid jedoch ist der unmittelbare Tod zugleich Bedrohung und Ziel. Auf eine lange Politik der Entmenschlichung folgt die Ermordung bestimmter menschlicher Gruppen in ihrer Gesamtheit. Nicht alles ist jedoch ein Genozid. Der im *westlichen Feminismus* verwendete Begriff ›Feminizid‹ für sexistische Gewalt läuft meiner Meinung nach darauf hinaus, dass Genozide relativiert werden.

Persönlich und kollektiv

> »Aber das, was wir sind, ist das, was unsere Vorfahren getan haben. Wie sie überlebt haben. Wir sind die Erinnerungen, an die wir uns nicht erinnern können, die in uns leben, die wir fühlen, die uns auf unsere Art zum Singen und Tanzen und Beten bringen; Gefühle aus Erinnerungen, die unerwartet in unseren Leben aufflackern und erblühen, wie Blut, das aus einer Wunde durch ein Handtuch sickert, weil ein Mann uns von hinten durchs Haar in den Hinterkopf geschossen hat – für Kopfgeld oder einfach nur, um uns loszuwerden.«[99]
>
> *Tommy Orange*

Frantz Fanon war ein Denker der Rassismus- und Kolonialismusforschung und der Dekolonisierungskämpfe. Darüber hinaus war er einige Jahre als Psychiater tätig. Seine Bücher *Die Verdammten dieser Erde* und *Schwarze Haut, weiße Masken* ermöglichen es, individuelle mit kollektiven Traumata zu denken. Seine Analyse des Rassismus und der Psychiatrie waren in seinem Werk und in seiner Praxis verwoben. Fanon formulierte eine Kritik der Medizin und der Psychiatrie (sowie deren Unterrichtsformen), indem er ihre kolonialen, biologisierenden und rassistischen Denkweisen und Praxen aufzeigte. Er entwickelte sein psychoanalytisches Denken durch das Lesen von Sandor Ferenczi, Alfred Adler, Wilhelm Reich oder durch seine Arbeit mit dem aus Spanien geflüchteten Marxisten François Tosquelles.

Die koloniale Psychiatrie entstand Anfang des 20. Jahrhunderts. Sie war Bestandteil des französischen, italienischen, niederländischen und britischen Kolonialismus. Die psychiatrische Schule von Algier (*L'école*

98 Zum Beispiel die rassistische und klassistische Vernachlässigung vor und nach Hurrikan Katrina in den armen Gegenden von Louisiana und New-Orleans 2006 oder nach dem Hurrikan in Haiti 2010.

99 Orange, Tommy: There There, Harvill Secker, 2018. Übersetzung von Katharina Voß.

psychiatrique d'Alger) wurde vom französischen Staat als Wissenschafts- und Forschungsstelle finanziert. Dort wurden Eugenik, Darwinismus, rassifizierende Theorien und weißer Suprematismus durch psychiatrisierenden Unsinn konstruiert und gerechtfertigt[100].

Fatimah Tobing Rony zeigt in ihrem Buch *The Third Eye. Race, Cinema, and Ethnographic Spectacle* die Geschichte der Verbindungen zwischen Wissenschaft, Film und Kolonialismus auf: Der Pariser Arzt F.-L. Regnault (1762–1824) gilt als der erste ethnologische Filmemacher. Er forschte an rassifizierten oder vorbestraften Menschen über die Pathologien des menschlichen Körpers und Bewegungsapparats. Der Pariser Neurologe J.-M. Charcot (1925–1893) wird heutzutage oft als Vorläufer der Psychoanalyse angesehen. Er verwendete gewaltsame und voyeuristische Methoden, die auf Klassismus, Heterosexismus und Rassismus beruhten. Die US-Amerikanerin Margaret Mead war eine erfolgreiche Anthropologin und Bestseller-Autorin, die von den 1920er- bis in die 1970er-Jahre die Mythen der Ethnologie und des Rassismus fortführte. Fatimah Tobing Rony schreibt über diese drei Wissenschaftler*innen, die durch ihren weißen diskriminierenden Blick und ihre missbräuchlichen Praxen historisch verbunden sind:

> »Wie Regnault, der die Körperbewegungen westafrikanischer Menschen als ›wild‹ klassifiziert, und wie Regnaults Kollege Charcot, der Frauen mittels Chronofotografie auf Hysterie untersuchte, filmten Mead und Bateson Balineser*innen in Trance, um die Interessen der medizinischen Pathologie zu bedienen. Die Filme von Mead und Bateson aus den Jahren 1936–1938 wurden vom *Committee for the Research into Dementia Praecox* (Schizophrenie) finanziert und sind aus der Überzeugung entstanden, dass Balineser*innen routinemäßig dissoziierte Bewusstseinszustände erreichen können, die schizophrenen Zuständen ähnlich sind. Die Pathologie gehört immer noch zum anthropologischen Konzept der Ethnografie.«[101]

Die koloniale Psychiatrie lag an der Schnittstelle zwischen der repressiven rassistischen Staatspolitik, der Militärpolitik, der staatlichen Wissenschaft

100 Zum Beispiel durch pathologisierende Theorien über die Bewegungen kolonialisierter Menschen oder über die Form, Arbeitsweise und Physiologie ihrer Gehirne.

101 Tobing Rony, Fatimah: The Third Eye. Race, Cinema and Ethnographic Spectacle, Duke University, 1996, S. 146. Die Übersetzung ist von Katharina Voß.

und der Medizin[102] sowie der Forschung über die als gefährlich eingestuften Menschen, die die Psychiatrie seit dem 19. Jahrhundert pathologisierte. Die koloniale Psychiatrie machte POC-Communitys zu rassifizierten Gruppen. Die anthropologische Forschung und akademische Institute trugen also gemeinsam die Pathologisierung, Unterdrückung, Demütigung und das Brechen der kolonisierten und minorisierten Menschen mit und institutionalisierten sie.

In Unikursen, Lehrbüchern und Kongressen rechtfertigten die britische und französische Psychiatrie die Kolonialisierung durch Leugnung und Umkehrung der Verhältnisse zwischen Weißen und POC. Im Abschnitt »Von der Kriminalität des Nordafrikaners zum nationalen Befreiungskrieg« seines Werks *Die Verdammten dieser Erde* zitiert und dekonstruiert Fanon die kolonialen Schriften des Psychiaters und Mitarbeiters der Weltgesundheitsorganisation J.C. Carothers sowie des Professors Antoine Porot, Gründer der psychiatrischen Schule von Algier. Fanon erschafft eine Psychiatrie aus POC-Sicht. Er liefert eine Analyse des anti-muslimischen Rassismus zur Zeit des Kolonialismus, dessen Kontinuitäten heute allgegenwärtig sind. Einerseits betrachtet er Psychiatrie und Psychiatrisierung aus einer historischen Perspektive, andererseits verbindet er psychische Verletzungen mit der Geschichte und den politischen Realitäten der Menschen. Ein solches Vorgehen ist bis heute selten. Wenige Psychiater*innen fragen ihre Patient*innen nach ihrer familiären Geschichte über mehrere Generationen hinweg. Wenige fragen nach ihrer wirklichen Geschichte und nicht nach ihrer pathologisierten Geschichte. Auch beschäftigt sich die Psychiatrie nicht mit Klassen-, Rassismus- und Genderkonstruktionen. Fanon hingegen verknüpft psychisches Leid und rassistische Gewalt:

> »Weil der Kolonialismus eine systematische Negation des Anderen ist, eine blindwütige Entschlossenheit, dem Anderen jedes menschliche Attribut abzustreiten, treibt er die beherrschten Menschen dazu, sich ständig die Frage zu stellen: Wer bin ich eigentlich?«[103]

---

102 Hubert Lyautey, der französische Offizier, der ab 1912 als ›Generalresident‹ die Eroberung der französischen Kolonie Marokko vollzog, behauptete im »Kongress der Irrenärzte und Neurologen« in Rabat 1933: »Wenn er seine Rolle gut versteht, ist der Arzt der effizientere Agent der Infiltration und Pazifizierung.« In: Keller, Richard: Madness and colonization: Psychiatry in the British and French Empires, 1800-1962. Journal of Social History, vol. 35, n° 2, Carnegie Mellon University Press, 2001.

103 Fanon, Frantz: Die Verdammten dieser Erde. Rowohlt, 1969, S. 190.

Am Ende der *Verdammten dieser Erde* analysiert Fanon das Leben von Menschen, die in Algerien aufgrund der kolonialen Unterdrückung psychisch leiden, und spricht die von den Kolonialist*innen begangenen Traumata an.

> »Wenn in der Kolonisierungsperiode, in der es noch keinen bewaffneten Widerstand gibt, die Summe der schädlichen Reizungen eine bestimmte Schwelle überschreitet, brechen die Abwehrmechanismen der Kolonisierten zusammen; sie finden sich dann in beträchtlicher Anzahl in den psychiatrischen Krankenhäusern wieder. In dieser ruhigen Periode einer gelungenen Kolonisierung gibt es also eine regelrechte und umfangreiche Psychopathologie, die unmittelbar von der Unterdrückung hervorgerufen wird. Heute ist der nationale Befreiungskampf, den das algerische Volk seit sieben Jahren führt, eben weil er für das Volk total ist, ein günstiger Boden für das Ausbrechen psychischer Störungen geworden.«[104]

Fanon analysiert auch die psychischen Kosten des Befreiungskampfes:

> »In einem seit Jahren unabhängigen afrikanischen Land hatten wir Gelegenheit, einen ehemaligen Widerstandskämpfer zu empfangen, einen Mann in den Dreißigern, der uns um Rat und Hilfe bat, weil sich bei Herannahen eines bestimmten Datums im Jahr Schlaflosigkeit einstelle, von Beklemmungen und überwertigen Selbstzerstörungsideen begleitet. An diesem kritischen Datum hatte er auf Befehl seiner Widerstandsorganisation eine Bombe gelegt, zehn Personen hatten den Tod gefunden. Dieser Militant, der keinen Augenblick auf die Idee kam, für seine vergangene Aktion nicht mehr einzustehen, kannte sehr genau den Preis, den seine Person für die nationale Unabhängigkeit hatte zahlen müssen. Solche Grenzfälle werfen das Problem der Verantwortlichkeit im Rahmen der Revolution auf.«[105]

Sein Kündigungsbrief aus dem Jahr 1956 an das segregierte Krankenhaus der algerischen Stadt Blida ist auch eine Positionierung gegen koloniale Gewalt.[106] Nach seinem Wirken in Algier ging er nach Tunis, wo er ebenfalls als Psychiater arbeitete.

In den *Verdammten dieser Erde* eröffnet er das Kapitel »Kolonialkrieg und psychische Störungen«, das er auch »psychiatrische Notizen« nennt, mit folgenden Sätzen:

---

104 Fanon, Frantz: Die Verdammten dieser Erde. Rowohlt, 1969, S. 191.
105 Fanon, Frantz: Die Verdammten dieser Erde. Rowohlt, 1969, S. 193.
106 Der Brief auf Französisch ist hier zu lesen: http://indigenes.free.fr/spip.php?article69 (23.10.2018).

»Aber der Krieg geht weiter. Und wir werden noch jahrelang *die vielfachen und manchmal unheilbaren Wunden* zu verbinden haben, die unseren Völkern durch die kolonialistische Landplage zugefügt worden sind. Der Imperialismus, der heute gegen eine konkrete Befreiung der Menschen kämpft, hinterlässt überall Fäulniskeime, die wir unerbittlich aufspüren und aus unseren Ländern und Gehirnen ausmerzen müssen. Wir behandeln hier das Problem der psychischen Störungen, die aus dem nationalen Befreiungskrieg des algerischen Volkes entstanden sind.[ ] Die Wahrheit ist, dass sich schon die Kolonisation als eine große Lieferantin für psychiatrische Kliniken erwiesen hatte.«[107]

Fanon handelte für die Gegenwart und die Zukunft. Ebenso schrieb er über Gegenwart und Zukunft und verknüpfte individuelle mit kollektiven Verletzungen, also mit geteilten Traumatisierungen. Die Kämpfe und Traumata der Dekolonisierung sind noch nah. Heute 30- oder 40-Jährige sind Enkelkinder oder sogar Kinder von Kolonisierten oder Kolonisator*innen. Viele POC-Künstler*innen und Intellektuelle arbeiten zur Idee der Dekolonisierung, die aus einer langsamen und komplizierten Dekonstruktion und Wiederaneignung des Denkens, der Sprache und des Körpers entstehen kann.[108] Fanon sagte über die Panik, die Selbstzerstörung und den Selbsthass in Unterdrückungssystemen:

»Ja, in der Kolonialperiode tut einer in Algerien und auch anderswo manches für ein Kilo Grieß. Er kann mehrere Personen dafür töten. Man braucht *Phantasie* um diese Dinge zu verstehen. Oder *Gedächtnis.*«[109]

Diese Arbeit der Vorstellungskraft und des Erinnerns sah er in antikolonialen Befreiungsbewegungen.

POC-Communitys können anhand der Idee des kollektiven Traumas Transhistorisches, Intergenerationelles und das Überliefern denken. Diese Idee verbindet Geschichte mit Traumatisierungen. Da die von den ermor-

107 Fanon, Frantz: Die Verdammten dieser Erde. Rowohlt, 1969, S. 190.

108 Einige Beispiele: Die Philosophin G. C. Spivak arbeitet zur Theorie des kolonialen Subjekts. Der Schriftsteller Ngugi wa Thiong' o schreibt in seinem Buch *Dekolonisierung des Denkens – Essays über afrikanische Sprachen in der Literatur* über die Macht kolonialer Sprachen und über die Möglichkeit, ihr zu entkommen. Trinh T. Minh-Ha, Karen Michelsen Castañón, Alya Sebti und Abdessamad El Montassir thematisieren die Dekolonisierung in ihren Texten, Installationen und Filmen. Die Idee der *decolonial aesthetics* ist in Lateinamerika entstanden. Im Bereich der Performance-Kunst sind hier Mmakgosi Kgabi und Nathalie Anguezomo Mba Bikoro zu erwähnen.

109 Fanon, Frantz: Die Verdammten dieser Erde. Rowohlt, 1969, S. 237.

deten Communitys überlebten Katastrophen oft eine geografische und psychische Auflösung erzeugten, ist kollektives Trauma mit einer Analyse diasporischer Realitäten zu verbinden.

Jede überlebende Diaspora hat eine singuläre Geschichte, das gilt für die romani Diaspora ebenso wie zum Beispiel die armenische, afrikanische, jüdische oder die *Native American* Diaspora. Da sie aus Ausbeutung, Massakern oder Flucht hervorgegangen sind, haben sie ein besonderes Verhältnis zu individuellen und kollektiven Traumata. Kollektive Verfolgung zerstört die Individualität und das Kollektive körperlich, sozial, psychisch und als Konzept.

Folgende Werke weisen trotz ihrer beachtlichen Unterschiede Gemeinsamkeiten in ihrer Forschung über das Individuelle und das Kollektive, in ihrer Recherche zu Interaktionen zwischen dem Persönlichen und dem Kollektiven und in ihrer Kunst des Rekonstruierens, Nachzeichnens und Wiederherstellens auf: die Arbeiten der afroamerikanischen Autorin Toni Morrison, der *First Nation* Schriftsteller*innen Lee Maracle und Joseph Boyden, der romani Dichterin Papusza, des britischen Theoretikers Paul Gilroy, der romani Filmemacherin Melanie Spitta und der jiddischen Schriftstellerin Esther Kreitman. Viele Formen des Sprechens entstehen aus dem Überleben und aus der Zerstreuung. Ihre Erzählformen und Inhalte haben eine kollektive Bedeutung.

Der *Cante Jondo* (oder Flamenco), der Hip Hop, der Rap, der Free Jazz oder die jüdischen Memorbücher[110] haben neben der kollektiven auch eine individuelle Reichweite. Sie gehören zum *testimonialen* Genre, sind mehrstimmig, dialogisch, erinnerungsbewusst und Überlebensgeschichten und Kämpfen gewidmet. Sie haben eine kollektive Bedeutung, auch wenn sie eine persönliche Erzählung, die historisch und sozial positioniert ist, ›entfalten‹. Sie sind ein verortetes Bezeugen.

---

110 Das älteste bekannte Memorbuch wurde 1296 in Nürnberg verfasst. Memorbücher wurden innerhalb der jüdischen Community als Zeugnis über die Geschichte und Verfolgung gesehen. Ab Mitte des 17. Jahrhunderts wurden sie immer wichtiger, weil sie zugleich Gedenkbücher und Gebetssammlungen waren. Sie wurden in der Synagoge der jeweiligen Gemeinde aufbewahrt, manchmal auch die während der Shoah geschriebenen. Sie waren auf Hebräisch oder Jiddisch verfasst. Eine besondere Funktion der Memorbücher bestand darin, die Geschichte der Community für die nächsten Generationen zu erhalten. So finden sich darin nicht nur die Namen der Verstorbenen, sondern auch Beschreibungen, z.B. von Pogromen, Selbstmorden als Konsequenz davon und alltäglicher Verfolgung.

Damit meine ich nicht, dass bekannte Künstler*innen die Stimme einer unterdrückten Gruppe werden, sondern dass diese in einem Dialog mit verschiedenen Geschichten und deren Verflechtungen stehen. Im Prozess des Erzählens schaffen sie ein Hin und Her zwischen dem Persönlichen und dem Kollektiven. Mal leitet sie die Sorge, auf die Überlebenden und die verlorenen Geschichten zu achten, mal das Streben nach der Wiederherstellung einer Wahrheit.

Das Gemeinsame in POC-Communitys liegt nicht nur in der Reaktion auf Verfolgung. Es ist nicht nur ein Negativbild. Vielmehr existieren Dinge, die diesen Communitys wirklich eigen sind. Oft ist es jedoch unmöglich, den Zerstörungserfahrungen und Traumatisierungen zu entgehen, da sie eng mit den persönlichen und kollektiven Geschichten der Communitys zusammenhängen. Es gibt eine Verflechtung zwischen dem Persönlichen, Familiären und Kollektiven. Romane, *Native American* oder kurdische Zeug*innenschaften stellen fast immer eine Verknüpfung des Eigenen und des Kollektiven her. Sie verbinden oft die Jahrhunderte miteinander oder sprechen von familiären Traumatisierungen, weil die Konsequenzen der Verfolgung greifbar und allgegenwärtig sind.

Entpersonalisierung von Traumatisierung

In sozial hegemonialen und konkurrenzgeladenen Systemen über kollektive Traumata zu sprechen, wirft Fragen auf. Die aktuelle Verwendung des Begriffs ›kollektives Trauma‹ im Mainstream bringt das Problem der Täter*innen-Opfer-Umkehr, der weißen ›Viktimisierungskonkurrenz‹[111] und der Unsichtbarmachung von Singularitäten mit sich.

Überlebende eines Verfolgungssystems können gemeinsame Traumatisierungen und Traumata haben, sie können diese auch miteinander teilen. Dennoch hat ein Trauma etwas grundsätzlich Persönliches. In der Darstellung von Traumatisierungen oder von traumatisierten Menschen findet oft eine Standardisierung, Vereinheitlichung und Entpersonalisierung der Geschichten, des Leids und der Reaktionen auf die Traumata statt. Dies findet sich z.B. in TV-Serien, Filmen, Ratgebern oder in der Literatur wieder. Das psychiatrische Vokabular wird sowohl im Alltag, als auch in den kulturellen Konsumgütern des Westens immer häufiger verwendet: *PTSD* (Posttraumatische Belastungsstörung), Stockholm-Syndrom, Münchhau-

111 Siehe Glossar.

sen-by-Proxy-Syndrom, Schizophrenie, Bipolarität, Panikattacken, Resilienz, Kriegstraumata (meist die der Soldat*innen, nicht der Zivilist*innen) werden oft genannt und dargestellt. Dies erlaubt den Majorisierten, eine zwischenmenschliche Abkürzung zu nehmen und sich das Zuhören des tatsächlich Überlebten zu ersparen: Denn in vielen US-Serien, -Filmen und -Talkshows kommt die Frage »*What's her/his/your story ?*« vor, die zu einer regelrechten Redewendung geworden ist. Die *Story* wird dann auf einen Satz oder zwei psychologische Stichworte reduziert, obwohl eine Geschichte zu erzählen eigentlich Zeit, Entfaltung und Zuwendung braucht.

Durch die Trivialisierung der diagnostischen und psychiatrischen Fachausdrücke verwandelt sich die Erzählung in Symptome und Syndrome. Es wird so getan, als ob diese Fachbegriffe etwas erzählen würden oder etwas über die betroffenen Menschen aussagen könnten. Ein Symptom ist zwar selbst keine Geschichte, aber doch oft ein Ausdruck von Geschichten, die danach streben, ausgesprochen zu werden, sich entfalten zu können und von Zuhörenden aufgenommen zu werden.

Die Verhaltenstherapie und die Psychiatrie helfen eventuell, Symptome zu lindern, aber in der Regel nicht, sie wirklich zu verstehen. Die Verwendung psychiatrischer Wörter und Zuschreibungen kategorisiert Gesellschaften und Menschen in Verhaltensmodi, ohne näher hinzusehen und hinzuhören, ohne sich mit Windungen, Komplexitäten und Einzigartigkeit zu konfrontieren. Es ist eine Tragödie, dass die aktuelle Psychoanalyse Menschen, die sich in großen psychischen Kämpfen befinden, oft nicht aufnehmen kann, z.B. Menschen, die Psychopharmaka einnehmen oder psychotische Erfahrungen haben. Diese Menschen werden an die Psychiatrie weitergeleitet, obwohl die Psychiatrie der Suche nach Geschichten und dem Zurückgewinnen von Selbsterzählungen keine Aufmerksamkeit schenkt und weder dialogisch noch relational ist. Bekannte Analytiker*innen wie W. Bion oder Dori Laub haben mit massiv traumatisierten Menschen gearbeitet, aber dies ist sehr selten, besonders in Deutschland.

Die Psychoanalyse ist klassistisch und ausschließend. Menschen aus der Arbeiter*innenklasse haben weniger Zugang als die aus der Mittel- und Oberklasse. Die Vorkenntnis von oder Vorstellung über das Setting einer Psychoanalyse, die Codes darüber, wie sie vermeintlich funktioniert, und die Selbstverständlichkeit des Über-Sich-Sprechens zu einer meist der Mittelklasse angehörenden Person, die eine*n auffängt, müssen innerhalb einer Klassismus- und Rassismusanalyse betrachtet werden. In Deutschland ist die Psychoanalyse *meistens* eine weiß codierte und praktizierte Veranstaltung.

Kinder aus der Arbeiter*innenklasse und POC-Kinder werden zudem häufiger und schneller pathologisiert und z.B. mit ADS (Aufmerksamkeits-Defizit-Syndrom) diagnostiziert. Menschen, die als unrechtmäßig konstruiert und wahrgenommen werden, werden häufiger als krank eingestuft. Sie haben umso weniger Raum, um das zu sagen, was sie zu sagen haben. Ich habe selber erlebt, wie minorisierte Menschen häufiger medikamentös behandelt werden oder schneller in die Psychiatrie eingeliefert werden als Menschen, die den als ›normal‹ konstruierten Idealen entsprechen oder zu entsprechen scheinen. Diese Norm umfasst u.a. Heterosexualität, Cis-Gender-Identität, das Fehlen einer ›Behinderung‹, Weißsein, Zugehörigkeit zur Mittel- oder Oberklasse und den Besitz von Ausweisdokumenten, Diplomen und einer staatlich anerkannten Arbeit. Was und wer mit der Psychoanalyse assoziiert wird, ist nicht neutral. So sind gesellschaftliche Darstellungen von handwerklichen, verachteten oder illegalisierten Berufen oder von romane und anderen rassifizierten Menschen in der hegemonialen Vorstellung unvereinbar mit einer Psychoanalyse. Über sich selbst zu reden, sich selbst zu ergründen und dafür die unausgesprochene gesellschaftliche Erlaubnis und Ermutigung zu erhalten, stellt einen Anspruch und zeitlichen Luxus dar, der majorisierten Menschen als natürlich und selbstverständlich erscheint, was wiederum Diskriminierungen unsichtbar macht.

Das Trauma wird heutzutage häufig mit bestimmten Gruppen in Verbindung gebracht und viele Broschüren, Ratgeber und wissenschaftliche Publikationen assoziieren ›Sinti und Roma‹ oder ›Geflüchtete‹ wie selbstverständlich mit dem Wort ›Trauma‹. Die große Mehrzahl dieser Texte wird jedoch von und für Weiße herausgegeben. Ich habe nur selten Ratgeber von und für Betroffene gefunden, dafür aber jede Menge Veröffentlichungen mit Titeln wie: »Begegnungen mit traumatisierten Geflüchteten«, »Arbeit mit traumatisierten geflüchteten Menschen«.

Ich meine natürlich nicht, dass geflüchtete Menschen keine Traumata und Traumatisierungen haben. Die massive Psychologisierung erzeugt jedoch eine Rassifizierung von Menschen und deren Entpersonalisierung und Homogenisierung. Die Traumata werden von ihren Ursachen, Verursacher*innen und spezifischen Kontexten losgelöst und in die Körper von Menschen und Gruppen eingeschrieben. Die Menschen werden als problematisch (›traumatisiert‹) konstruiert und nicht mehr als Individuen gesehen. Sie werden zu Menschen, die es zu ›*händeln*‹ gilt, was wiederum der Zweck der Broschüren und Ratgeber ist. Das verstärkt die Hierarchisierung zwischen den auf diese Weise objektifizierten Menschen und den Adressat*innen der Publikationen. Solche Zuschreibungen ähneln dem Diskurs über den ›jüdischen Selbsthass‹, der Teil der langen Geschichte des 20. Jahrhunderts ist. Dieser antisemitische und stereotypisierende Diskurs ist zu einem etablierten Code geworden (›jüdisch = Selbsthass‹). Menschen, die aus ihren Ländern fliehen, treffen eine Entscheidung, die manchmal tödlich ist. Ihre Handlungskraft und ihr Handlungsmut werden durch die weißen, westlichen Zuschreibungen verschwiegen und unsichtbar gemacht. Der westliche Diskurs konstruiert sie als machtlose Opfer und objektifiziert ihr Leben und Überleben. Gleichzeitig konstruiert er sie als alltägliche und politische Gefahr und Bedrohung für die Pseudo-Einheitlichkeit des Westens. Der Rassismus ist hier wie immer voller absurder Zuschreibungen und Verleumdungen, die gleichzeitig und widersprüchlich zueinander geäußert werden. Trotzdem gelten diese als kohärent, da strukturelle Rassismusanalysen ignoriert werden.

Im Rassismus wird negiert, dass Traumata und Traumatisierungen persönlich und einzigartig sind. Diese Negierung erfüllt eine konstitutive Funktion. Zudem wird fast nie erwähnt, dass Menschen, die geflohen sind, von ihrem Aufenthalt in Deutschland, das sich in einem strukturell anti-muslimischen, rassistischen und pogromartigen Katastrophenzustand befindet, traumatisiert sein können. Wenn kollektives Trauma ein Code zur Bezeichnung bestimmter Menschen wird, besteht die Gefahr von Entmündigung und neuen Rassifizierungsmodi.

Nach Jahrhunderten der Verfolgung, Dementierung und Ermordung können POC-Communitys und einzelne POCs Erfahrungen traumatischer Verhältnisse zur Geschichte und zu weißen Institutionen miteinander teilen. Aber ohne eine verortete Analyse dieser Geschichten und ohne eine eigene Sprache der Betroffenen ist der Begriff ›kollektives Trauma‹ leer.

In einem ganz anderen Kontext, dem der Auseinandersetzung mit dem Krieg von 1914 bis 1918 und mit der Kritik des Romans zur Zeit des Verschwindens von Märchen und Mündlichkeit in Europa, schreibt Walter Benjamin in *Der Erzähler* 1936:

> »Immer seltener wird die Begegnung mit Leuten, welche rechtschaffen etwas erzählen können. Immer häufiger verbreitet sich Verlegenheit in

der Runde, wenn der Wunsch nach einer Geschichte laut wird. Es ist, als wenn ein Vermögen, das uns unveräußerlich schien, das Gesichertste unter dem Sicheren, von uns genommen würde. Nämlich das Vermögen, *Erfahrungen auszutauschen.*«[112]

Benjamin versteht die Narration, die Überlieferung und das transgenerationelle Erinnern als *Handwerk*, als individuelle und gemeinsame Kreativität. Ein paar Zeilen weiter äußert er:

> »Wenn aber ›Rat wissen‹ heute altmodisch im Ohre zu klingen anfängt, so ist daran der Umstand schuld, daß die Mitteilbarkeit der Erfahrung abnimmt. Infolge davon wissen wir uns und Andern keinen Rat. Rat ist ja minder Antwort auf eine Frage als ein Vorschlag, die Fortsetzung einer (eben sich abrollenden) Geschichte angehend. Um ihn einzuholen, müßte man sie zuvörderst einmal erzählen können.«[113]

Zwar spricht er nicht von der Unvereinbarkeit sozialer Gruppen nach Krieg und Morden oder vom Fehlen von Ansprechpartner*innen außerhalb der Communitys aufgrund des Nichtsehens und Wegschauens der Majorisierten, doch er analysiert die Konsequenzen des Krieges und der Traumatisierungen:

> »Mit dem Weltkrieg begann ein Vorgang offenkundig zu werden, der seither nicht zum Stillstand gekommen ist. Hatte man nicht bei Kriegsende bemerkt, daß die Leute verstummt aus dem Felde kamen? Nicht reicher – ärmer an mitteilbarer Erfahrung. Was sich dann zehn Jahre später in der Flut der Kriegsbücher ergossen hatte, war alles andere als Erfahrung gewesen, die von Mund zu Mund geht.«[114]

Auch diesen Erfahrungsaustausch und dieses Handwerk begraben hegemoniale Gruppen und Denkweisen durch ihre politischen und kulturellen Darstellungen und Definitionen von Geschichte, Gewalt und Traumatisierung.

Die Koproduktion *Vererbte Narben. Generationsübergreifende Traumata* der staatlichen Sender Arte und MDR aus dem Jahre 2017 transportiert

---

112 Benjamin, Walter: Der Erzähler. In: Benjamin, Walter: Erzählen. Suhrkamp, 2007, S. 103.

113 Benjamin, Walter: Der Erzähler. In: Benjamin, Walter: Erzählen. Suhrkamp, 2007, S. 106.

114 Benjamin, Walter: Der Erzähler. In: Benjamin, Walter: Erzählen. Suhrkamp, 2007, S. 104.

diese ganze Rhetorik und diesen Pathos, die negieren, dass Traumatisierungen eine historische, soziale und zwischenmenschliche Geschichte haben und dass Familie und Staatspolitik als Systeme Traumatisierungen begehen und verdecken. In dieser Dokumentation werden auf revisionistische Weise auch die Täter*innen (die deutsche Bevölkerung und ihre Soldaten) des zweiten Weltkrieges lediglich als kriegstraumatisiert dargestellt. Ferner wird behauptet, dass Psychiater*innen, Neurobiolog*innen und Therapeut*innen mithilfe von Experimenten an Mäusen (die »gestresst werden« oder »stressfrei« sind!!) entdeckt haben, wie die transgenerationelle Weitergabe von Traumata bei Überlebenden der Shoah funktioniert. Traumata werden nur als Verhalten und als Diagnosen (Behaviorismus) gesehen, sie werden mit der Genetik und DNA-Forschung sowie der Neurologie und Gehirnforschung erklärt. Hierbei werden Traumata als übertragbare Krankheiten dargestellt und wie Viren behandelt. Beziehungen und Geschichten innerhalb und außerhalb der Traumatisierungen werden gespalten und negiert. In dem Teil des Filmes, der von traumatisierten Geflüchteten handelt, wird auch ein sehr starker anti-muslimischer Rassismus sichtbar, als z.B. behauptet wird, dass die Familienstrukturen und Erziehungsmethoden »dieser Länder« ein zusätzliches Trauma für die geflüchteten Kinder sind.

Der Sprachgebrauch und Diskurs des Filmes ist bezeichnend biologistisch und biopolitisch. Die Traumata und ihre Weitergabe werden als »Vergiftung«, »Ansteckung«, »Last für die Gesellschaft«, »Kosten für sich selbst und die Anderen« bezeichnet. Diese naziartige Betrachtung von Traumata, Traumatisierungen und Geschichte legitimiert den Revisionismus der Täter*innen und die Ideologie der gewünschten Versöhnung zwischen Opfern und Täter*innen (oder deren Nachfolgegenerationen), die die Täter*innen rehabilitieren soll. Sie rechtfertigt auch die psychiatrisierende Behandlung von Symptomen mit Medikamenten.

Eine politische und menschliche Auseinandersetzung mit den persönlich und kollektiv überlebten Katastrophen bleibt somit ausgeschlossen.

In einem Gespräch zur Psychoanalyse kritisiert W. R. Bion die »faule Herangehensweise von Menschen an komplexe Zusammenhänge«. Über die emotionalen Turbulenzen[115], die Begriffe wie ›Teenagerphase oder Adoleszenz‹ nicht erfassen können, sagt er z.B.:

115 Der Psychoanalytiker W. R. Bion definiert Turbulenz als einen Zustand von Tumult und permanentem Wirbel mit dem Eindringen aller möglichen Elemente.

»Die Turbulenz wird manchmal in unserer Arbeit aufdringlich genug, sodass wir sie ›Adoleszenz‹ nennen. Ist das eine Antwort? *Es ist einer dieser Lückenfüller, die verhindern, dass wir die Verortung dieser Turbulenzen recherchieren.*«[116]

Trotz des manchmal unvermeidbaren und schmerzhaften Verstummens hatten und haben minorisierte Menschen immer eine Sprache füreinander und miteinander, auch wenn diese manchmal nicht die majorisierten Orte der Gesellschaft erreicht. Überlebende und POCs als ›Trauma-Gruppen‹ und weiße Majorisierte als Individuen zu betrachten, untermauert die rassistischen Praxen und das diskriminierende Denken. Dasselbe gilt für das majorisierte Sprechen und seine Kunst, die universalisiert, entpositioniert und individualisiert wird, während minorisierte Kunst enthistorisiert, exotisiert und entpersonalisiert wird.[117]

Täter*innen-Opfer-Umkehr

Das Entpersonalisieren von Traumatisierung erlaubt durch die Negierung der überlebenden Erzählung auch eine Täter*innen-Opfer-Umkehr. Klischees über sexualisierten Missbrauch schieben den Verdacht auf das Opfer (unabhängig davon, welches Geschlecht es hat) – sowohl während des Missbrauchs als auch in seinem Leben danach. Es ist verleumdend zu behaupten, dass Menschen, die einen Missbrauch überlebt haben, selbst zu Täter*innen werden und ihre Traumata an Anderen reproduzieren. Diese Denkmechanismen folgen dem Täter*innen-Diskurs, der Leugnung und dem *victim blaming.* Sie spielen eine strukturelle Rolle in Diskriminierungsideologien.

Wie bereits angesprochen, hat das 21. Jahrhundert im Westen eine Vermehrung von Trauma-Diskursen anhand psychiatrischer und psychologischer Kategorien erzeugt. Das Ende des 20. Jahrhunderts brachte zahlreiche schablonenartige Konsumgüter über menschliche Gewalt (Krieg, Vergewaltigung, Inzest, internationaler Drogenhandel) hervor. Sie sind vor allem im Fernsehen (eine Serie ohne eine pathologisierte oder traumatisierte Figur ist sehr selten geworden), im Internet, im Kino und in der Presse zu finden. Ge-

---

116 Übersetzung von mir aus dem Buch: Bion, Wilfred R.: Quatre discussions avec Bion. Ithaque, 2006.

117 Siehe z.B. die Art wie das hegemoniale Denken und die weiße Kunstkritik J.-M. Basquiats Werk sieht: Der Körper des Künstlers wird fetischisiert, seine Kunst infantilisiert und enthistorisiert. Siehe auch die Art, wie der Diskurs über Kunst und Kultur durch kulturellen Darwinismus die Fortschrittsideologie reproduziert und wie die herablassenden und/oder rassifizierenden Kategorien ›naive‹ oder ›primitive Kunst‹ legitimiert werden.

walterfahrungen werden zu Themen, bei denen die überlebende Geschichte immer weniger sichtbar wird, da die Herangehensweise und das Verständnis des Leidens und der Traumatisierung entkontextualisiert werden. Es werden keine historischen, politischen, sozialen und zwischenmenschlichen Verbindungen hergestellt. Auf diese Weise über Traumatisierung zu sprechen, erlaubt in Wirklichkeit, *nicht* darüber zu sprechen. Es handelt sich hierbei um eine Methode der Negierung und Verdrängung, die dem Kapitalismus des 21. Jahrhunderts inhärent ist.

Das Wort ›Überlebende‹ wird inzwischen für alle möglichen Menschen verwendet, sogar für westliche Soldaten, die aus den vom Westen freiwillig in Afghanistan oder dem Irak geführten Kriegen zurückkehren[118]. Der Begriff *PTBS* (Posttraumatische Belastungsstörung) ist sehr beliebt, vor allem im Kino, Fernsehen oder in der zeitgenössischen Kunst. Er wurde 1978 in den USA bekannt und erschien 1980 im internationalen Psychiatrie-Gesetzbuch *Diagnostischer und statistischer Leitfaden psychischer Störungen* (*DSM*). Ursprünglich war er eng mit Flucht, Krieg, aber eben auch mit Veteranen westlicher Armeen verbunden. In diesem Kontext wurde und wird er oft als Rechtfertigung für post-koloniale Kriege des Westens und für die Einnahme der Opferrolle durch westliche Soldaten verwendet. Die Darstellung der Traumata ermöglicht nicht nur einen Freispruch für begangene Kriegsverbrechen, sondern sogar eine Leugnung dieser Verbrechen. Durch das Verwirren der Opfer- und Täter*innen-Kategorien verschwinden die Kriegsverbrechen als solche aus der Wahrnehmung. Das PTBS westlicher Soldaten ermöglicht das Ignorieren und die Spaltung der von Menschen in besetzten Ländern erlittenen Gewalt und Traumatisierung. Das ist eine Verdrehung. Was steckt je nach zeitlichem Kontext hinter der Verwendung des Begriffs PTBS? Ist dieser Terminus mit dem Ende der UdSSR und dem Anfang einer neuen Welle des anti-muslimischen Rassismus verbunden? Oder mit dem Ende der Zwangseingliederung weißer und POC-Arbeiter*innenklassen in die US-Armee[119]? Was bedeu-

118 Der Satz ›*We are survivors*‹ ist ein Leitmotiv vieler Drehbücher, zum Beispiel der Serien *Shooter, Homeland, The 100* und *Designated Survivor*, die historisch verdrehen, wer Überlebende*r ist. Auf einer strukturellen, historischen und transnationalen Ebene sind minorisierte Menschen die eigentlichen Überlebenden, nicht die weißen Mittelklasse-Protagonist*innen der meisten Filme und Bücher.

119 Siehe den Roman *Just above my head* von James Baldwin, der u.a. von der Wehrpflicht Schwarzer Männer im Krieg gegen Korea und vom Ignorieren ihrer Traumatisierungen handelt.

tet es, dass die Leugnung der Traumata von Soldaten aus diesen Klassen nachlässt? Der Gegensatz zwischen dem Verdecken und Ignorieren der Kriegstraumatisierungen von POC-Soldaten, die bis 1973 von den USA zwangsangeworben wurden, und der leidenschaftlichen Verwendung des PTBS-Begriffs im hegemonialen Diskurs ab den 1980er-Jahren ist auffällig. Deutlich wird hier auch die gewaltvolle Unsichtbarmachung der Soldaten, die keine sein wollten und Diskriminierungen innerhalb der westlichen Armeen erlebten. Es wäre interessant, eine Begriffsgeschichte des *PTBS* in Verbindung mit der Innen- und Außenpolitik der USA zu schreiben. Das Trauma der Soldaten erscheint verstärkt in der Öffentlichkeit, wenn der Westen einen Krieg verliert, wie die USA im Vietnam, oder wenn sich die westliche Rechtfertigung des Krieges auflöst, wie im Irak. In Filmen ermöglicht das *PTBS*-Konzept zudem das *Comeback* einer westlichen Hollywood-Männlichkeit, z.B. durch ultra-maskuline Bündnisse. Die Inszenierung dieser sexistischen Verbundenheit zwischen Männern führte in Hollywood zum Genre der *buddy movies.* Die Diagnose *PTBS* erneuert zwei sehr weiße, heteronormative Filmgenres: Sie verbindet den Western mit den *buddy movies*. Die Einsamkeit und das Schweigen des Cowboys, der, oft liegend, darauf wartet, auf *Native Americans*, *First Nations*, *Pueblos Originarios* etc. schießen zu können, werden zur Einsamkeit des Soldaten oder Snipers, der auf rassifizierte Feinde lauert. Auch die Kumpanei, die im Western schon vorkam und im *buddy movie* auf die Spitze getrieben wurde, wird in aktuellen Produktionen wiederaufgenommen. Das Abenteuer und die Aufopferung werden in der Brüderlichkeit geteilt und idealisiert. Im Gegensatz zu älteren Genres wird bei *PTBS*-Filmen Männlichkeit neu inszeniert. Das erfolgt durch die Darstellung von Soldaten und Veteranen als beschädigt, depressiv und konfus. Außerhalb der Armee werden sie missverstanden. Der gemeinsame Feind und das gemeinsame Töten sind der Garant für das Überleben nach dem Krieg. Dieser ist für Soldaten der Ort des Traumas und gleichzeitig ein sicherer Platz, an dem sich eine nirgendwo anders auffindbare Komplizenschaft entwickeln kann.

Es gibt auch viele Filme über westliche Veteranen und über die Vernachlässigung und den Verrat, die sie auf lokaler und nationaler Ebene nach ihrer Rückkehr erleben.[120] Auch diese Filme beinhalten die ideologischen

120 *Thank You for Your Service* (nach dem Buch des Journalisten David Finkel) beschreibt u.a., wie die US- amerikanische Gesellschaft die Veteranen weder aufnimmt noch unterstützt. Der Film bleibt, wie viele andere, ein US-amerikanischer

Verdrehungen aus dem westlichen Diskurs: Der angebliche Verrat an den Soldaten besteht dann z.B. darin, dass diese eigentlich aufgrund ihres Tötens und Sich-Opferns für das Vaterland einen besseren Status verdient hätten. Das ist eine typisch kapitalistische und nationalistische Denkweise, die bereits in den Lügen der Rekrutierungsagenturen steckt.

Auf der anderen Seite verdecken die Filme und der Diskurs über Veteranen die nichtwestlichen Opfer und die überfallenen Länder. Sie machen die Kriegsverbrechen unsichtbar: Sie analysieren und kritisieren weder den Krieg an sich noch die Befehlshaber der Armeen, die Waffenindustrie oder die westlichen Regierungen. Das ›westliche Überleben‹ nach dem Krieg nimmt den ganzen Raum ein und der konstruierte Opferstatus der Veteranen rechtfertigt mit Pathos den westlichen Rassismus sowie die Ermordung der Menschen aus den bekriegten Orten, die in diesen Narrativen natürlich keinen Opferstatus haben. Die aktuelle majorisierte Verwendung der Begriffe ›Trauma‹ und ›kollektives Trauma‹ begleitet und fördert auch die Selbstviktimisierung und die Viktimisierungskonkurrenz[121]. Ich verwende diese Wörter, um weiße Mechanismen zu beschreiben, die einen Opferstatus strukturell ›begehrbar‹ machen. In diesem System haben majorisierte Menschen den Luxus, sich als Opfer imaginieren zu können und diesen Opferstatus für sich und Andere als Unschuldsinszenierung zu nutzen.

Als ich 2016 den Begriff ›kollektives Trauma‹ auf Deutsch, Englisch und Französisch im Internet recherchierte, verwiesen die ersten Suchergebnisse nicht etwa auf das Überleben eines Genozids, sondern auf die Anschläge auf das World Trade Center in New York (2001), auf das Redaktionsbüro von Charlie Hebdo in Paris (2015) oder auf eine Menschenmenge in Nizza am französischen Nationalfeiertag (2016). Ich bestreite nicht die Gewalt der Anschläge. Doch der Eifer, mit dem westliche Staaten, Psychiater*innen und Journalist*innen sofort von einem ›kollektiven Trauma‹ sprachen und ihm den Stellenwert einer richtungsweisenden Veränderung gaben, ist instrumental. Drei Tage oder zwei

---

Propagandafilm. Ex-Soldaten- oder Veteranenfiguren kommen generell in Krimis, CIA- und Kriegsfilmen und -serien häufig vor (z.B. in den Serien *True Detective, Bosch, Kommissarin Lund, Sherlock, Shooter, Quarry, Strike* und in den Filmen *American Sniper, Good Kill*). All diese Filme und Serien stützen sich auf *PTBS* und Kriegstraumata. Sie behandeln das Leiden und Heldentum der Soldat*innen oder Polizist*innen.

121 Siehe Glossar.

Wochen reichen nicht, um zu behaupten, dass eine ganze ›Nation‹ von einem traumatischen Ereignis ›kollektiv‹ erschüttert wurde. Ebenso war die sofortige westliche Reaktion mit Facebookprofilbildern, T-Shirts oder Plakaten mit der Aufschrift *Je suis Charlie* eine strukturell ›weiße, bürgerliche Solidarität‹. Wenn eine ›Nation‹ aufgrund mangelhafter historischer und zwischenmenschlicher Analysen als absolutes Opfer konstruiert wird (und hier impliziert Opfer-sein ›kollektive nationale Unschuld‹ und die Zugehörigkeit zu majorisierten Gruppen), kann das nur Nationalismus, Antisemitismus und Rassismus stärken. So werden Vergeltungsakte und -kriege sowie die sofortigen reaktionären Maßnahmen der lokalen und internationalen Staatspolitik legitimiert und normalisiert, sei es im ökonomischen, sozialen oder (psychischen und somatischen) gesundheitlichen Bereich. Beispiele dafür sind in Frankreich seit 2015 die Verhängung des Ausnahmezustands, die Kürzung staatlicher Finanzierung für antirassistische Projekte oder die Verstärkung der institutionellen rassistischen Gewalt und der repressiven Polizeipräsenz in armen Vierteln.

Anschläge auf POC oder auf nicht-westliche Länder erlangen im Westen nicht den Status des kollektiven Traumas. Die rassistischen Ermordungen durch das Neo-Nazi-Netzwerk NSU (2000–2006) wurden sogar staatlich unterstützt und vertuscht und zugleich national und international verdeckt. Im Ausland gab es nur eine sehr geringe Berichterstattung über den NSU-Prozess. Diese Morde gelten nicht als Traumata, denn ihre Opfer waren weder weiß, noch konnten sie als repräsentativ für ein nationales oder westliches Selbstverständnis vermarktet werden.

Das Wort ›Trauma‹ wird überdies zunehmend trivialisiert. Z.B. wurde das WM-Aus des deutschen Fußballteams bei den Vorrunden-Spielen 2018 in zahlreichen Medien und sozialen Netzwerken als ›kollektives Trauma‹ bezeichnet. Auch hier zeigt sich eine Verwendung des Begriffs zum Zweck der nationalen Identifikation.

In diesem Zusammenhang ist zu befürchten, dass der Begriff ›Trauma‹ und das majorisierte Verständnis von Traumatisierungen zunehmend entpositioniert, dekontextualisiert und somit enthistorisiert wird. Die Realität der Traumata mit ihren Geschichten und gesellschaftlichen Kontexten geht dabei verloren. Die historischen Verbindungen und zwischenmenschlichen Beziehungen rund um die Traumata werden negiert.

Verfolgung, Traumata und Selbstmorde

»Das Versagen der Empathie zerstört nicht nur die Hoffnung auf Kommunikation mit den Anderen in der Außenwelt und die Erwartung einer Resonanz mit dem inneren Anderen, sondern schränkt zusätzlich auch die Fähigkeit des Opfers ein, in Kontakt und in Übereinstimmung mit sich selbst zu sein und zu fühlen, dass es überhaupt ein Selbst hat. Die verzweifelten Versuche von Überlebenden nach Kriegsende, ihre verlorenen Familienmitglieder wiederzufinden, ihre jahrelange, hoffnungslose Hoffnung, dass die geliebten Menschen noch am Leben sind, und die Dringlichkeit, mit der sie neue Beziehungen und Familien aufbauen, lässt sich als Resultat ihres Bedürfnisses verstehen, sich selbst wiederzufinden: Nach dem Holocaust ›war ich jemand, der nicht länger ›wir‹ sagen konnte und daher aus schierer Gewohnheit ›ich‹ sagte, ohne dabei aber das Gefühl zu haben, mir wirklich selbst zu gehören‹ (Jean Améry in 1966/1980, S. 44).«[122]

Nanette Auerhahn und Dori Laub

»Das Traurige ist, dass unsere Kinder mehr darunter leiden als wir. Nur wissen sie nicht, wo es herkommt. Sie können es nicht ausdrücken, können es nicht zeigen. Sie können nicht damit umgehen. Aber die Angst ist in ihnen.«[123]

Ceija Stojka

Das Überleben zu überleben, ist ein Kampf, den Menschen durchmachen, die Katastrophen überlebt haben. Dori Laub, Bruno Bettelheim oder Cathy Caruth haben solche Geschichten psychoanalytisch konzeptionalisiert.[124] Und Autor*innen des Überlebens wie Jean Améry, Toni Morrison, Primo Levi und Imre Kertesz haben die Schwierigkeit des Weiterlebens nach den Katastrophen sowie den Selbstmord, der in der Geschichte des Weiterlebens unweigerlich präsent ist, thematisiert.

Kossi Efoui, ein 1962 geborener togolesischer Schriftsteller, dessen Werk von den Themen des Überlebens und der individuellen und kollektiven zwischenmenschlichen Zerstörung handelt, schreibt am Anfang seines Romans *L'ombre des choses à venir (Der Schatten der Dinge, die kommen werden)*:

---

122 Laub, Dori/Auerhahn, Nanette: Failed Empathy. A central theme in the survivor's Holocaust experience. Psychonalytic Psychology, 1989, S. 377-400. Übersetzung von Katharina Voß.

123 Stojka, Ceija: auschwitz ist mein mantel. Edition Exil, 2008, S. 32.

124 Caruth,Cathy: Listening to trauma: conversations with leaders in the theory and treatment of catastrophic experience. Johns Hopkins University Press, 2014.

»Der Selbstmord, der mir am besten passt, ist offensichtlich das Leben. Imre Kertesz.«

Indem er Imre Kertesz, der Schriftsteller, Essayist und Überlebender der Shoah war, zitiert, erzeugt Kossi Efoui Verbindungen zwischen unterschiedlichen Erfahrungen und Geschichten des Weiterlebens. Sein Roman *Solo d'un revenant (Solo eines Wiederkehrers)* handelt von einer Sprache im Schwebezustand, auf Bewährung (vor und nach der Zerstörung) und im Wiederaufbau. Die herrschende Sprache trägt Schuld in sich. Doch es ist die überlebende Sprache, die kontinuierlich verurteilt wird und ständig um Erlaubnis bitten muss. Das Buch ist eine Erzählung über Ausbeutung, Kolonialisierung und den Verrat am Befreiungskampf eines ungenannten Ortes. Die Bewegungen und Veränderungen kreisen in einem nicht greifbaren und dennoch tödlichen Kontinuum. Efoui beschreibt das Schweigen und Ver-rücktsein als Konsequenzen der Schwierigkeiten des Überlebens nach einer kollektiven Katastrophe. Durch seine erzählende Hauptfigur spricht er über die Suche nach einer richtigen Sprache über die Katastrophe, einer Sprache, die der Erfahrung und dem Selbst nah ist. Die Überlebenden und ihre Sprache erfinden Neues, damit das Leben erträglicher wird und die Worte auch im Jetzt noch Bedeutung haben. Kossi Efoui veranschaulicht diese Wiederherstellung der eigenen Geschichte und den Kampf des Erzählens. Dadurch erfindet er auch eine Sprache des Bezeugens.

Die Literatur des Überlebens, die von persönlichen und kollektiven Traumata und Verletzungen handelt, entfaltet auf eine besondere Weise die Subjektivität und Mehrstimmigkeit des Schreibens, indem sie zum Beispiel die erste Person Singular und die erste Person Plural mit Nachdruck verwendet. Vielleicht geht es in den Werken oftmals darum, die Autor*innenschaft im erweiterten Sinne zu finden oder wiederherzustellen.

Es gibt in der romani Lyrik eine Allgegenwärtigkeit des ›Ich‹ und des ›Wir‹ sowie einen testimonialen Dialog zwischen ›ich/wir‹, ›ich/du‹ und ›wir/ihr‹. Diese literarischen Dialoge sind eine Rekonstruktion der zwischenmenschlichen Beziehung, die durch die Verweigerung eines Gegenübers verneint worden war. Sie drücken das aus, was ausgedrückt werden muss: Dringlichkeit, Anklage und die Existenz des eigenen Selbst.

Das ›Wir‹ kommt in den Geschichten der Gegenwart, Vergangenheit und Zukunft vor. Es ist da, um die Unsichtbarmachung der romani Geschichte zu erzählen, z.B. in *Forgotten* von Rasa Lee Sutar oder in

Culturocide von Sarah Barbieux. Das ›Wir‹ steht in *Wir wollen keinen Reichtum* von Papusza als Ansprache an die Gadje, in Julia Lovells und Yvonne Slees Gedichten als Empowerment und in Hedina Tahirovics *XXX* als Ausdruck einer gemeinsamen Geschichte und als Erzählung über die Verfolgungen.[125]

Ceija Stojka beginnt ihr Gedicht *auschwitz ist mein mantel* mit der Frage »hast du angst vor der finsternis?« und antwortet mit »ich sage dir, wo der weg menschenleer ist, brauchst du dich nicht zu fürchten«, um über ihr Überleben und ihre Beziehung zur Welt zu sprechen. Sie tut dies mit Zärtlichkeit und Zuneigung für ihre Mitmenschen und vermittelt großzügig ihr Wissen über den Schrecken, das Menschsein und die Einsamkeit in der Geschichte. Ihre Erzählung entfaltet sich über eine Adressierung und ein Gespräch. In ihren Gedichten entwickelt sie eine Sprache und Kenntnis, die die Lebenden und ihre Wunden beschützt und der Ermordeten und Toten gedenkt.

In einem anderen Gedicht (ohne Titel) beginnt sie mit einer kollektiven Geschichte:

»Das was wir suchen
ist schwer zu finden
Die Angst
müssen wir nicht suchen
sie ist da [...]«

und endet mit ihrer persönlichen Geschichte und einer unmöglichen Trauer:

» [...]
Der Wind heult dorthin
wo wir Lebenden nicht wissen können
Wo haben sie meine Oma vergraben
Niemand weiß es
Waren es die Deutschen damals

125 Mehrere romane Lyrik-Sammelbände sind erschienen: *Like water – a collection of romani women poems* herausgegeben von Hedina Tahirovic, https://www.scribd.com/document/94653084/Like-Water-Sar-o-Paj (12.08.2019). Siehe auch *The roads of the roma* herausgegeben von I. Hancock, S. Dowd und R. Đurić, University Of Hertfordshire Press, 1998 und der *Moderne Poesie-Atlas der Sinti und Roma*, Verlag die andere Bibliothek, 2018.

oder waren es die Österreicher
die sie in die Erde stampften
Ich werde erst dann wissen sehen
wo meiner Oma Gebeine liegen
wenn meine Stunde Minute
mich loslässt
Und es ist kein Ende«[126]

In diesen Werken wird ein sichtbares ›Ich‹ wiederhergestellt, aber auch das Gespräch zwischen dem ›Ich‹ und dem ›Du‹ und zwischen dem ›Wir‹ und dem ›Ihr‹, also die Möglichkeit des ›Du‹ und des Dialogs, die durch Verfolgung und Gadje-Rassismus zerbrochen, verraten oder zerstört wurde.

Diese Wiederherstellung und Wiederaneignung des ›Ich‹ und des ›Wir‹ unterstützen die Kenntnis der eigenen Geschichte und die Prozesse des Gedächtnisses. Die zerstörte Beziehung zu sich selbst und den Anderen wird repariert. Die Suche nach dem inneren ›Ich‹ und dem ermordeten oder überlebenden ›Wir‹ kann eine Antwort auf die Verleumdungen, das *Silencing* und die Verweigerung des achtsamen Zuhörens sein, die auch nach einem Genozid fortdauern. Die Literatur des Überlebens ist in Inhalt und Form nicht nur Bezeugen, sondern zugleich auch eine Recherche, die das Geschriebene zur Geschichte des Textes macht, da es in Bezug zum persönlichen und historischen Moment des Schreibens und Überlebens steht. Die Zeitlichkeit des Überlebens, des Traumas und des Schreibens ist immer persönlich und in Vergangenheit und Gegenwart verortbar. Wenn ich fünf Jahre nach dem Überleben eines Traumas meine Geschichte öffentlich erzähle, wird sie Aspekte der Geschichte des jetzigen Moments einschließen. Weitere fünf Jahre später wird die erzählte Geschichte sich womöglich nicht verändert haben, dafür aber die Position und Persönlichkeit des Erzählens. Ceija Stojkas Werke zeugen von Geschichten menschlicher Beziehungen nach der Katastrophe. Sie erschaffen durch die Verortung der Autor*innen im Schreiben ein Wiederzusammenfügen der eigenen Wahrheit und des Zwischenmenschlichen.

Exkurs: Papuszas Sprache des Überlebens

Die polnische romani Dichterin Papusza schrieb mit einem sehr positionierten ›Ich‹. In vielen ihrer Gedichte springt sie ausdrucksvoll vom ›Ich‹

126 Stojka, Cejka: Meine Wahl zu schreiben – ich kann es. Lyrik der Wenigerheiten, 2003, S. 20.

zum ›Wir‹, zum Beispiel im langen, wunderschönen *Blutige Tränen, was wir unter den Deutschen in Wolhynien im 43. und 44. Jahr erduldet* und in *Ich bin eine arme Romni*. Geboren wurde Papusza irgendwann zwischen 1908 und 1910. Sie starb 1987 in Inowrocław. Sie gehörte zu den polska Roma, die eine eigene romani Sprache hatten, überlebte den Pharrajmos und ist in Polen ziemlich bekannt. In Gorjo steht sogar eine Statue von ihr. Ihre Schriften befinden sich im Archiv des Literaturmuseums in Warschau und im Landesmuseum von Tarnow. 2011 und 2014 erschienen zwei Biografien von ihr[127]. und 2013 wurde ein Spielfilm über sie gedreht (*Papusza – Die Poetin der Roma* von Joanna Kos-Krauze und Krzysztof Krauze).[128]

Erhalten sind Fragmente ihrer Memoiren, Gedichte und Briefwechsel sowie Radiosendungen und Video-Interviews mit ihr.[129] Papusza ist eine der berühmtesten romane Schriftstellerinnen weltweit. Obwohl die Ereignisse ihres Lebens sehr schwer rekonstruierbar und die verschiedenen Quellen darüber widersprüchlich sind, wird ihre Geschichte häufig als etwas Starres erzählt und als gadje-rassistischer Mythos konstruiert: Sie sei eine außergewöhnliche Romni gewesen, die Ende der 1950er-Jahre aus ihrer Community ausgeschlossen worden sei, da sie lesen und schreiben gelernt und Geheimnisse verraten habe.[130] Die Gadje-Sicht ist im Diskurs über Papusza schwer von der Realität zu trennen, aber Züge des Gadje-Rassismus sind erkennbar: Es wird z.B. behauptet, sie sei Analphabetin gewesen oder in den romane Communitys verrufen, weil sie schreiben konnte, oder sie sei ein Opfer ihrer Gruppe gewesen, weil sie Freundschaften zu Gadje hatte. Es wird auch behauptet, die Roma hätten Geheimnisse, würden immer in Kategorien von Verrat, Codes und Ehre denken und sie sei eine Märtyrerin infolge dieser Umstände gewesen, denn sie hätte angeblich nicht Dichterin werden dürfen. Solche Dinge werden erzählt, obwohl Rom*nja eine lange Tradition individueller und kollektiver Dichtung, Komposition und Erzählung haben. Es ist schwer Genaueres über die Ereignisse in Papuszas Leben

---

127 Machowska, Magdalena: Bronislawa Wajs Papusza, miedzy biografia a legenda. Krakau Verlag Nomos 2011. Und ebenfalls auf Polnisch von der Journalistin Angelika Kuźniak: Papusza. Czarne Verlag, 2014.

128 Ebenfalls zu erwähnen ist der Roman *Zoli* von Colum McCann, eine sentimentale stark gadje-rassistische Bearbeitung von Papuszas Leben.

129 Interview mit Papusza auf Polnisch: https://www.youtube.com/watch?v=AzYRyyq8VNY&t=1186s (14.02.2019).

130 Zum Beispiel die Verleumdungen in Mc Canns Roman *Zoli* oder in Isabelle Fonsecas Büchern.

herauszufinden, und vieles, was darüber verbreitet wurde, hat sie nicht selbst gesagt oder geschrieben, sondern ist eine Interpretation anderer.

Folgende Fakten habe ich Papuszas Briefen und Magdalena Machowskas Artikel *Das Leben, die Legende*[131] entnommen: Papusza konnte veröffentlicht werden und (z.B. 1952) an kommunistischen Literaturkongressen teilnehmen, da sie in den 1950er-Jahren durch ihren Kontakt zum polnischen Schriftsteller Jerzy Ficowski[132] und zum jüdischen und polnischen Dichter Julian Tuwim für eine kurze Zeit sporadischen Zugang zu kommunistischen polnischen Kulturinstitutionen hatte. Zwischen 1958 und 1978 erhielt sie drei Auszeichnungen in Polen.

Jerzy Ficowski transkribierte und übersetzte ihre Gedichte teilweise ins Polnische. Die Gadje-Legende behauptet daher, er habe sie ›entdeckt‹. Es handelt sich jedoch vielmehr um eine Begegnung. Ficowski versteckte sich 1949 bis 1951 bei Papuszas *tabor*[133] und wurde von romane Menschen unterstützt, da er von der sozialistischen Sicherheitspolizei gesucht wurde. Papuszas Leben und Werk zeugen wiederholt vom Austausch zwischen jüdischen und romane sowie zwischen weißen und romane Menschen. Dazu sagt sie in ihren Memoiren:

> »Ich wollte lesen lernen, unbedingt. Aber meine Eltern haben sich nicht um mich gekümmert. [ ] Und auch wenn, wo hätte dieses Kind denn lernen können? Ich habe die Kinder gefragt, die zur Schule gegangen sind, mir die Buchstaben zu zeigen, und so war das. Ich habe Sachen gestohlen und sie ihnen gebracht, damit sie mir weiter Sachen beibringen und so habe ich die Grundlagen gelernt und auch den Rest. Eine jüdische Frau hat nicht weit entfernt von uns gelebt. Ich habe Hühner gefangen und sie ihr gebracht und sie hat mir das Lesen beigebracht. Dann habe ich viele Zeitungen und unterschiedliche Bücher gelesen. Ich kann sehr gut lesen, aber sehr schlecht schreiben, da ich sehr wenig geschrieben und viel gelesen habe. Ich bin stolz auf dieses Lernen, obwohl ich es nicht in der

131 Machowska, Magdalena: Papusza poétesse **** et polonaise. Etudes ****, Paris, 2011.

132 Er veröffentlichte die ersten Recherchen über den Pharrajmos in Polen und sammelte ab 1949 Zeug*innenschaften. Er war Mitglied der *Gypsy Lore Society*, einer Gadje-Organisation, die ab 1888 ethnologisierende Diskurse produzierte. Papusza und Ficowski waren befreundet. Sie verzieh ihm am Ende ihres Lebens in einem Brief, dass er sie verletzt und sie ohne ihre Erlaubnis durch seine Bücher in Gefahr gebracht hatte.

133 Gruppe tourender Rom*nja, die gemeinsam leben.

Schulegelernt habe. Ich habe mir alles selbst beigebracht, mit meinem Leben und mit dem, was ich erlebt habe.«[134]

Da die Spuren widersprüchlich sind oder gar fehlen, ist es angemessen zu sagen, dass die Gründe ihres Ausschlusses aus ihrer romani Community unklar sind. Nach einem Artikel von Magdalena Machowska scheint der Konflikt mit der Community eng mit der Geschichte der Romanipe im Nachkriegs-Polen und mit Papuszas Position im Kontext der polnischen Assimilationspolitik und der Zwangssesshaftwerdung verbunden zu sein. Laut Ficowski wurde sie von ihrer Community kurzzeitig zur Sprecherin und Verteidigerin der Rom*nja bei den polnischen Behörden gewählt.[135] Sie scheint nie eine Fürsprecherin der weißen Gadje-Politiken gewesen zu sein. Sie litt selber stark unter den neuen Politiken, die ab den 1950er-Jahren eingeführt wurden. Unter anderem konnte sie nicht mehr das Kartenlegen und Wahrsagen ausüben, Berufe in denen sie zuvor brilliert hatte.[136] Nach 1945 wurde das romani Leben in Polen durch die Assimilationspolitik der kommunistischen Regierung und der damit einhergehenden Zwangssesshaftmachung zerschlagen. Ihre Infrastruktur wurde zerstört und die romane Communitys wurden ihrer Arbeitsmöglichkeiten beraubt. Diese neue Politik ging mit Hausdurchsuchungen, Schlägen, Vertreibung, Verbot des Handels und Wahrsagens, Verbrennung der Wohnwagen und dem Diebstahl der Pferde und Besitztümer einher.[137] Dieser besondere Kontext der erschütternden und gewaltvollen Auflösung ihrer Community durch äußere Unterdrückung muss unbedingt betont werden, wenn berichtet wird, dass Papusza von romane Vertreter*innen als Verräterin verurteilt und behandelt wurde. Ich konnte nicht herausfinden, wer genau bestimmte, sie habe einen Verrat begangen. Laut Magdalena Machowska versuchte Papusza 1952 vergeblich, die Veröffentlichung von Ficowskis Buch über

134 Machowska, Magdalena: Papusza poétesse **** et polonaise. Etudes ****, 2011, S. 99. Meine Übersetzung aus dem Französischen (und leider nicht direkt aus dem Original).

135 Siehe Jerzy Ficowskis Artikel »J'ai eu la chance de connaître Papusza« (Ich hatte das Glück, Papusza kennenzulernen), den ich nicht auf Deutsch oder Englisch finden konnte.

136 Siehe die Berichte in ihren Memoiren auf Polnisch im Ethnografischen Museum von Tarnow.

137 Siehe den Teil *Die Roma in Polen* in Rajko Đurićs Buch: Ohne Heim – Ohne Grab: die Geschichte der Roma und Sinti. Aufbau-Verlag, 2002, S. 178-180.

die polnischen Rom*nja zu verhindern[138], welches ein Romanes-Polnisch Wörterbuch sowie Gedichte von ihr beinhaltete. Ein Wörterbuch stellte für die romane Communitys ein Problem dar, da ihre Sprache nicht öffentlich zugänglich werden sollte, um sie vor dem Zugriff und der Aneignung durch Gadje zu schützen. Ficowski hätte das Buch nicht schreiben können, wenn er nicht bei Papusza und ihrem *tabor* gewohnt hätte.

Papusza lebte 1954 in Gorzow mit ihrem Mann, ihrem Sohn und auch mit anderen romane und gadje Leuten in immer größerer Armut in einem Gebäude ohne Strom und Wasser. Das Gebäude wurde damals ›****kolchose‹ genannt. Danach wohnte sie alleine in einem verfallenen Haus, bis sie zu ihrer Schwester nach Inowrocław zog, wo sie 1987 starb. Zwischen 1950 und 1983 war sie 15 Mal in psychiatrischen Anstalten. 1980 sagte sie in einem Interview:

> »Jetzt verschreiben mir Ärzte Medikamente, so habe ich eine Tüte voll mit Pillen. Ich mache mir eine Suppe, ein kleines bisschen Milch, ich knabbere ein Stück Brot und so lebe ich, ohne Geräusche zu machen Ich störe niemanden. Ich ersticke hier, ich kriege keine Luft. Damals sind wir durch die Wälder gereist, alle meine Güter sind dort geblieben, in Wolhynien. Ich komponiere keine Lieder mehr, der Arzt verbietet es und meine Hände sind unfähig, das Rheuma quält sie. Die Leute lesen meine Lieder, ja. Sie sind einfach, einfach wie eine Romni ohne Studium. Ich, ich habe meine Lieder vergessen. In meinem Gedächtnis alles Nebel.«[139]

Papuszas Werk besteht heute aus fragmentarischen Manuskripten, teils auf Romanes, teils auf Polnisch, obwohl sie auf Romanes schrieb und komponierte.[140] Papusza verbrannte einen Teil ihrer Schriften. Ihr Lied (Papusza nannte ihre Gedichte auf Romanes ›Lieder‹) *Blutige Tränen, was wir unter den Deutschen in Wolhynien im 43. und 44. Jahr erduldet* aus dem

138 Das Buch heißt **** *polscy* und wurde 1953 veröffentlicht.

139 In einem Interview mit Elzbieta Dziwisz auf Französisch zitiert in: Papusza poétesse **** et polonaise. Etudes **** 2011 S. 114-115. Übersetzung aus dem Französischen von mir.

140 In der Version auf Romanes, die ich in Papuszas romanes-französischen Veröffentlichungen lesen konnte, schreibt sie immer Roma/Romni/romani, was ins Deutsche oder Französische immer mit dem gadje-rassistischen Schimpfwort übersetzt wird. Je nach Veröffentlichung werden auch unterschiedliche romane Versionen der Gedichte verwendet (vgl. z.B. *Routes d'antan* in der Übersetzung von M. Courthiade, Verlag edition l'harmattan und *Papusza poétesse **** et polonaise.* Etudes ****, 2011).

Jahre 1951 enthält viele Elemente der Kunst des Erinnerns und des Traumas. Es ist eine Wiederherstellung der menschlichen Beziehungen, eine Zeug*innenschaft, ein historisches Dokument, eine Ansprache gegen das Ignorieren und Verdecken der Geschichte durch die Gadje nach dem Krieg und eine Sprache der eigenen Wahrheit (»Hört dieses Lied, da es wahr ist«). Es rekonstruiert das Leiden und die Ereignisse des Pharrajmos in Wolhynien 1943 und 1944: die Flucht, das Verstecken in den Wäldern, die Krankheiten, das Verhungern, die Hinrichtungen und Erschießungen. Es ist ein sehr wertvolles Dokument, da die Zwangsarbeit und die Erschießungen außerhalb der Konzentrationslager im Pharrajmos heute noch weitgehend unbekannt sind. Papusza zeugt auch von den Kämpfen der Partisanen gegen die Deutschen und davon, wie die Partisanengruppe *Tschapajew* die Verfolgten warnte. Sie erzählt darin auch wie ein romanodeutscher Soldat heimlich zur flüchtenden romani Gruppe kam, um sie davor zu warnen, dass die Deutschen am nächsten Tag kommen würden, um sie zu ermorden.

Papusza spricht ihr Wissen über die Ignoranz und den Revisionismus nach der Katastrophe aus: »Manche haben nichts gefühlt und glauben uns nicht.« Sie erzählt von einer romani Welt, die es nicht mehr gibt, die vernichtet wurde. Mit einer Selbstverständlichkeit und an etlichen Stellen beschreibt das Lied auch das Zusammenleben von jüdischen und romane Menschen, deren Solidarität und gemeinsames Überleben. Das Ende des Liedes können wir als einen Appell für das Erzählen und Bezeugen verstehen:

> »Wir müssen leben jetzt, schöne Lieder singen, Bücher lesen und erzählen. Und so, liebe Menschen, werden wir neue Bücher in einer neuen Welt haben.«[141]

Ein anderes Lied, aus dem Jahre 1952, zeigt die Möglichkeit eines Gesprächs auf. Papusza spricht zugleich über die drohende Gefahr, dass ihre Worte (und ihr Werk), ›das Selbst‹ und die Romanipe aus der Erinnerung verschwinden:

> »LIED
> Nach vielen Jahren,
> vielleicht auch schon bald, früher,
> werden deine Hände mein Gedicht auffinden.
> Woher es kam?

141 Papusza poétesse **** et polonaise. Etudes ****, 2011, S. 25. Übersetzung von mir.

Bei Tag, im Traum?
Und du erinnerst dich und denkst an mich –
ob das ein Märchen war,
oder die Wahrheit?
Und meine Lieder
und alles
wirst du vergessen.«[142]

Überleben und kollektive Selbstmorde

Der Verrat am zwischenmenschlichen Vertrauen und der Bruch der Beziehungen zwischen dem ›Ich‹ und dem ›Du‹, die in Genoziden durch die absolute Abwesenheit des Mitgefühls und die allgegenwärtige Gewalt zwingend stattfinden, haben Auswirkungen auf die Verhältnisse innerhalb der verfolgten Communitys und auf die Nachfolgegenerationen der Überlebenden.

Als ich im Internet den Begriff ›kollektiver Selbstmord‹ recherchierte, war ich empört, fast ausschließlich auf Suchergebnisse über westliche religiöse Sekten zu stoßen. Ich fand auch voyeuristische und sensationsgierige Webseiten auf Englisch, Deutsch, Spanisch und Französisch, die in ›Hitlisten‹ die zehn »verstörendsten« und »unglaublichsten« kollektiven Selbstmorde aufzählen. Darin werden strukturell sehr unterschiedliche Selbstmorde vermischt.

Kollektive Selbstmorde minorisierter und verfolgter Menschen werden wenig erzählt. Sie werden vergessen. Den Tod aufzusuchen, statt ermordet oder ausgelöscht zu werden, sich zu töten, um nicht getötet zu werden und *irgendetwas* dabei zu retten, sind verzweifelte Handlungsformen, die die gesamte koloniale, rassistische und antisemitische Geschichte der Verfolgungen und Massaker aller Jahrhunderte durchzieht. Eine transhistorische und transgeografische Forschung über kollektive Selbstmorde aus einer minorisierten Perspektive heraus wäre interessant und wichtig. Individuelle und kollektive Selbstmorde fanden angesichts der Versklavung[143], des

142 Papuszas gesprochene Lieder. Kleist-Gedenk- u. Forschungsstätte, 2011. Der deutschpolnische Gedichtband *Papuszas gesprochene Lieder* wurde von Karin Wolff aus dem Polnischen übersetzt und vom Kleist-Museum in Frankfurt-Oder 2011 herausgegeben. Er ist vergriffen.

143 Toni Morrisons Werk ist von diesem Thema durchströmt, besonders in *Song of Salomon* und *Beloved*.

Kolonialismus, des Gadje-Rassismus und des Pharrajmos, des Antisemitismus und der Shoah, angesichts assimilierender und genozidaler Politiken statt. Die jüdische Geschichte überlebte viele kollektive Selbstmorde. Am Bekanntesten sind die in Massada im Jahr 73/74 n. Chr., um dem Krieg und den Verhaftungen durch die Römer zu entgehen, und die während der Shoah.

Im Balinesischen bezeichnet der Begriff *Puputan* einen kollektiven Selbstmord, der begangen wird, um der Niederlage und dem Selbstverlust gegenüber den Kolonisator*innen zu entgehen. Vier kollektive Selbstmorde mit etlichen Toten haben zwischen 1849 und 1946 während der niederländischen Kolonialisierung stattgefunden. Fatimah Tobing Rony schreibt über einen *Puputan* von 1906 und dessen Unsichtbarmachung in den kolonisierenden Nationen, insbesondere in deren medialen Politiken:

> »Wie würde ein unangebrachter ethnografischer Film aussehen? 1906 erobern die Niederlande den Süden Balis, doch das Narrativ des ruhmreichen Kolonialismus, das mit der Anthropologie und dem Kino zusammenwirkt, um Bali als friedliche Insel mit tanzenden Menschen und gut erhaltenen antiken Tempeln abzubilden, wird gestört. Der Raja von Bandung und sein mehrere hundert Personen zählender Hofstaat begrüßen die niederländischen Soldaten in weißen Festgewändern und mit der Verweigerung, sich zu ergeben. Die Szenerie färbt sich rot mit ihrem Blut; in einem *Puputan*, einem Massenselbstmord, töten sich die Menschen selbst und gegenseitig und marschieren auf die niederländische Kolonialarmee zu, von der sie erschossen werden. Später plündern die Soldaten den Palast des Raja. Ein Filmemacher vor Ort dokumentiert das Geschehen. Der Film über den *Puputan*, den er dreht, wird in eine Schublade verbannt und nie öffentlich gezeigt. Nur ganz bestimmte Erscheinungsweisen des ethnografischen Spektakels sind im Kino akzeptabel; nicht aber die, die die repressive Gewalt zeigen, die der Ideologie der politischen Physik zugrunde liegt.«[144]

Im aktuellen kolonialen Kontext wählte die *Native Guarani Community* in Brasilien seit den 1980er-Jahren mehrfach den kollektiven Selbstmord angesichts des Landraubs und der Diskriminierungen.[145]

---

144 Tobing Rony,Fatimah: The Third Eye. Race, Cinema and Ethnographic Spectacle. Duke University, 1996, S. 153. Übersetzt von Katharina Voß.

145 Siehe diesen Brief auf Spanisch von 2012, der die Entscheidung zum Selbstmord ankündigt: http://www.elciudadano.cl/justicia/adios-mundo-cruel-170-indigenas-se-suicidaran-de-manera-colectiva/12/21/ (18.07.2017).

Kollektive Selbstmorde hinterlassen eine testimoniale Sprache: Zeugnisse der Verweigerung des Lebens als einzig vorstellbare Lösung für das Ende der Verfolgungen. Zeugnisse der Verweigerung der von den Majorisierten erzwungenen Assimilierung. Zeugnisse der Weigerung nicht als Communitys leben zu dürfen. Das ›eigene Sterben‹ wird dem Töten durch andere vorgezogen. Kollektive Selbstmorde erzählen von der Verteidigung des eigenen Todes, von einer individuellen und kollektiven äußersten Verzweiflung und einem strukturellen Entzug der Hoffnung.

Der kollektive Selbstmord von POC nimmt eine ambivalente Position im Widerstand und in der Sprache des Traumas ein. Die Selbstauslöschung und die Entscheidung des ›Todes bei sich‹ als Antwort auf die zwischenmenschlich begangene Gewalt und Hoffnungslosigkeit sind wenig tauglich für normative Heroisierungen. Die Entscheidung für den Selbstmord spricht von extremen intergenerationellen Gewalterfahrungen und von jahrhundertelangem Nicht-Gehörtwerden. Ein Nicht-Gehörtwerden, das die Position der ›Subalternität‹ produziert.[146] Dem kollektiven Selbstmord wohnt eine Traurigkeit inne, mit der viele Menschen nicht umgehen können. Aber er sagt viel über die Geschichte der von Weißen auf POC ausgeübten Gewalt aus. Beides, das Überleben und der Selbstmord angesichts der Vernichtung, sind Handlungen des Widerstands und Teil der Geschichte des eigenen Selbst.

---

146 Vgl. Spivak, Gayatri C.: Can the Subaltern Speak? Turia + Kant, 2007.

Falsche Politiken des Bezeugens

»Diese Schreie hab ich noch in den Ohren, sind Bilder, die mich ständig begleiten, darum kann ich mit dem Wort Befreiung nichts anfangen. Es ist präsent, nicht der Häftling wurde befreit, sondern das Lager vom Häftling. [...] Man hat uns die Würde genommen, hauptsächlich denen, die nicht mehr sein dürfen. [...] Ich bin es denen schuldig, zu reden, solange ich kann, und wenn ich nicht mehr reden kann oder darf, werde ich noch deuten.«

Anna Mettbach im Zeug*innenschafts-Video *Wenn die Seele weint*[147]

»Zu dem Zeitpunkt, als der Kampf noch darum ging, dass das Mahnmal überhaupt errichtet wird, zu welchen Konditionen auch immer und auf welchen Grundstücken auch immer, war vorrangig, dass die Überlebenden das auch noch miterleben sollen. Dem war leider nicht so. Die meisten sind verstorben, weil dieser Prozess eben sehr lange dauerte. Wir haben ja – wenn ich sage ›wir‹, dann meine ich auch immer das *Dokumentations- und Kulturzentrum Deutscher Sinti und Roma* – Überlebende begleitet, und wir waren ihnen, wir sind ihnen bis heute sehr dankbar für ihre Zeugnisse, die sie abgegeben haben über das, was sie erlebt haben. Sie haben *uns* begleitet. Wir haben *sie* zwar begleitet, aber letztendlich haben sie uns begleitet, die wir ja die politischen Forderer waren für dieses Mahnmal, und sie waren bereit, ihre Zeugnisse im hohen Alter auch miteinfließen zu lassen. Sie haben erzählt aus ihrer Verfolgungszeit, wie sie überlebt haben und wie viele ihrer Familienangehörigen nicht überlebt haben. Das war Ansporn. Das war für jeden einzelnen von uns, und ich bekomme eine Gänsehaut jetzt, wenn ich drüber rede, denn jeder einzelne Überlebende und jeder, der nicht überlebt hat, ist es wert, dass man seine Geschichte eigentlich gekannt hat. Ihre Geschichten, das waren Tatsachen. Das sind Tatsachen. Das sind die Geschichten auch unserer Verwandten. Und unabdingbar ist es auch etwas sehr Persönliches. Auch das wurde uns vonseiten der Politiker und auch der Medien oftmals vorgeworfen. Aber es ist unabdingbar.«[148]

Anita Awosusi

---

147 https://www.mediathek-hessen.de/medienview_5137_Lothar-Schreyeck-OK-Gie%C3%9Fen-Wenn-die-Seele-weint.html (01.12.2018).

148 https://www.sinti-roma.com/medien/videos/buergerrechtsbewegung/ (21.04.2020). Danke an Selma Berg für die Transkription.

»Kollektive Erinnerungen an den Porajmos sind – ebenso wie die Erinnerungen anderer minorisierter Gemeinschaften – insbesondere im öffentlich-politischen Raum umkämpfte soziale Konstruktionen. Sie materialisieren sich auf vielfältige Weise sowohl in der realen Welt als auch in der Körperlichkeit der einzelnen Subjekte: durch Narben, Krankheiten, Traumatisierungen, fehlende Ressourcen, in innerfamiliären Beziehungen, Gegenständen aus der Vergangenheit. Erinnerungen schreiben sich in den Körper und in die Psyche ein, ergreifen Raum im Alltag, in sozialen Interaktionen und in unserem subjektiven Sein. Erinnerungen, insbesondere traumatische, sind aber auch in hohem Maße zukunftsprägend (vlg. Schuch 2014). Erinnerung und Vergessen konstituieren sich im Nachhinein – sie unterliegen damit unterschiedlichen Prozessen des *Machens*. Ein öffentliches, hegemoniales *Entinnern* ist keinesfalls gleichbedeutend mit kollektivem Vergessen in Sinti und Roma Communities, denn die Gegenwart schafft für Täter_innen und Opfer auf diese Weise grundsätzlich unterschiedliche sowohl materielle als auch symbolische (Lebens-)Bedingungen für das Erinnern.«[149]

Isidora Randjelović

Gedenkpolitik und relationaler Revisionismus[150]

Seit 1990 feiert die deutsche Gedenkpolitik sich zunehmend selbst und wird von vielen europäischen Regierungen auf strategische Weise bewundert. Die angeblich ›aufgearbeitete‹ Geschichte wird zur kulturellen Attraktion, zu einem speziellen Tourismus des 21. Jahrhunderts. Diese Geschichte kann aber nicht aufgearbeitet, sprich erledigt und abgeheftet werden. Eine solche Sprache und (Ge)Denkweise negiert die Verhältnisse und betreibt Revisionismus.

Die offizielle Leugnung des Pharrajmos bis Anfang der 1990er-Jahre produzierte Auslassungen, die von allen dominierenden Gesellschaftsschichten getragen wurden. Dieser Revisionismus ist bezeichnend und es ist kein Zufall, dass die Legitimität, die Finanzierungen und das Interesse für historische Recherchen und Projekte zum Pharrajmos bis zum Näherrücken der Eröffnung des *Denkmals für die im Nationalsozialismus ermordeten Sinti und Roma Europas* (2012) kaum oder nur unter sehr schwierigen Bedingungen vorhanden waren. Dementsprechend wurden

149 Randjelović, Isidora: Erinnerungsarbeit an den Porajmos im Widerstreit. In: Iman Attia / Swantje Köbsell / Nivedita Prasad (Hg.): Dominanz-Kultur reloaded. Transcript, 2015, S. 97.

150 Siehe Glossar.

und werden die Zugangsmöglichkeiten zur Geschichte dieses Genozids vermindert und verhindert. Die Geschichtsschreibung des Pharrajmos ist voller Lücken, so wie die des Gadje-Rassismus. Es gibt zwar zahlreiche Zeug*innenschaften, die dem entgegenwirken, aber nur wenige Werke, die die darin enthaltenen Wissensformen miteinander verknüpfen und analysieren. Wie bereits erwähnt, gibt es in vielen (west- wie osteuropäischen) Sprachen keine historischen Arbeiten, die den Pharrajmos nicht nur allgemein behandeln, sondern einen spezifischen Aspekt zum Thema haben: die Ghettos (z.B. Radow und Łódź) *oder* die Zwangssterilisierungspolitik *oder* die Ermordungen durch Erschießungen *oder* auch die Todesmärsche und die Rückkehr 1945 aus den Konzentrationslagern und Verstecken in die jeweiligen Herkunftsländer und -städte.

Es gibt kein gesamtgesellschaftliches Wissen und keine neuen Bücher über das Lager in Auschwitz-Birkenau, in dem ausschließlich romane Menschen aus ganz Europa gefangen waren, oder über ihren Aufstand am 16. Mai 1944.[151] Dieses abgetrennte Lager bestand von 1943 bis 1944. Die Sintezza Anna Mettbach erzählt von seiner Entstehung:

> »Das ›Zigeunerlager‹, so wurde es genannt, haben wir aufgebaut, wir wussten noch nicht, dass es einmal die Vernichtungsstätte für unser Volk sein wird, wir mussten Steine, Wurzeln [nicht hörbar] und die Gräben gezogen tief [nicht hörbar] und dann, als die Pfosten gesetzt worden sind, dann war unsere Arbeit beendet, da konnten wir erkennen, dass es noch ein Lager gibt, da dieses Familienlager, ›Zigeunerlager‹ war ein KZ im KZ, das war das Schlimmste überhaupt.«[152]

Es gibt viele Zeug*innenschaften über dieses ›Lager im Lager‹ und über den Aufstand vom 16. Mai 1944: Hugo Höllenreiner, Anna Mettbach, Otto Rosenberg und Walter Winter erzählen in ihren Werken davon. Der Aufstand und die Opfer der Vernichtung des Lagers am zweiten August 1944 werden jedes Jahr von romane Menschen und Organisationen erinnert und gewürdigt.

In Europa gab es nie die politisch-sozialen und zwischenmenschlichen Bedingungen, damit die Überlebenden des Pharrajmos öffentlich über die Auslöschung, die Traumata und das Überleben reden konnten. Reden im-

151 https://www.sintiundroma.org/de/auschwitz-birkenau/lagerabschnitt-b-ii-e-das-zigeunerlager/ (12.12.2018).

152 Video: https://www.mediathek-hessen.de/medienview_5137_Lothar-Schreyeck-OK-Gie%C3%9Fen-Wenn-die-Seele-weint.html (23.09.2016).

pliziert, eventuell nicht gehört und verstanden zu werden. Überlebende*r und öffentliche*r Zeug*in (in mündlicher, schriftlicher oder filmischer Form) zu sein, impliziert ein Lebensrisiko. Es kann eine Wiederholung des Traumas, der Schmerzen, des Verlusts und eine extreme Einsamkeit mit sich bringen. Damit das nicht passiert, müssen den Überlebenden außenstehende Menschen mit Empathie und dem richtigen Abstand gegenüberstehen. Und es wäre absurd, wenn diese Menschen, weil sie von Ermordungen, Traumatisierungen und Rassismen hören, selbst getröstet werden müssten.[153] Wenn eine post-genozidale Gesellschaft leugnend handelt, dem Sich-Stellen aus dem Weg geht und auf die Abwesenheit und Verleugnung der Überlebenden aufbaut, wie die deutsche es tut, werden die Wahrscheinlichkeit und das Risiko, die Schmerzen erneut zu erleben, zu einer Tatsache, vor der man sich schützen muss und vor der sich die Betroffenen auch schützen. Die falsche Positionierung der dominierenden Mitglieder postfaschistischer Gesellschaften ist ein Geschenk an das Täter*innensystem und erschafft eine bewusste oder unbewusste Solidarität mit diesem System. Faschismus ist seit einigen Jahren in Europa und auf der ganzen Welt wieder banal und legitim.[154] Die Konstruktion und Mythologie kolonialer oder nationalsozialistischer Täter*innen als starke, mysteriöse, kultivierte und intelligente Menschen mit einer raffinierten oder gar lehrenden Sprache, statt als *Loser*, bedingt die Zunahme faschistischen Denkens und Handelns, die ohnehin nie erloschen waren. Nazi-Täter*innen werden auf eine Weise konstruiert, die implizit fordert, dass man sie entziffert, um in ihr die eigene Bösartigkeit zu entdecken. Durch den Konsens der dominanten Gesellschaft wird für möglich und richtig gehalten, dass die Generationen nach 1945 von den Nazis lernen konnten. So waren z.B. die Autobiografien der Nazis Albert Speer (verantwortlich für die Rüstungsindustrie, die Zwangsarbeit und den Städtebau) und Rudolf Höß (er stand sowohl in Dachau als auch in Auschwitz-Birkenau an der Spitze der Machthierarchie und richtete über das Leben der Menschen) Bestseller.

Auf diese Weise wird eine Verlockung inszeniert. Das Hobby und die scheinbare Möglichkeit, den eigenen Anteil an Bösartigkeit durch die

153 Weiße haben verschiedene Abwehrstrategien, um der Konfrontation mit rassistischen Taten und der Verantwortung gegenüber Überlebenden zu entgehen und um alle Positionen und Verhältnisse umzudrehen, z.B. durch Pathetisierung.

154 Die Regierungen Italiens, Polens und Ungarns sind besonders rassistisch und faschistisch. Die gadjerassistischen Pogrome in der Ukraine im Sommer 2018 und in Sachsen im Herbst 2018 sagen viel über die aktuelle europäische Katastrophe aus.

Psyche der Täter*innen zu betrachten, sind ein kommerzielles Produkt des 21. Jahrhunderts, das nach Christentum und sentimentaler Schuld riecht. Bücher, Filme, Theaterstücke und Lehrmaterialien sind Komplizen des Täter*innendenkens und der gesellschaftlich etablierten Vorstellung, dass man Täter*innen verstehen wollen *sollte* und dass dieses Verstehen-Wollen universell sei. Ein Schlag ins Gesicht der Opfer der Genozide und Kolonialkriege.

Täter*innen-Konstruktionen sind politische, filmische und literarische Rezepte, die in rassistischen, heterosexistischen, ableistischen und nationalistischen Gesellschaften Profite erzeugen. Sie leugnen grundsätzlich Verantwortlichkeiten und instrumentalisieren Geschichte, das verkauft sich immer gut.

Das Überleben und die Traumatisierungen, die mit Unterdrückungsstrukturen zusammenhängen, sind politisch, da sie eng mit Geschichte, historischen Kontinuitäten oder Kriegen und Zerstörungspolitiken verknüpft sind. Dementsprechend ist die majorisierte Beziehung zu der begangenen extremen Gewalt und zu den Überlebenden durch Leugnung, Relativierung, Verdrehung oder Aneignung der überlebenden Erzählungen geprägt. Schriftstellerinnen wie Janine Altounian[155], Esther Mujawayo oder Rachel Ertel zeigen, dass jeder Genozid von Leugnungen begleitet wird. Der Revisionismus findet unter Mörder*innen statt, aber auch unter dominierenden Mitgliedern post-genozidaler Gesellschaften.

Die Shoah und der Pharrajmos werden heute (2020) in Westeuropa *offiziell* nicht mehr geleugnet. Doch es gibt unterschiedliche Formen von Revisionismus. Ich habe den Begriff ›relationaler Revisionismus‹ geformt, um eine bestimmte Form der Leugnung und Verleugnung zu beschreiben, nämlich die der menschlichen Beziehungen bei zwischenmenschlich begangener Gewalt und Zerstörung. Der relationale Revisionismus unterscheidet sich von der pseudo-wissenschaftlichen Leugnung der Shoah bei Faurisson, Rassinier[156] und Haverbeck und vom deutschen Staatsrevisionismus des Pharrajmos bis in die 1980er-Jahre. Er unterscheidet sich auch vom fortbestehenden deutschen Staatsrevisionismus des vom preußischen General

155 Janine Altounian hat mit ihrer eigenen Familiengeschichte des armenischen Genozids eine Theorie der intergenerationellen Traumata und des Überlebens entworfen.

156 Der Franzose Faurisson konnte seinen Revisionismus in den antisemitischen Kreisen Lyons, wo er Universitätsprofessor war, entwickeln. Faurisson und Rassinier leugneten die Shoah und verdrehten mit ihrer Argumentation die Realität. Sie bestritten z.B. die Existenz der Gaskammern.

Lothar von Trotha angeführten Genozids an den Nama und Herero im heutigen Namibien, dessen Folgen und Kontinuitäten bis heute andauern, oder vom französischen Kolonialrevisionismus hinsichtlich der kolonialen Kriege in Kamerun 1948–1971 oder des Genozids in Ruanda[157]. Ich verstehe unter ›relationalem Revisionismus‹ politische, familiäre und soziale Praktiken der Vermeidung des ›Zuhörens‹ und des ›Sich-Stellens‹ sowie der Leugnung der Verhältnisse innerhalb einer Geschichte. Anhand dieses Begriffs lässt sich beschreiben, wie Positionen und Beziehungen von Täter*innen, Herrschenden und gesellschaftlichen Trägern in und nach Genoziden negiert werden, auch dann noch, wenn die Fakten über die vernichtenden Ereignisse z.B. des Pharrajmos und der Shoah offiziell nicht mehr geleugnet werden. Relationaler Revisionismus findet in der Täter*innen-Opfer-Umkehr und in der Selbstviktimisierung dominierender Gruppen seinen Ausdruck. Er ist in relativierenden Shoah- und Genozid-Vergleichen, in der Pathologisierung und Bevormundung der Opfer und in Werken, die eine Faszination und einen Kitsch des Bösen inszenieren, enthalten.[158] Es handelt sich um einen alltäglichen Revisionismus, in dem das Erzählte und die Geschichte zwischen minorisierten und majorisierten Individuen und Gruppen verdrängt, abgespalten und negiert werden. Relationaler Revisionismus beruht auf dem Verschweigen zwischenmenschlicher Verhältnisse und Geschichten und auf deren Nicht-Analyse. Er speist sich aus der Universalisierung von Worten und Narrativen majorisierter Gruppen und aus der Abwesenheit ihrer Positionierung. Es wäre jedoch notwendig, dass Majorisierte sich positionieren, wenn sie über ihre Geschichte sprechen, denn diese hing und hängt zwangsläufig mit anderen (minorisierten) Geschichten zusammen. Im relationalen Revisionismus leugnen Menschen Unterdrückungssysteme, Massaker oder Genozide nicht unbedingt gänz-

157 Frankreich hatte eine politische, logistische, diplomatische und kommerzielle Rolle vor und während des Genozids an den Tutsi in Ruanda. Politische Persönlichkeiten fast aller Parteien negieren die Beteiligung Frankreichs und den massiven Waffenverkauf dieser Zeit. Der damalige sozialdemokratische Präsident F. Mitterand des rechts-konservativen Parlaments mit E. Balladur als Premierminister äußerte 1994 privat sogar folgenden Satz: »Wissen Sie, ein Genozid ist in diesen Ländern nicht so wichtig.« Siehe https://survie.org/publications/4-pages/article/la-france-complice-du-genocide-des-tutsi-au-rwanda (20.08.2020).

158 Zum Beispiel in den zahlreichen Romanen über die Täter Mengele, Himmler oder beliebige SSler, von denen viele auch mit Literaturpreisen ausgezeichnet wurden. Siehe *Das Verschwinden des Josef Mengele* von Olivier Guez, *HHhH* von Laurent Binet oder *Die Wohlgesinnten* von Jonathan Littell.

lich. Sie verdrehen die Realität nicht unbedingt vollständig. Das haben sie nicht nötig: Der relationale Revisionismus verbiegt die Wirklichkeit der Machtverhältnisse durch Spaltung, Auslassung, Normativitätsmechanismen, Verdeckung, *Silencing* und Delegitimierung und erzeugt so eine Unkenntnis, die weder zufällig noch unbedeutend ist.

Die Institutionalisierung des Erinnerns (weiße Veranstaltungen über Genozide und koloniale Unterdrückung, weiße akademische Theorien über Gedenken und Erinnern, Staatsdiskurse oder die Finanzierung der Erinnerungspolitik) ist Teil des relationalen Revisionismus. Sie tut nichts dafür, die Worte der Überlebenden wirklich zu berücksichtigen. Wie bereits erwähnt, erzählt die Sprache der Überlebenden sehr oft von Verhältnissen und menschlichen Beziehungen, ganz gleich ob diese zerbrechlich, zerbrochen, konfliktbeladen, verzweifelt oder wuterfüllt sind. Majorisiertes Denken hingegen verschweigt diese Beziehungen meist.

Im Eingangsbereich des Rathauses Tiergarten in Moabit im ehemaligen West-Berlin hängt eine große Gedenktafel (sie ist kaum zu übersehen), auf der geschrieben steht: »Zu Ehren der Opfer des Nationalsozialismus. Sie haben für uns gelitten, damit wir in Freiheit leben können«. Die Ermordungen werden zwar nicht direkt geleugnet, doch Verbindungen und Verhältnisse vor, während und nach den Genoziden und dem Nationalsozialismus werden negiert, verdreht und umgekehrt. Die explizit unpräzise und unkonkrete Formulierung ›Opfer des Nationalsozialismus‹ erzeugt eine Verwischung, denn in der deutschen ›Erinnerungskultur‹ sollen die weißen Deutschen nicht als Täter*innen, sondern als die eigentlichen Opfer des Nationalsozialismus erscheinen. Das implizite weiße deutsche ›Wir‹ des Satzes wird durch die Tricks des relationalen Revisionismus zum Opfer. Gleichzeitig rechtfertigt der Satz unausgesprochen die christliche Verwendung des Wortes ›Holocaust‹[159] für die Vernichtung von jüdischen und romane Menschen. Denn das Wort ›Holocaust‹ kommt (im Gegensatz zu den selbst gewählten Begriffen Shoah, Khurbn, Pharrajmos oder Samudaripen) aus dem Griechischen und bezeichnete in der Antike Brandopfer, also Opfergaben für die Götter. Durch lateinische Bibelübersetzungen gelangte der Begriff in den christlichen Wortschatz. Die Idee der Opferung als Rechtfertigung und Erklärung durchzieht das weiße oder majorisierte Denken und ist in die Wand dieses Berliner Rathauses eingraviert. Die Wahl des

159 Siehe Glossar.

Wortes ›gelitten‹ ist unangemessen und unwürdig, so wie der hergestellte Kausalzusammenhang zwischen ›sie – Leiden‹ und ›wir – Freiheit‹. Als wir entsetzt vor der Tafel standen, meinte ein Freund: »Das macht die BRD und die weißen Deutschen zu den Erb*innen der Ermordeten. Darüber hinaus trägt das Wort ›damit‹ hier die Bedeutung, dass das ›Leiden‹ den *Zweck* hatte, ›die Freiheit‹ der Nicht-Verfolgten zu sichern. Wenn man diesen schrecklichen Satz mit all seinen Implikationen und Konsequenzen liest, stellt man sich die Frage, ob Shoah und Pharrajmos etwa notwendige und zwangsläufige Voraussetzung für die Freiheit der BRD und der weißen Deutschen waren!«

Der Beamte war irritiert und mürrisch, als ich ihn fragte, seit wann diese ›Gedenktafel‹ existiert, und konnte mir keine Antwort geben. Die Beleidigung und Unverschämtheit scheint schon lange dort zu stehen und 2017 immer noch legitim zu sein, um Besucher*innen zu empfangen.

In ihrem Artikel »Keine Adresse in Deutschland? Adressierung als politische Strategie« verarbeitet Yasemin Yıldız den Ausschluss und Einschluss von POC-Geschichten, -Körpern und -Leben im deutschen Diskurs und in weißen Wahrnehmungen. Die Situationen, die sie beschreibt, können wir als relationalen Revisionismus bezeichnen. Sie sind weitere Beispiele für die falsche und unwürdige deutsche Erinnerungspolitik:

> »Als Reaktion auf die Anschläge in Rostock, Hoyerswerda, Mölln, Solingen und zahlreiche andere Ausbrüche der rassistischen Gewalt organisierte ein Hamburger Museum im Sommer 1993 einen Tag gegen ›Ausländerfeindlichkeit und Xenophobie‹. Es lud dazu mit einem Flugblatt ein, das mit den Worten abschloss: ›Eintritt frei! Bringen Sie auch Ihre ausländischen Freunde und Nachbarn mit!‹ Die Absurdität dieser Formulierung, die darin liegt, dass Nicht-Deutsche, obwohl direkt von der Gewalt betroffen, nicht direkt eingeladen werden, scheint für die durchaus wohlmeinenden Verfasserinnen und Verfasser der Einladung nicht offensichtlich zu sein.«[160]

Die überlebenden POC-Geschichten rassistischer Pogrome werden komplett negiert, selbst die Existenz von POC wird negiert.

160 Yıldız, Yasemin: Keine Adresse in Deutschland? Adressierung als politische Strategie. In: Cathy Gelbin/Kader Konuk/Peggy Piesche: AufBrüche kulturelle Produktionen von Migrantinnen, Schwarzen und jüdischen Frauen in Deutschland, Ulrike Helmer Verlag, 1999, S. 225-226.

Relationaler Revisionismus findet sich auch in der Instrumentalisierung jüdischer Menschen, die das gute Gewissen der Deutschen bedienen und erfüllen sollen. Yasemin Yıldız schreibt über die Erinnerungspolitik der Shoah und den manipulativen ›Philosemitismus‹[161] weißer Deutscher:

> »Bei einer Veranstaltung im Sommer 1996 in Hamburg über das Leben und die Schriften der jüdischen Autorin Glückel von Hameln hielt eine Vertreterin der Stadt einen kurzen Begrüßungsvortrag. Sie ging dabei auch auf den Nationalsozialismus und den Holocaust ein und erwähnte besonders das Schicksal der Hamburger Juden. Während ihres Vortrages wandte sie sich direkt an eine Anwesende im Publikum und hieß sie ausdrücklich willkommen. Es handelte sich dabei um eine Nachfahrin einer ehemaligen prominenten jüdischen Hamburger Familie. Die Rednerin hob hervor, dass sie sich freue, diese Vertreterin einer ehemaligen Hamburger Familie, von der so viele ermordet wurden, zu dieser erfreulichen Gelegenheit wieder in der Stadt begrüßen zu können. So wurde diese jüdische Frau explizit adressiert. [...] was die Adressierung zur Folge hatte, war in erster Linie, dass diese Frau auf bestimmte Weise angesprochen wurde: nämlich als Angehörige von Ermordeten. Nicht nur sie als Lebende wurde nicht adressiert, sondern die Adressierung wies ihr die Position als Stellvertreterin der ermordeten Familienangehörigen zu und fixierte sie an diesen Platz. Die Adressierung schloss sie nicht aus, sondern produzierte eine determinierende, fixierende Form des Einschlusses.«[162]

Philosemitismus ist alles andere als solidarisch. Er besteht aus Eigennutz, Aneignung, Grenzüberschreitung, Fetischisierung und Schuldabwehr. Er ist die andere Seite des Antisemitismus. Dem Begriff ›Philoromaismus‹ bevorzuge ich den Begriff Romanifetischisierung.[163] Diese funktioniert ähnlich, wie der Philosemitismus. Ein bedeutendes Beispiel für Romanifetischisierung ist die *Gypsy Lore Society.*[164] Gegründet wurde sie 1888

---

161 Siehe Glossar.

162 ebda, S. 231.

163 Siehe Glossar.

164 Siehe Anna Mirga-Kruszelnickas Artikel: »Challenging Anti-gypsyism in Academia: The Role of Romani Scholars« in der Zeitschrift *Critical Romani Studies,* Number 2, 2018 : »To Ken Lee, writing at the turn of the century, ›Gypsylorism‹ is a form of Orientalism, wherein »the hegemony of Gypsylorism, that extended period of discursive domination and subject-constitution of ›The Gypsies‹ that began with establishment of the Gypsy Lore Society (GLS) and JGLS in 1888, has not been subjected to the same level of critical scrutiny and deconstructive exposure as Orientalism« (Lee, 2000: 147). Secondly, it is important to recognize that the

in Britannien von reichen weißen Männern. Als internationale wissenschaftliche Privatinstitution hat sie Informationen und Werke (z.B. Musik oder Literatur) von romane Menschen gesammelt. Außerdem haben ihre Mitglieder Rom*nja weltweit abfotografiert. So hat die **** *Lore Society* einen gadje-rassistischen akademischen Diskurs produziert und geprägt. Ihre Mitglieder haben die Romanipe, romane Sprachen, Körper und Geschichten ethnologisiert und *objektifizierend archiviert.* Sie haben auch etliche Lügen über Rom*nja und über die Romanipe verbreitet, insbesondere durch eine Verwissenschaftlichung des romani Lebens, der jegliche ethische Epistemologie fehlten. Heutzutage bleibt die **** *Lore Society* rassistisch, raubt Wissen und nimmt uns ein Sprechen über uns selbst. Dennoch ist sie eine angesehene Institution und ihre aktuelle Zeitschrift *Romani Studies* sowie die Werke ihrer Mitglieder werden häufig zitiert.

Gadje halten sich oft für antirassistisch und solidarisch, wenn sie romani Musik ›genießen‹. In der Regel nennen sie diese nicht so, sondern benutzen stattdessen ein gadje-rassistisches Schimpfwort. Die Pseudo-Legitimierung von romane Themen in von Gadje dominierten Veranstaltungen und in von Gadje gegründeten Archiven oder Forschungsprojekten, sowie die gadji Begeisterung für romani Kunst sind die Illusion eines Gadje-Antirassismus, der nichts weiter als Romanifetischisierung ist.

Eine bittere Kluft trennt die in Deutschland und weltweit vorherrschenden offiziellen und akademischen Diskurse über die angeblich erfolgreiche und vorbildliche deutsche ›Aufarbeitung‹, ›Vergangenheitsbewältigung‹ und ›Erinnerungskultur‹ von der Sprache der Überlebenden, die die Gedenkpolitik zumeist kritisieren, dekonstruieren oder um sie kämpfen. Der

world of academia is inherently hierarchical and imposes scientific knowledge as authoritative and superior to other ways and spaces of knowledge-production. In this sense, as argued by Ken Lee for example, »the members of the GLS and JGLS claimed a privileged epistemological position, asserting that they were the only internationally recognised source of scholarly information about ›The Gypsies‹ (Lee, 2000: 133); arguably this trend is evident at the present time too. In the context of Romani Studies, knowledge produced outside of academic circles has often been depreciated or de-legitimized as ›biased‹, not evidence-based or labelled as ›NGO science‹ (Marushiakova and Popov, 2011; Matache, 2016a). The deep fissure between notions of scientism, that is, of ›objective‹ and ›neutral‹ scholarship, and critical research is evident (Ryder, 2015; Bogdán et al., 2015; Ryder, 2017).« https://orcid.org/0000-0003-3004-7929 (15.09.2020).

deutsche Wortschatz zur Geschichte der ›Nation‹ besteht lediglich aus Floskeln, die kaum hinterfragt werden.

Imre Kertesz' Buch *Ich – ein anderer* und Ruth Klügers *weiter leben* verarbeiten die deutschen und europäischen Gedenkpolitiken und den Revisionismus der Shoah literarisch. Sie sprechen von Beziehungen und von Verhältnissen zwischen Täter*innen(-Kindern) und Überlebenden und zeigen, was diese ›Erinnerungskultur‹ und Gedenkpolitik konkret und zwischenmenschlich bedeuten und wie sie funktionieren. Die Ironie und Wut, die in diesen beiden Texten zum Vorschein kommen, zeugen von der Diskrepanz zwischen majorisierten und überlebenden Positionen.

Auch romane Zeug*innenschaften sprechen von den Kontinuitäten, die nach dem Genozid in Europa allgegenwärtig waren und ihre Leben weiterhin zerstörten. Wie kann Deutschland als Vorbild gelten, wenn der Pharrajmos 40 Jahre lang geleugnet wurde und außerdem die nazistischen Ermordungen, die ableistisch und eugenistisch gerechtfertigt wurden, bis heute ignoriert werden? Nur die Spaltung bestimmter minorisierter Geschichten und Leben erlaubt das Eigenlob, die Selbstentschuldung und die Unschuldsinszenierung des Westens im Diskurs über die deutsche Gedenkpolitik. Hinsichtlich der drei üblichen westlichen Säulen der ›Vergangenheitspolitik‹ in Bezug auf den Pharrajmos und die Shoah – die Strafverfolgung der Täter*innen, das Gedenken und die Geschichtsschreibung – haben die Nazis und ihre Ideologie 1945 zwar den Krieg verloren, doch sie konnten und können auch weiterhin bequem fortbestehen.[165]

Außerdem werden die Jahrzehnte der Leugnung verdrängt: Die aktuelle Erinnerungspolitik springt von 1945 quasi direkt in die 2000er-Jahre und tut so, als ob die Shoah und der Pharrajmos nicht jahrzehntelang ignoriert, verschwiegen oder geleugnet worden wären. Zum Beispiel ist es immer noch selten, dass Wehrmachtssoldaten als Mörder gesehen werden. Erst seit Kurzem wird ihre Rolle in den Genoziden seitens des Staates nicht mehr geleugnet, aber sehr wohl noch in deutschen Familien verdrängt. In

165 Es ist erschreckend, wie viele Deutsche gegen eine Entschädigungspolitik sind. 2003 waren 55 % der Befragten gegen die Entschädigung jüdischer Überlebender (56,4 % im ehemaligen West- und 47,5 % im ehemaligen Ostdeutschland). 56 % der Befragten behaupteten in einer Umfrage der *US-Anti-Defamation League*, »dass die Juden zu viel über das reden, was ihnen in der Shoah widerfahren ist«. Siehe: Teiltelbaum, Raul: Die biologische Lösung, zu Klampen Verlag, 2008, S. 39. Über das bequeme Fortleben der Nazis in der BRD gibt es Ernst Klees Buch: Das Kulturlexikon zum Dritten Reich. Wer war was vor und nach 1945. S. Fischer Verlag, 2009.

diesem Zusammenhang ist auch Marcel Ophüls Film *Hotel Terminus* von 1988 kaum auszuhalten, der u.a. den antisemitischen Alltag und das westdeutsche Wegschauen und ›Sich-Nicht-Stellen-Wollen‹ der 1970er- und 1980er-Jahren zeigt. Anhand der Geschichte der westlichen Inschutznahme von Gestapo-Chef Klaus Barbie in den 80er-Jahren in Lyon zeigt Ophüls den alltäglichen Revisionismus der Westdeutschen, der Medien und der Justiz als Maskerade und permanenten Fasching.

Die aktuelle Gedenkpolitik sollte diese Zeit, als die Überlebenden am Leben oder sogar noch jung waren und wie Dreck behandelt wurden, mitdenken. Denn die Jahrzehnte vor dem heuchlerischen und inszenierten Triumph der ›Erinnerungskultur‹ waren auch die Zeit, in der viele Überlebende um ihre Existenz kämpften. Ceija Stojka sagt über diese Jahre:

> »Ich finde, dass man den österreichischen Roma, die zurückgekommen sind, und allen KZlern, eine Möglichkeit hätte geben können, eine Wohnung zu bekommen. [...] Sie haben Jahre im KZ verbracht, plötzlich sind sie in der Freiheit, wie sollen sie wieder Fuß fassen? Man hätte sagen können, hörst, die KZlern sind mit nichts heimgekommen, wir müssen schauen, dass sie nicht wie der letzte Abschaum behandelt werden. Aber man wollte, dass wir der Abschaum der Menschen sind. Hätten sie das nicht gewollt, dann hätten sie es anders gemacht. Deswegen regt es mich immer wieder auf, wenn ich hör, dass irgendein alter Nazi wo herausgekommen ist und in Österreich aufgenommen und verherrlicht wird.«[166]

Viele romane Menschen erzählen in ihren Zeug*innenschaften, dass sie die Täter*innen nicht vor Gericht bringen konnten, sprich, dass diese nicht verurteilt wurden, unbehelligt weiterlebten und romane Menschen weiterverfolgten.[167] Nach wie vor schützte die Justiz die Täter*innen. Es ist auffallend, dass in allen Zeug*innenschaftsbüchern, die ich gelesen habe, die romane Überlebenden die Täter*innen beim Namen nennen, vielleicht auch deshalb, weil sie sonst unbekannt, verschont und geschützt geblieben

166 Stojka, Ceija: Wir leben im Verborgenen. Picus, 2013, S. 194.

167 »Beim Bayerischen Landeskriminalamt wurde 1945 Josef Eichberger als Leiter einer ›****-Abteilung‹ eingesetzt. Er war vorher beim Reichssicherheitshauptamt für die Transporte in die Konzentrationslager zuständig gewesen. Von dort übernahm er auch Akten und Personal: Hans Eller, Georg Geyer, August Wutz und Rudolf Uschold. Die Mordgehilfen setzten ihre Karrieren fort.« In: Krausnick, Michail/ Strauß, Daniel: Von Antiziganismus bis Zigeunermärchen. Informationen zu Sinti und Roma in Deutschland. Books on demand, 2008, S.83.

wären.[168] In einem kurzen Video erzählt die Bürgerrechtlerin Hildegard Lagrenne, wie sie in den 1950er-Jahren in den Sozialbehörden Duisburgs den Kriminalbeamten, der sie und ihre Familie nach Polen deportierte, wiedersah und ohrfeigte, nachdem er sie unfassbarerweise gebeten hatte, ihm keine Schwierigkeiten zu machen.[169] Der Sinto Jakob Müller erzählt über diese Jahre, in denen die Täter*innen noch lebten und hätten bestraft werden können:

> »In der Dieselstraße [dort war in Frankfurt am Main ab 1937 ein Internierungslager für romane Menschen[170]] hatten wir ja wegen den Luftangriffen Unterstände ausgehoben – und das sollte in der Kruppstraße auch gemacht werden. Dann wurde aber etwas anderes gemacht. Da wurde ein Schacht ausgehoben [...] das war hundertprozentig für die Sinti, die noch in dem Lager in der Kruppstraße geblieben sind, nach dem Kriegsende geplant. Das wurde ausgeschachtet und nie wieder abgedeckt. Es sah aus wie ein typisches Massengrab. Als ich das auf dem Prozeß gegen Himmelheber in Frankfurt mehrmals zur Sprache brachte, hat der Mann darauf keine Antwort gegeben. *Das war 1947 und da hat sich auch sonst keiner darauf eingelassen.* So wurde nur angeklagt wegen Freiheitsentzug und weil wir unter menschenunwürdigen Bedingungen auf engstem Raum zusammengepfercht waren. Und weil wir Kinder zur Arbeit in seinem Privatgarten und Gelände eingesetzt worden waren. Wir mußten auf die Schafswiesen gehen und Schafsmist sammeln. An und für sich war das ja eine Erleichterung, man konnte mal raus, man war mal frei. Bis heute weiß ich nicht, ob der Mann wirklich bestraft wurde, ich hab nur die Urteilsverkündung abgewartet, und die belief sich auf drei Jahre Zwangsarbeit oder so. Aber keine Haftstrafe. Auch der Keitel und der Zinsel und die Kriminalassessoren Mohr und Gaul sind nie bestraft worden. *Aber der ganze Riederwald hat gewußt, dass da ein Lager war.* Wenn man vom Riederwald nach Enkheim runtergeht, da liegt auf der rechten

---

168 Zum Beispiel in folgenden bereits genannten Büchern: *weggekommen. Berichte und Zeugnisse von Sinti, die die NS-Verfolgung überlebt haben; Du kriegst einen schönen Wohnwagen. Zwangslager für Sinti und Roma während des NS Frankfurt am Main* und *Flucht ⊠ Internierung ⊠ Deportation ⊠ Vernichtung: Hessische Sinti und Roma berichten über ihre Verfolgung während des Nationalsozialismus.*

169 https://www.youtube.com/watch?v=vBA04uNJHKg (02.12.2018).

170 Zu den Lagern in der Dieselstraße http://gedenkorte.sintiundroma.de/index.php?ortID=21 und in der Kruppstraße http://gedenkorte.sintiundroma.de/index.php?ortID=19 (02.12.2018).

Seite so ein kleines Wäldchen und auf der linken Seite war dann das Lager in so einer Senke eingebettet.«[171]

Diese Gewalt nach 1945, diese Revisionismen, Kontinuitäten und Geschichten des Überlebens sollten Teil der Erinnerung und des Nachdenkens über den Nationalsozialismus und das Überleben sein.

Romani Rose, Vorsitzender des *Zentralrats Deutscher Sinti und Roma*, hat die Zeit nach dem Genozid als ›zweite Verfolgung‹ bezeichnet. Die Zeitlichkeit des Traumas ist individuell und persönlich, mensch ist ein ganzes Leben lang Überlebende*r. Es ist nie zu Ende. Romane Menschen wurden nach 1945 in ganz Europa ständig und überall mit der Leugnung des Pharrajmos und mit extremen Diskriminierungen konfrontiert, was Retraumatisierungen und eine gewaltvolle Einsamkeit bedeutete. Viele von ihnen kehrten in die Länder zurück, in denen sie vor der Deportation gelebt hatten, um dort zu bleiben. In Deutschland wurden sie mit Gewalt, Verleugnung und Rassismus empfangen.

> »Der Bundesgerichtshof (BGH) verneinte in seinem Grundsatzurteil vom 7. Januar 1956 eine ›rassische‹ Verfolgung der ›Zigeuner‹ vor Himmlers Auschwitz-Erlass vom 16. Dezember 1942. In der Urteilsbegründung benutzten die Richter rassistische Stereotype, die der NS-Propaganda kaum nachstanden. Diese Rechtsprechung prägte nicht nur die Entschädigungspraxis für die Überlebenden der Sinti und Roma und schloss viele von Wiedergutmachungsleistungen aus, sondern stützte auch die Rechtfertigungsstrategien der vormaligen Täter aus dem SS- und Polizeiapparat. Erst sieben Jahre später wurde das Urteil revidiert.«[172]

Die ›zweite Verfolgung‹ ist der omnipräsente Rassismus nach dem Pharrajmos und die Weigerungspolitik, den Genozid anzuerkennen. Sie bezeichnet auch die den Pharrajmos leugnende Ablehnung der Entschädigungszahlungen[173] an überlebende Sinti*zze und Rom*nja. Romani Rose schrieb 1987:

171 Hase-Mihalik E./Kreuzkamp D.: Du kriegst einen schönen Wohnwagen. Zwangslager für Sinti und Roma während des NS Frankfurt am Main. Brandes u Apsel, 1990, S. 26-27.

172 https://www.sintiundroma.org/de/ausgrenzung-nach-1945/verweigerte-entschaedigung/bgh-urteil-1956/ (12.12.2018).

173 Mittlerweile gibt es einige Bücher über die deutsche ›Wiedergutmachungs- und Entschädigungspolitik‹. Viele davon verteidigen diese Politik, sind bürokratisch und geben das Wort nicht an Überlebende. Im Gegensatz dazu steht Raul Teitelbaums Buch *Die biologische Lösung*. Er lebte im heutigen Kosovo, bevor er nach Bergen-Belsen deportiert wurde, und überlebte die Shoah. Seine Familie kämpfte bei den Partisanen, bevor sie deportiert wurde.

»Sobald die Alliierten ihr Interesse am Schicksal der Sinti und Roma um 1950 völlig verloren hatten, gaben die den Landesbehörden für die Wiedergutmachung vorgesetzten Ministerien – meist die Finanzminister, teilweise die Justiz- oder Innenminister – Anweisungen heraus, Sinti und Roma in der Entschädigungspraxis beim Bundesentschädigungsgesetz möglichst vollständig auszuschließen. Gleiches ordneten die Justizminister gegenüber den Verwaltungsgerichten an. Derartige ministerielle Anweisungen an die Wiedergutmachungsbehörden entstanden bald nach 1945 auf Betreiben derjenigen Polizeibeamten, die bis 1945 in Himmlers Reichssicherheitshauptamt für das Vernichtungsprogramm der Sinti und Roma verantwortlich waren: Rudolf Uschold, Leo Karsten, Johannes Otto, Heinrich Böhlhoff, Hans Eller, Georg Geyer[174] usw. Sie alle traten wie Eva Justin, die in ihrer Doktorarbeit 1944 ganz offen den Völkermord per Zwangssterilisation verlangte, bis in die sechziger Jahre in Wiedergutmachungsverfahren von Sinti und Roma als ›Gutachter‹ auf und rechtfertigten Hitlers und Himmlers Rassenpolitik als ›Kriminalitäts- und Asozialenbekämpfung‹.«[175]

Die Behörden verhinderten nicht nur die Entschädigungen, sondern benutzten Anträge von romane Menschen sogar, um diese zu verfolgen, zu erniedrigen und zu misshandeln. Die Wiedergutmachungsanträge wurden als ›Erfassungsmethode‹ verwendet, wenn die Naziakten über romane Menschen nicht bereits übernommen worden waren:

»Die nach 1945 neu eingerichteten Landeskriminalämter in München, Stuttgart, Wiesbaden, Düsseldorf, Hannover, Bremen und Hamburg hatten für den Auf- und Ausbau ihrer ›Landfahrerstellen‹ die nationalsozialistischen ›Rassenakten‹ und Deportationsunterlagen aus Himmlers NS-›Zigeunerleitstellen‹ in München, Stuttgart, Frankfurt, Köln, Düsseldorf, Hannover, Bremen und Hamburg direkt übernommen und untereinander ausgetauscht.«[176]

In seinem Buch *Bürgerrechte für Sinti und Roma* veröffentlichte Romani Rose Zeug*innenschaften über die ›zweite Verfolgung‹. Rosa Mettbach erzählt darin von ihrem Kampf gleich nach dem Krieg:

174 Es war mir teilweise unmöglich oder sehr schwierig Informationen über diese Mörder zu erhalten.

175 Rose, Romani: Bürgerrechte für Sinti und Roma. Heidelberg, Zentralrat Deutscher Sinti und Roma, 1987, S. 47.

176 Rose, Romani: Bürgerrechte für Sinti und Roma. Heidelberg, Zentralrat Deutscher Sinti und Roma, 1987, S. 38-39.

»1947 stellte ich in München Anträge auf Wiedergutmachung. Dazu schrieb Rudolph Uschold von der ›Zigeunerpolizeistelle‹ im Juli 1947 an die Wiedergutmachungsbehörde, ich sei ›wegen Wahrsagerei‹ nach Auschwitz deportiert worden. Genau sieben Jahre später, im Juli 1954, schrieb die Abteilung des Bayerischen Landeskriminalamt, die sich jetzt Landfahrerzentrale nannte, an das Bayerische Landesentschädigungsamt: ›Eine rassische Verfolgung der Mettbach kann keinesfalls bejaht werden. Sie ist vielmehr als asoziale, wenn nicht gar kriminelle Zigeunerin zu bezeichnen. Ihre Einweisung in ein KZ-Lager wurde ihr wegen ihrer Wahrsagereien und Gauklereien wiederholt angedroht. Sie hätte es zum damaligen Zeitpunkt auch in der Hand gehabt, durch entsprechendes Verhalten eine Einweisung zu vermeiden. (Geyer) Krim. Insp.‹ Als mein Rechtsanwalt gegen die Ablehnung bei Gericht klagte, erschienen dort die vom Bayerischen Landesentschädigungsamt und vom Gericht bestellten Gutachter August Wutz, der mich nach Auschwitz gebracht hatte, und der Kriminalinspektor Geyer. Das Gericht lehnte meine Wiedergutmachung für Schaden an Körper und Gesundheit im beruflichen und wirtschaftlichen Fortkommen und sogar Haftentschädigung und Soforthilfe ab.«[177]

In solchen Verfahren war jedes Wort Nazismus, Lüge, Betrug, Täter*innenselbstschutz und eine unglaubliche Unmenschlichkeit. Sämtliche Instanzen und Berufsgruppen auf kommunaler und bundesweiter Ebene waren in die Aberkennung und Leugnung des Überlebens von romane Menschen und in die Verhinderung der Entschädigungen involviert: Justiz, Polizei, Sozialämter, Entschädigungsämter, Gutachter*innen, Psychiater*innen, Ärzt*innen...

Die romani Bewegung in der BRD organisierte ab den 1970er-Jahren Demonstrationen, Veranstaltungen und Aktionen, die die systematische Kriminalisierung von romane Menschen, den Betrug der Wiedergutmachung und die Leugnung des Genozids öffentlicher machten. In den 1980er-Jahre war die Gewalt weiterhin so allumfassend, dass romane Menschen die bürokratischen Beweise des Pharrajmos selber suchen und finden mussten: Der Tatbestand des Genozids an ihren eigenen Communitys stand in nationalsozialistischen Akten festgeschrieben, welche die Universitäten, Archive und andere westdeutsche Institutionen verborgen hielten. Die Bürgerrechtlerin Ilona Lagrene erinnert sich an diesen Kampf:

177 Rose, Romani: Bürgerrechte für Sinti und Roma. Heidelberg, Zentralrat Deutscher Sinti und Roma, 1987, S. 68-69.

»Und dann haben wir gedacht: Auf dem Weg muss es gehen. Und ein Teil [war] mit diesen Rassegutachten, die ja in Tübingen wie lange gelagert waren, bei der Sophie Ehrhardt. Und der Doktor Arndt [Name unklar], der war Arzt noch im Gesundheitsamt in Landau! Und hat da auch Sinti betreut [sie setzt mit ihren Händen Anführungszeichen], ja! Muss man sich vorstellen! Und diese Akte ging immer hin und her. Und dann war jemand, der das dann wusste, und hat dann das auch mitgeteilt. [...] [D]as war auch 1980, dann gingen auch die Sinti damals da hin, da war auch mein Mann mit dabei, in diese Uni. Es war auch nicht so einfach da reinzukommen und zu wissen, wo sind die. Es hat sich dann so abgespielt, dass eigentlich einer von den Nicht-Sinti hingegangen ist und hat gesagt, er hätte einen Termin mit der Frau Professor Ehrhardt, in den Räumlichkeiten und wo die denn seien, und dann hat man ihn dann da hingeschickt und dann wussten wir, wo die Akten sind. Und dann sind die natürlich da hin und haben sich hingesetzt und sind auch nicht mehr weggegangen. Dann, ja, dann kam die Polizei und alles mögliche, was sie dann da machen wollten, damit die die loswerden, aber nur ein Schritt und die Akten wären doch weggewesen! Also sind sie dageblieben. Und so haben sie dann diese Lastwagen dann angefordert, diese kleinen. Und dann hat man, haben die Männer selber, unsere, da war auch mein Mann dabei, eben diese Unterlagen und diese Rassengutachten, waren ja Fotos und die [Finger]Abdrücke und vieles dabei, eben dann in diese Lastwagen eingeladen, und die wurden dann damals ins Generalbundesarchiv nach Koblenz [...] gebracht. Und dann hat man bestens einen Teil. Und das war das auch so, das war dann wieder so ein Stückchen belegt. Es hat ja immer geheißen ›Nicht aus rassischen Gründen‹. Ne? Das war ja immer das, was sie vorgegeben haben, dass es nicht aus rassischen Gründen gewesen sei, der Völkermord.«[178]

Ebenfalls in Erinnerung geblieben sind eine große Gedenkkundgebung zum Pharrajmos 1979 mit romane und jüdischen Menschen in Bergen-Belsen und der Hungerstreik von romanę Menschen 1980 in Dachau.[179] Diese Kämpfe veranlassten die BRD-Regierung 1981 einen neuen Fonds für die ›Wiedergutmachung‹ einzurichten, den sogenannten ›Härtefonds‹, der 100 Millionen D-Mark für Verfolgte des Nationalsozialismus bereitstellte. Luise Reinhardt, die den Pharrajmos überlebte, sagte jedoch diesbezüglich:

178 https://www.sinti-roma.com/medien/videos/buergerrechtsbewegung/ (21.04.2020). Danke an Selma Berg für die Transkription.

179 Siehe den Katalog zur Ausstellung: 45 Jahre Bürgerrechtsarbeit deutscher Sinti und Roma, Zentralrat Deutscher Sinti und Roma, 2017.

»Seit 1984 liegt beim Bundesminister der Finanzen mein Antrag auf eine monatliche Entschädigungszahlung von 500 Mark aus dem Dispositionsfonds der ›Härteregelung für Verfolgte nicht-jüdischer Abstammung‹. Da ich während der Nazi-Zeit und auch danach nicht lesen und schreiben lernen konnte, die Möglichkeiten des Bundesentschädigungsgesetzes und die Fristen in den fünfziger und sechziger Jahren nicht kannte, konnte ich früher keinen Antrag auf Wiedergutmachung stellen. Nach über zweijähriger Bearbeitungszeit teilte mir im Juni 1986 der Bundesfinanzminister mit, meine langjährige Inhaftierung in französischen Konzentrationslagern, der Tod meines Kindes und vieler Familienangehöriger sei ›kein besonders schweres Verfolgungsschicksal‹.«[180]

Als Missbrauch innerhalb der ›Wiedergutmachungspolitik‹ ist auch die Korruption aller Ämter zu nennen: Wenn das Sozialamt Menschen ihren Unterhalt auszahlte, behielt es die ›Wiedergutmachungsgelder‹ ein, wie die Sintezza Anna Steinbach in ihrem Buch *Du kriegst auch einen schönen Wohnwagen* schildert.[181] Ebenso erzählt Ceija Stojka in ihrem Buch *Wir leben im Verborgenen*, dass romane Menschen keine ›Wiedergutmachungsgelder‹ bekamen oder sie ihnen entzogen wurden, wenn sie vorbestraft waren oder einer Tat beschuldigt wurden.[182]

Die meisten Überlebenden des Pharrajmos erlebten die Eröffnung des *Denkmals für die im Nationalsozialismus ermordeten Sinti und Roma Europas* 2012 und die staatliche Kenntnisnahme des Genozids nicht mehr. Die zweite, dritte und vierte Generation nach dem Genozid haben den Kampf gegen die Leugnung, die weiße Ignoranz und die Ungerechtigkeit fortgeführt. Seit der Eröffnung des Denkmals gibt es zunehmend eine staatliche und kulturelle deutsche Gedenkpolitik über den Pharrajmos: Konferenzen, Veranstaltungen, Bildungsarbeit und Publikationen über deutsche kommunale Konzentrationslager und deutsch-regionale Aspekte des Pharrajmos. Weiße deutsche Akademiker*innen publizieren vermehrt über ›Antiziganismus‹ und über den Pharrajmos. Das Thema ›Sintiundroma‹ ist legitimer als zuvor.[183] Der Sammelbegriff ›Sintiundroma‹

180 Rose, Romani: Bürgerrechte für Sinti und Roma. Heidelberg, Zentralrat Deutscher Sinti und Roma, 1987, S. 75.

181 Hase-Mihalik E./Kreuzkamp D.: Du kriegst einen schönen Wohnwagen. Zwangslager für Sinti und Roma während des NS Frankfurt am Main. Brandes u Apsel, 1990, S. 18-19.

182 Stojka, Ceija: Wir leben im Verborgenen. Picus, 2013, S. 193.

183 Die zwischen den 1980er- und dem Ende der 1990er-Jahre veröffentlichten Arbeiten W. Wippermanns, R. Gilsenbachs und M. Zimmermanns gehörten noch nicht

wird übrigens oft in einem Atemzug genannt, ohne dass der Sinn der zwei Bezeichnungen bewusst ist oder hinterfragt wird. Romane Menschen werden auf diese Weise nicht als Individuen, sowie wahrgenommen und die historischen Gemeinsamkeiten und Unterschiede zwischen Sinti*zze und Rom*nja werden dadurch ausgeblendet und unsichtbar gemacht. Außerdem werden viele weitere romane Communitys neben Sinti*zze und Rom*nja ausgelassen, z.B. die Kalé, Lovara, Kalderara, Kaale, Korakhanè, Gurbeti, Manouches, Arliye und Xaladikta Roma.

Wie gesagt gibt es im deutschsprachigen akademischen und sozial-politischen Raum aktuell einen romanifetischisierenden Diskurs, der weißen Menschen einen florierenden Markt bietet. Finanzierungen gehen fast nie an romane Selbstorganisationen, stattdessen fließen die Gelder an weiße Organisationen und Einzelpersonen. Die Ergebnisse sind entsprechend von Rassismus durchzogen. Gleichzeitig gibt es romane Projekte über den Pharrajmos, das Gedenken oder die Romanipe-Geschichte, wie das Netzwerk *TernYpe*, das *RomaniPhen Archiv,* der *Romnja* Power Month* und das *Rroma Informations Centrum* in Berlin oder die *Fête de l'insurrection gitane* im französischen St. Denis. Sie sind teilweise transnational und werden auch immer bekannter.

In Frankreich sind die staatliche Gedenkpolitik und die Finanzierungen mittlerweile noch revisionistischer als in Deutschland. Publikationen über die Geschichte des Genozids und über den Gadje-Rassismus sind dort noch viel seltener anzutreffen und die wenigen, die es gibt, sind veraltet und von Gadje verfasst. Es gibt in Frankreich kaum Wissen über romani Geschichte, über die Jahre von 1933 bis 1945 aus romani Sicht oder über die Internierungslager im von Deutschland besetzten Frankreich sowie im Frankreich der kollaborierenden Vichy-Regierung (das absurderweise *zone libre,* also Freie Zone, hieß). 2016 hielt der damalige sozialdemokratische Präsident François Hollande eine Rede im ehemaligen Internierungslager Montreuil-Bellay, die brutal, unwürdig und unwissend war. Montreuil-Bellay war das größte Konzentrationslager für romane Menschen in Frankreich von 1941 bis 1946. Romane Menschen waren hier also auch noch fast zwei Jahre nach Ende der deutschen Besatzung inhaftiert! Hollandes Rede und die Gedenkveranstaltung wurden von den französischen Medien kurz erwähnt, jedoch ohne jegliche Recherchearbeit über die Verfolgungen und ohne

---

zur Mode des »Alle müssen jetzt über ›SintiundRoma‹ schreiben«, waren aber auch sehr weiße Recherchen. Vgl. Randjelović, Isidora.

Rücksicht auf Zeug*innenschaften. In dieser Rede sprach der Präsident zum ersten Mal von der französischen Verantwortung für die Verfolgungen. Er erkannte den Genozid an den europäischen romane Menschen an, reproduzierte jedoch gleichzeitig die rassistischen Kategorien der Vichy-Regierung und den Wortschatz der damaligen und heutigen Täter*innen (romane Menschen wurden in Frankreich als ›*nomades*‹ bezeichnet und mit diesem Wort rassifiziert).

Raymond Gurême ist ein französischer Manouche und Überlebender der faschistischen Verfolgungen in Frankreich und Deutschland zwischen 1939 und 1945. Ab 1940 war er in den Lagern Darnétal (im Departement Seine-Maritime) und Linas-Montlhéry (im Departement Essonne) in Frankreich interniert. Nach seiner Flucht aus dem Lager Linas-Montlhéry kam er in Frankreich ins Gefängnis und wurde dann als Zwangsarbeiter nach Frankfurt am Main deportiert, wo er unter anderem im Lager Heddernheim interniert war. Nach seiner Flucht aus Frankfurt und seiner Rückkehr nach Frankreich leistete er selbstorganisierten Widerstand, von 1944 bis 1945 auch mit den *FFI.*[184] Er verwirklicht das Gedenken, die Trauerarbeit und die Würdigung des Überlebens und der romani Geschichte ohne den Staat und außerhalb der Institutionalisierung. Sein Buch *Interdit aux nomades*[185] (Zutritt für ›Nomaden‹ verboten) aus dem Jahre 2011 beginnt wie folgt:

> »70 Jahre nach meiner Internierung im Lager Linas-Montlhéry begleiteten mich ungefähr 200 Menschen vom Bahnhof Brétigny-sur-Oise zum düsteren Hügel der Rennbahn, wo das Lager für ›nomades‹ stand. Viele meiner Nachfahren, groß und klein, waren um mich herum versammelt und meine Frau, die an ihren Sessel gefesselt war, hatte darauf bestanden, dass wir ein Foto von ihr mitnehmen. Das war ihre Weise, mich zu begleiten. […] Eine meiner Enkelinnen, strohblond, hatte mir zu Ehren ihr schönstes Gitana-Kleid angezogen und hielt mir schüchtern die Hand. Andere Enkelkinder entdeckten hier zum ersten Mal meine Geschichte und stellten mir auf dem Weg mit ernsten Mienen nach und nach Fragen. Meine Kinder blieben still. Wir liefen ohne Gewehrkolben- oder

184 FFI steht für *Forces Françaises de l'Intérieur*, eine große pluralistische Widerstandsgruppe.

185 Der Buchtitel bezieht sich auf ein Schild, das Raymond Gurême 2008 in Petite Couronne auf einem Feld sah, wo seine Familie 1940 gewohnt hatte. Von diesem Ort aus wurde seine Familie 1940 zum Internierungslager Darnétal deportiert.

Knüppelschläge. Die Männer der Lafleur-Familie bildeten heiter den Sicherheitskordon um unseren Umzug, da die Polizei dies nicht für uns tun wollte.«[186]

Ein paar Sätze weiter schreibt er von einem ›Erinnerungsmarsch‹: Dieser scheint das selbstständige Gedenken zur Zeug*innenschaft werden zu lassen, zu etwas Lebendigem trotz des Todes, wie eine Würdigung der Toten, der Lebenden und der vermittelten und intergenerationellen Geschichte.

»Am nächsten Tag fand eine offiziellere Zeremonie im Lager statt. Trotz unserer wiederholt vorgebrachten und begründeten Forderungen verweigerte uns die Präfektur die Erlaubnis, eine Gedenktafel anzubringen, aber ich konnte mit der Hilfe meiner Enkelinnen weiße Kieselsteine mit allen Namen der Internierten von Linas-Monthléry, die also endlich aus der Vergessenheit zurückkehrten, dort niederlegen.«[187]

Bereits 1945 wusste Raymond Gurême, wie viele andere romane Überlebende auch, dass die Zukunft Revisionismus, Verleumdung und postgenozidalen Rassismus bereithalten würde:

»Aber das Ende des Krieges hatte einen bitteren Geschmack voller Besorgnis für mich. Ich erfuhr 1943 von anderen *Voyageurs* [Manouches, Jenische, Rom*nja und Kalé], dass meine Familie nicht mehr im Lager Montreuil-Bellay war, aber ich wusste nicht, ob sie noch am Leben waren und wo sie sich befanden. Unser vergangenes Glück war für immer verschwunden und ich wusste schon, dass ich nach dem Krieg weder als Opfer einer willkürlichen Internierung noch als Widerstandskämpfer anerkannt werden würde. Voyageurs wie ich wurden sofort noch stärker als vor 1939 ausgeschlossen: Die Internierungsmaßnahmen wurden bis 1946 beibehalten, das System der anthropometrischen Karteien wiedereingeführt. Unsere Rolle im Widerstand wurde unter den Tisch gekehrt, obwohl ich viele Voyageurs in den illegalen Kämpfen zwischen 1944 und 1945 getroffen hatte. [ ] Komischerweise standen nur wenige von uns nach der Befreiung auf einer Liste mit Preisträgern einer Medaille. Noch weniger waren in einer gesellschaftlichen Machtposition.«[188]

186 Gurême, Raymond: Interdits aux nomades. Calmann-Levy, 2011, S. 13-14. Alle Übersetzungen der Zitate von R. Gurême sind von mir.
187 Gurême, Raymond: Interdits aux nomades. Calmann-Levy, 2011, S. 226.
188 Gurême, Raymond: Interdits aux nomades. Calmann-Levy, 2011, S. 156.

Wie in ganz Europa waren die Leugnungen der Verfolgungen, die Ausradierung der romane Widerstandskämpfe und die Täter*innen-Opfer-Umkehr in Frankreich gewaltvoll und gewaltig:

> »Französische Polizisten und Gendarmen waren damals damit beauftragt, unwürdige Gesetze gegen die französischen Bürger, die wir waren, auszuführen. Und die Mehrheit von ihnen hat dies getan, ohne aufzumucken. Nach 1945 wurden weder der Status meines Vaters als Überlebender des Krieges 1914–1918 oder unsere Internierung noch mein Einsatz in der *Résistance* anerkannt. Im Gegenteil, meine Familie und ich wurden von denselben Polizisten und Gendarmen weiterhin wie Taugenichtse, wie Hühnerdiebe behandelt.«[189]

Er beschreibt auch die Straffreiheit und Legitimierung der Täter*innen und des Gadje-Rassismus nach 1945:

> »Der Bertaux, der Leiter des Internierungslager Linas-Monthléry, der uns verhungern lassen hatte, um mit unseren Lebensmittelmarken Geld zu machen, wurde 1944 unter Vichy Bürgermeister. Aber die Fähnchen drehten sich damals schnell nach dem Wind und er blieb bis 1959 Bürgermeister! Das I-Tüpfelchen: Er wurde mit der sogenannten *légion d'honneur* [›Ehrenlegion‹, ein französischer Verdienstorden] ausgezeichnet. Wie konnte unter diesen Bedingungen von uns erwartet werden, dass wir den Behörden dieses Landes vertrauen? Mit der Polizei, der Gendarmerie gab es für mich auch eine verstörende Kontinuität. Sehr schnell suchte die Polizei in Linas-Monthléry Streit mit mir, als ob das, was wir während des Krieges durchlebt hatten, nicht genug war.«[190]

Raymond Gurême hat bis zum heutigen Tag keine Entschädigung erhalten. Er verlor auf seinem linken Auge wegen einer Bombe die komplette Sehkraft. Da er zwischen seinem 15. und 20. Lebensjahr permanent Hunger litt, konnte er nie wieder auf ein gutes Gewicht kommen. Er hatte es in den Lagern verloren. Erst 30 Jahre nach seiner ersten Anfrage gab ihm der Staat einen Ausweis für politisch Internierte, jedoch keine Pension. Damit negierte der Staat die überlebte rassistische und genozidale Politik und schmälerte auch den von ihm geleisteten Widerstand. So wurde die gadji und romani Geschichte der 1930er- und 1940er-Jahre institutionell und zwischenmenschlich geleugnet. Für seine Familie, wie für viele andere

189 Gurême, Raymond: Interdits aux nomades. Calmann-Levy, 2011, S. 185.
190 Gurême, Raymond: Interdits aux nomades. Calmann-Levy, 2011, S. 162-163.

romane Menschen in West- und Osteuropa, bedeutete der Pharrajmos ab den 1950er-Jahren einen sozialen Abstieg[191]:

> »Das war ein schwieriges Leben, total anders als was wir vor dem Krieg kannten. [...] Wir haben es nie geschafft, wieder auf die Beine zu kommen und dieser soziale Niedergang war nur eines der zahlreichen Traumata, die ihre Spuren bei mehreren Generationen hinterlassen haben.«[192]

Besonders in Westeuropa verloren romane Menschen all ihre Güter. Auch ihr Verhältnis zu Staat und Schule wurde zerstört und verraten. Und wie in allen genozidalen Politiken wurden menschliche Beziehungen nachhaltig beschädigt. Viele romane Menschen in Frankreich, Deutschland und Österreich berichten, dass sie in den 1920er- und 1930er-Jahren trotz des Rassismus soziale Positionen und Arbeitsmöglichkeiten hatten, die sie nach dem Genozid nicht wiederfanden. Die Zerstörung dieser gesellschaftlichen Stellung und der *teilweise* ›gutnachbarschaftlichen‹ romane-gadje[193] Verhältnisse (also der Verhältnisse zwischen romane und gadje Menschen) ist nicht nur als Folge des Neoliberalismus und des Wegfalls der sozioökonomischen Strukturen zu verstehen, die romane Berufe, wie Warenvertreter*in, tourende*r Filmvorführer*in, Zirkus- und Puppentheaterbetreiber*in und Markthändler*in vor dem Krieg billigten. Der Rassismus und das Fortbestehen faschistischer Strukturen spielten ebenfalls eine große Rolle bei der Deklassierung und dem Ausschluss der romane Communitys nach 1945, die sich z.B. in der Diskriminierung in Bezug auf Weiterbildung, Arbeit, Wohnungsmarkt und im Verbot, Grundstücke zu mieten oder zu kaufen zeigten.

Raymond Gurêmes Buch enthält eine persönliche und historische Analyse. Er forschte für sein Buch in Archiven und schreibt mehrmals, dass die französischen und deutschen Archive nicht widerspiegeln, was die Menschen tatsächlich erlebt und überlebt haben. Er stellt viele Fehler bei den Jahreszahlen fest und schätzt einen Teil davon als absichtlich begangen ein. Er vermutet zum Beispiel, dass Beamte auf diese Weise eine Verspätung, ein Versäumnis oder einen Fehler gegenüber ihren Vorgesetzten verbergen

191 Siehe auch Melanie Spittas Filme, Florian Reinhardts Autobiografie *Ich wollte nach Hause, nach Ostpreußen!: Das Überleben eines deutschen Sinto*, Ceija Stojkas Interviews in *Wir leben im Verborgenen* oder Anita Awosusis Buch *Vater Unser*.

192 Gurême, Raymond: Interdits aux nomades. Calmann-Levy, 2011, S. 170-171.

193 Siehe Glossar.

wollten. Die majorisierte und staatliche Leugnung der Gewalt bei den Verfolgungen und deren Konsequenzen ist ein wiederholter *Verrat* an den Überlebenden, um so mehr, da Raymond Gurême Teil der Widerstandsgruppe FFI war:

> »1982 erfuhr ich also, dass ich das Recht auf einen Internierten-Ausweis und damit auf eine magere Pension hatte. Niemand hatte mir nach dem Krieg davon erzählt und viele ehemalige Internierte starben, bevor sie sie bekommen hatten. [...] Die meisten meiner Brüder und Schwestern bekamen solche Ausweise, die die rassifizierende und rassistische Dimension der Verfolgungen gegen die ›nomades‹ nicht anerkennen. 1983 teilten mir die französischen Behörden jedoch mit, dass sie mir den Ausweis unter dem Vorwand einer nicht näher bezeichneten ›leichten Straftat‹ nicht erteilten. Wie die während des Krieges 6.500 internierten ›nomades‹ war ich nicht wegen ›leichter Straftaten‹ nach Darnétal oder Linas gekommen. Und der französische Staat wusste das besser als alle anderen. Diese Ablehnung war mir unerträglich. Vor lauter Wut holte ich die FFI-Armbinde heraus und verbrannte sie.«[194]

Im Kapitel *Face-à-face silencieux* (auf Deutsch *Stiller Zweikampf*, gemeint ist das Duell zwischen ihm und dem Lager) erzählt Raymond Gurême, wie er ein großes Grundstück kaufte und sich in der Nähe des Lagers Linas-Monthléry mit seiner Familie niederließ:

> »Wir hingen an unserem Hügel fest, wie einige Internierte in Jargeau [einem anderen Lager für Jenische, Kalé, Rom*nja und Manouches] in den Plattenbauten geblieben sind, die Aussicht aus den Fenstern ist das ehemalige Lager.«[195]

Die Zwangsräumungsversuche und Diskriminierung seiner Kinder in der Schule hörten jahrelang nicht auf. Er und seine Familie leben immer noch an diesem Ort.

> »Ich frage mich manchmal, ob mein Leben und das meiner Familie den gleichen Lauf genommen hätte, ob wir so viele Streitigkeiten mit der Polizei, mit den Justizbehörden, mit den Ämtern gehabt hätten, wenn ich nicht in die Region von Linas-Monthléry zurückgekommen wäre. Ich bedaure nichts. Ich hatte so oder so das Bedürfnis, dort zu sein.«[196]

---

194 Gurême, Raymond: Interdits aux nomades. Calmann-Levy, 2011, S. 212-213.
195 Gurême, Raymond: Interdits aux nomades, Calmann-Levy, 2011, S. 178.
196 Gurême, Raymond: Interdits aux nomades, Calmann-Levy, 2011, S. 186.

Raymond Gurêmes Buch ist eine der seltenen veröffentlichten Zeug*innenschaften über den Pharrajmos in Frankreich und ist auch deshalb so besonders, weil es vom romano Widerstand erzählt. Die Rolle des romano Widerstands ist international unbekannt und kaum erforscht. Umso wichtiger ist der 2018 erschienene Sammelband *Roma resistance during the Holocaust and in its aftermaths* (Roma Widerstand während des Holocausts und danach) von Angela Kóczé und Anna Lujza Szász, in dessen Beiträgen romano Widerstand in Rumänien, Frankreich und im Lager Auschwitz-Birkenau sowie die Kämpfe der Selbstorganisationen nach 1945 beschrieben werden. Fluchtaktionen aus den Lagern, Protestbriefe, kollektive Bittschriften, Verbreitung von Informationen über Faschisten, Fälschung von Papieren, Aufstände in Lagern und kollektive Partisanen- und Widerstandskämpfe waren einige der vielfältigen Widerstandsformen von romane Verfolgten während des Faschismus.

Nicht-Wissen als Unschuldsinszenierung

> »Ich fordere eine Geschichte ein, die bereits in der Struktur ihrer narrativen Formen ihre eigenen repressiven Strategien und Praktiken bewusst sichtbar macht; ebenso müsste die Rolle, die sie zusammen mit der Meta-Erzählung der Staatsbürgerschaft dabei spielt, alle anderen Möglichkeiten menschlicher Solidarität an die Projekte des modernen Staates anzupassen, deutlich werden.«[197]
>
> *Dipesh Chakrabarty*

> »Ich denke nicht, dass Geschichte Vergangenheit ist. Geschichte ist Gegenwart.«[198]
>
> *James Baldwin*

Die offizielle Freigabe, Authentifizierung und Institutionalisierung des Erinnerns sind Produkte der Staats- und Bildungspolitiken der jeweiligen Zeit. In Deutschland und Frankreich ist das Verhältnis zur Vergangenheit selten interdisziplinär und zumeist von Eurozentrismus, Rassismus und Heterosexismus geprägt. Theoretiker*innen wie Dipesh Chakrabarty, Joan

197 Chakrabarty, Dipesh: Europa als Provinz. Campus Verlag, 2010, S. 65.

198 Baldwin, James / Mead, Margaret: A Rap on race, Dell, 1971, S. 189. Danke an Luis Greco für die Übersetzung.
Es gibt eine Audio-Version dieses Gesprächs aus dem Jahre 1971 zwischen James Baldwin und der rassistischen Ethnologin M. Mead: https://www.youtube.com/watch?v=3WNO6f7rjE0 (23.03.2019).

Scott oder Gayatri C. Spivak geben Impulse, um die westliche Historiografie zu hinterfragen. Postkoloniale und feministische Geschichtstheorien ermöglichen es, das Erinnern und Gedenken anders zu denken, als die Stiftungen, Mahnmale, offizielle ›Gedenkfeiern‹ und der Staat es vorgeben. Die Beziehung zu den Überlebenden und zu kollektiven Katastrophen ist vom intellektuellen und alltäglichen Verständnis von Geschichte, Familie, Erfahrung und Ethik geprägt. Joan Scott sagt über die Möglichkeiten der Geschichtsschreibung:

> »Der Fokus der Geschichtsschreibung ist die Gegenwart, obwohl ihr Material aus den Archiven kommt; ihr Bestreben ist weder zu rechtfertigen, noch zu verwerfen, sondern die Blindspots zu beleuchten, [ ] die soziale Systeme intakt halten und die es so schwierig machen, diese zu sehen. Diese Art der kritischen Geschichtsschreibung dient den Interessen der Geschichte im doppelten Sinne: Sie öffnet Türen zu zukünftigen Zeiten, die wir uns sonst nicht hätten vorstellen können, und gibt uns dabei sogar noch mehr Material, um Geschichte zu schreiben.«[199]

Die gesellschaftliche Wahrnehmung davon, wie mit Vergangenheit und Geschichte umgegangen werden kann, hat eine Wirkung auf die Erzählung der Geschichte und des Gedenkens. Sie beeinflusst auch die individuellen, kollektiven und akademischen Beziehungen zur Geschichtserzählung, zum Bezeugen und zu den Überlebenden. Leider erzeugt die Institutionalisierung des Gedächtnisses ein Verhältnis zur Geschichte, zu den Genoziden und zu den Massakern des 20. Jahrhunderts, das Vergangenheit und Erinnerung als dekontextualisierte Kulturgüter konstruiert (z.B. in Ausstellungen, Filmen und im Bildungsbereich). So kann die Geschichte des Pharrajmos von der aktuellen Situation von romane Menschen abgetrennt werden. Während der Pharrajmos in Deutschland sichtbarer wird, werden romane Menschen alltäglich diskriminiert. Rom*nja ohne EU-Pass werden nicht als Exilsuchende und Geflüchtete anerkannt, sondern nach Bosnien, Serbien, Montenegro oder Kosovo abgeschoben. Die Anfänge einer weißen Kenntnisnahme einerseits und einer offiziellen Repräsentationspolitik durch POC-Intellektuelle andererseits bedeuten natürlich nicht das Ende der alltäglichen Leugnung und Gewalt. Auch ziehen die weißen

199 Scott, Joan: History-writing as critique. In: K. Jenkins, S. Morgan, A. Munslow (Hg.): Manifestos for History, Routledge, 2007, S. 35. Danke an Luis Greco für die Übersetzung.

Anerkennungssysteme neue Schuldverhältnisse und Diskrepanzen mit sich und vervielfachen diese.

Zudem haben Erinnerungspolitiken ein institutionalisiertes Verhältnis zu den Opfern und zur Schuld etabliert. So kommt ohne ein ›Sich-Stellen‹ und ohne Beziehung Vergeben ins Spiel. Wenn der Staat oder staatliche Unternehmen sich entschuldigen, ist das lediglich eine Unschuldsinszenierung, da es in ihren performativen Gesten des Verzeihens und in der Zeitlichkeit ihrer Entschuldigung weder Dialoge noch eine Positionierung gibt. Die Frage, ob und wie Vergeben überhaupt möglich ist und in welchen Räumen und welcher Zeitlichkeit das Sich-Entschuldigen dann geschehen kann, wird nicht gestellt. Ein solches ›Abbitte-Leisten‹ und ›Um-Entschuldigung-Bitten‹ zielt nur auf den christlich-weißen Sündenerlass und die Darstellung von Unschuld. Der Schritt des positionierten und relationalen ›Einander-Gegenüber-Stehens‹ wird übersprungen. Das Vergessen oder die Leugnung der Verhältnisse und Verantwortungen sind schon in der heuchlerischen Bitte um Verzeihung enthalten.

Obwohl das majorisierte Denken meist das Gegenteil annimmt, hat sich die Gedenkpolitik wenig für das ›Davon haben wir nichts gewusst‹ der majorisierten Menschen und Gesellschaften interessiert: Es gibt nur wenige Texte, Ausstellungen oder Filme über die vorherrschende Aussage des ›Nicht-Gewusst-Habens‹ während und nach den Genoziden, über diese scheinbare Unschuld, über die alltäglichen Revisionismus-, Spaltungs- und Verdrängungssysteme.[200]

In welchen Situationen bedeutet Nicht-Wissen Unschuld? Nicht-Wissen hat in den Ideologien von Unterdrückungssystemen unterschiedliche Funktionen. Auf der einen Seite wird Unwissenheit in sexistischen, rassistischen, ableistischen und klassistischen Praxen und Diskursen als Zuschreibung des Fehlerhaften und Minderwertigen mit *geotherten* Menschen identifiziert.

200 Siehe *Hitlers willige Vollstrecker. Ganz gewöhnliche Deutsche und der Holocaust* von Daniel Jonah Goldhagen und *Das Wissen über Auschwitz* von Ahlrich Meyer. Peter Longerichs neu in den Kanon aufgenommene Buch »*Davon haben wir nichts gewusst*« umgeht m.E. das Thema und verwendet meist Täter*innen-Quellen (z.B. Berichte der Polizei, des Sicherheitsdiensts der SS, des Propagandaministeriums und seiner Zeitungen), um das Wissen der gewöhnlichen nazi-deutschen Bevölkerung über die Shoah zu ›erforschen‹. Es ist bezeichnend, dass die von Opfern geschriebenen Quellen über Alltagsbeziehungen, Gespräche, Gewalt und deren Zuschauer*innen (Tagebücher, Briefe, Artikel, Flugblätter usw., die von 1933 bis 1945 von jüdischen und romane Menschen verfasst wurden) im Buch nicht vorkommen.

Die Menschen, die darunter leiden, werden von den Unterdrücker*innen bevormundet, verachtet und geleugnet. Majorisierte konstruieren Minorisierte als an sich weniger wissend und weniger handlungsfähig – nicht nur in Bezug auf Wissenschaft, Kunst und Kultur, sondern auch in Bezug auf das Wissen der Minorisierten über sich selbst und über das, was für sie selbst oder ihre Außenwelt gut sein soll. So sichern die Majorisierten ihre Herrschaft. Das geschieht zum Beispiel in der Schule, am Arbeitsplatz, in der Kneipe, im Krankenhaus, in der Psychiatrie oder einfach in Gesprächen. Auf der anderen Seite jedoch wird Unwissenheit vorgeschoben, um Täter*innenschaft und Verantwortung unsichtbar zu machen. Dies normalisiert das unterdrückerische ›Nicht-Wissen(-Wollen)‹.

Wann gehen die Aussagen »Wie hätte ich das wissen können?« oder »Ihr könnt mir nicht vorwerfen, es nicht zu wissen« als legitime Argumente durch? Sonst ist es doch im Alltag und besonders in Gruppensituation so schwierig, zu sagen, dass mensch etwas nicht kennt, nicht weiß oder keine Ahnung davon hat. In welchen Situationen haben Menschen die Dreistigkeit, solche Sätze auszusprechen, um sich einer zwischenmenschlichen Verantwortung zu entziehen? Nicht-Wissen hat nur für bestimmte Menschen eine Funktion der Entschuldigung und Entschuldung.

Westlicher Klassismus wie auch Rassismus sind so aufgebaut, dass nur unterdrückte Menschen und Gruppen als ›unintelligent‹ kategorisiert werden, wenn sie etwas nicht wissen. Die unterschiedlichen Wissensformen sind nicht gleichgestellt: Die *majorisierte* Unkenntnis (z.B. über unterdrückte Geschichte und Gegenwart oder über romane und andere POC-Alltagswissen, -Kunstformen oder -Perspektiven) ist legitim. Andere Unwissensformen werden hingegen als Ignoranz oder Mangel eingestuft. Nicht zu wissen, wann Johann Wolfgang von Goethe, Immanuel Kant, Virginia Woolf oder Margaret Atwood lebten und was sie machten, wird anders interpretiert, als noch nie von Zora Neale Hurston, Elena Lackova, Kenzaburo Oe oder Maissa Bey gehört zu haben. Ersteres ist ein legitimiertes Nicht-Wissen, Letzteres ein illegitimiertes. Der klassistische Widerspruch zwischen dem Philosophisch-Ideellen und dem Technisch-Handwerklichen (der sich in der hegemonialen Polarisierung zwischen Theorie und Praxis, Geschichte und Folklore, europäischer klassischer Musik und Popmusik wiederfindet) ist ein Produkt der europäischen weißen Geschichte. Wenn die weiße Ober- oder Mittelklasse etwas nicht weiß, erscheint es wie selbstverständlich so, als ob sie es gar nicht wissen *konnte,* da sie strukturell als wissend und der ›Allgemeinbildung‹ und ›Leitkultur‹ mächtig konstruiert wird. Eve K. Sedgwick schreibt über das Verhältnis von Wissen und Nicht-Wissen in antihegemonialen Kämpfen:

> »Ganz sicher ist es befriedigend, darauf herumzureiten, wie sehr die Macht, die unsere Feinde über uns haben, nicht in ihrem Zugriff auf ein Wissen besteht, sondern eben in ihrem Unwissen. Der Effekt ist real, und er bringt Gefahren mit sich. Die größte Gefahr ist die verächtliche, ängstliche oder mitleidige Verdinglichung des ›Unwissens‹; sie geht mit der unhinterfragten Annahme der Aufklärung einher, dass die Bezeichnung einer bestimmten Kraft als ›Unwissen‹ sie unanfechtbar in einen dämonisierten Raum und in ein nie ganz explizites ethisches Schema zu platzieren scheint. (Sie ist ihrer Struktur nach zudem gefährlich nah an der besser greifbaren sentimentalen Bevorzugung des Unwissens als originäre, passive Unschuld.)«[201]

Die ›Unwissens- und Wissens-Verhältnisse‹ (also was ein Mensch innerhalb von Beziehungen zu Anderen weiß oder nicht weiß) erzeugen Machtgefälle. Sie spielen eine große Rolle in den Praxen der Erinnerungspolitik und in der vom Staat geprägten Beziehung zum Überleben. So entstehen ›Unwissens- und Wissens-Machtverhältnisse‹, z.B. beim majorisierten Unwissen über minorisiertes Wissen und unterdrückte Geschichte sowie beim Genießen von Unwissen als passive Unschuld.

Die *double-consciousness*[202] von POC erzeugt eine Auseinandersetzung mit den majorisierten und den eigenen Wissensformen und Realitäten. Dieser Prozess wird nicht anerkannt. Das wiederholte ›Ich wusste es nicht‹-Argument dominierender Menschen spielt wiederum eine wichtige Rolle in der Spaltung sowie in der manipulativen Abwehr und Entschuldung, die

---

201 Sedgwick, Eve K.: The epistemology of the closet. California Press, 1990, S. 7. Danke an Katharina Voß für die Übersetzung.

202 Siehe Charles W. Mills Beschreibung des Begriffs in seinem Artikel »White Ignorance«, in: Shannon Sullivan und Nanya Tuana: *Race and Epistemologies of Ignorance*, State University of New York, 2007, S. 26:
»Du Bois's famous and oft-cited figure of ›double consciousness‹ has been variously interpreted, but certainly one plausible way of reading it is as a prescription for a critical cognitive distancing from ›a world which yields no true self-consciousness, but only lets him see himself through the revelation of the other world,‹ a ›sense of always looking at one's self through the eyes of others‹. The attainment of ›second sight‹ requires an understanding of what it is about whites and the white situation that motivates them to view blacks erroneously. One learns to see through identifying white blindness and avoiding the pitfalls of putting on these spectacles for one's own vision.«

majorisierte gegenüber strukturell unterdrückten Menschen oder Gruppen begehen. Beispielhaft ist der Satz »Ich wusste doch nicht, dass **Schimpfwort** verletzend und keine Eigenbezeichnung ist.«

Im Kontext von Genoziden und Gedenkpolitik werden zum Schutz von Täter*innen und majorisierten Personen klassistische und rassistische Denkstrukturen verwendet. In der Verstrickung von Geschichte, Kultur, Wissen und Unschuld wird die Frage ›Wie war es möglich, dass die Deutschen nationalsozialistisch bzw. die Europäer*innen faschistisch wurden, obwohl sie so kultiviert und ihre Kunstgeschichte so prächtig waren?‹ immer noch gestellt. Wenn wir von einem unterdrückten oder POC-Standpunkt aus denken, erscheint sie vollkommen absurd. Die legitimierten Wissenskategorien der majorisierten westlichen Kunst und Kultur haben Unterdrückungssysteme ästhetisch und intellektuell schon immer gestützt. Die Malerei leistete der Versklavung und Kolonisierung bis ins 20. Jahrhundert Vorschub. Rassismus und Sexismus sind wesentliche Bestandteile der europäischen und US-amerikanischen Literatur.[203] Die Figur der Carmen (als Roman, Oper oder Bluse) oder die der Esmeralda (als Roman oder Zeichentrickfilm) sind immer noch auf der kulturellen Hitliste. Der antisemitische Komponist Wagner wird mit Selbstverständlichkeit gespielt, aufgeführt und verehrt. Klassistische, heterosexistische, rassistische und ableistische Diskriminierungen prägen viele Autor*innenfilme (sowohl in Dokumentar- als auch in sogenannten ›anspruchsvollen‹ Spielfilmen und Serien). Majorisierte kulturelle Produktionen haben in Europa schon immer die Sprache der Herrschenden gesprochen. Die Idealisierung von Kulturgütern und Kunst hängt vielleicht mit der Idealisierung des Bürgertums und der – weniger verdienenden, aber dennoch bürgerlichen – Student*innen und Künstler*innen zusammen. Diese Klassen sind in Europa Hauptkonsumierende und -schaffende der majorisierten Kunst und Kultur. Die Idealisierung der Kunst stützt das Fortbestehen der Deutungshoheit des Bürgertums über das Richtige und das Illegitimierte. Sie untermauert seine ökonomische Macht, sowie seine Aneignungs- und Verdrehungspraxen von POC- und unterdrücktem Denken. Die legitimierte Kultur und Kunst werden im Westen und besonders in Europa als selbstlos,

---

203 Siehe Toni Morrison *Im Dunkeln spielen: Weiße Kultur und literarische Imagination* oder Edward Said *Kultur und Imperialismus. Einbildungskraft und Politik im Zeitalter der Macht.*

nobel und unschuldig konstruiert: Der dominante Diskurs über Bildung[204] und Kultur in Europa behauptet – mal laut, mal unterschwellig –, dass ein Mensch, der sehr ›gebildet‹ ist, viele Bücher gelesen hat oder ins Museum geht, ›gut‹ ist und die Möglichkeit einer fundamentalen Unschuld in sich trägt. Bei dieser sozial konstruierten potenziellen Unschuld durch die angebliche Selbstlosigkeit der Kultiviertheit handelt es sich um Klassismus, um die Selbst-Legitimierung des universalisierten Bürgertums und um eine Legitimierung der kulturellen Staatspolitik. Ebenso geht es um Rassismus und um die Stabilisierung des Weißseins durch die Bestätigung des weißen Bürgertums und seiner Werte. Rassifizierte Gruppen wurden in der Kolonialgeschichte als ›kulturlos‹, ›geschichtslos‹ und ohne Beziehung zum Schreiben und Lesen beschrieben. Ihre Kunstformen wurden in den weißen kulturellen und künstlerischen Hierarchien ganz unten eingestuft. Überall, wo das westliche Europa eine Kolonialpolitik betrieb, zerstörte es die Menschen und ihre Länder. Die europäische Idee der Kultur und Bildung wurde als Erklärung und Rechtfertigung des Kolonialismus und Rassismus entwickelt und spielt auch im Neokolonialismus eine wesentliche Rolle. Die Lüge der französischen und britischen Kolonialrhetorik über den angeblichen ökonomischen, kulturellen und bildungsbezogenen ›Fortschritt‹[205] erzeugte und schützte das Bild der weißen Unschuld. Dabei waren die legitimierte Kunst und Kultur aber nie ein Garant gegen Massaker, Genozide und Rassismus, sondern sie bestätigten und banalisierten diese teilweise und erzeugten eine Entschuldung. Wie die dominierende Wissenschaft und die hegemonialen repressiven Kategorien von Wissen und Intelligenz tragen die legitimierte Kultur und ihre Akteur*innen eine Verantwortung für die Verfolgung, Ermordung und Unterdrückung von POC und minorisierten Menschen.

---

204 Siehe Céline Barrys Buch: *Toubabesse oder wie Bildung Frauen koloniale Macht verleiht*. Edition Assemblage, 2019.

205 Die Idee des Fortschritts ist ein rassistischer und klassistischer Betrug und wird heutzutage noch in vielen Formen von Rassismus und in rassistischen Vergleichen verwendet. Gerade im Alltag prägt die Ideologie des Fortschritts unser Denken und unsere Sprache. Zum Beispiel äußert sie sich in Sätzen wie »Stell dir vor! Wir sind im 21. Jahrhundert und das ist immer noch so!«.

Die Ideologie der Familie und der Unschuld

> »Wenn wir über Vergebung sprechen, fragen wir: Wer spricht? Wenn Täter Vergebung begehren, haben sie in der Regel das Vergessen, das Loslassen, das Nicht-Rächen und den Gewaltverzicht im Sinn. Sie sehen Rechenschaft als verbunden mit Rache, Bestrafung, Schuld und einem Verlust von Macht, Status und Gesicht. Wenn Täter um Vergebung bitten, wollen sie von der Last der Schuld befreit werden, so dass sie dieses Kapitel ihres Lebens hinter sich lassen und weitermachen können, als ob der Holocaust gereinigt werden könnte. Wenn Opfer über Vergebung sprechen, versuchen sie, diese mit Vorstellungen von Moral und Rehumanisierung zu verbinden. Sie sprechen über die Erinnerung als Gedenken und als einen Weg, Opfer zu ehren, und über Gerechtigkeit und politischen Wandel als Rechtfertigung und Wiederherstellung.«[206]
>
> *Nanette Auerhahn und Dori Laub*

> »Warum, fragte sie, war sie die einzige Verrückte in der Familie? Ich sagte ihr, dass eine Person vollkommen ausreicht, um eine ausradierte Wahrheit zu erfassen. Ihr wurde bewusst, dass ihre Symptome auch anderen geholfen hatten. Sie war irre geworden, das arme Ding, damit die Anderen sich gut fühlen konnten. Ab diesem Zeitpunkt erhob sie ihren Kopf und benutzte ihre wache Intelligenz dafür, ihr ›Comeback‹ nach ihren eigenen Bedingungen herbeizuführen.«
>
> *Françoise Davoine und Jean-Max Gaudillière*[207]

Die feministische Theorie und Praxis haben mit der Kritik des Patriarchats die Familie als Ort der Produktion und Reproduktion von Unterdrückungsformen analysiert. Auch die antipsychiatrische Bewegung der 1970er-Jahre setzte sich mit der Familie als Ort der Unterdrückung auseinander.

Der Psychiater David Cooper schreibt in seinem Buch *Der Tod der Familie* 1971:

> »Die Macht der Familie liegt in ihrer sozialen Mittlerfunktion. Sie untermauert die effektive Macht der herrschenden Klassen in jeder Ausbeutungsgesellschaft, indem sie für jede gesellschaftliche Institution eine äußerst kontrollierbare para-

206 Auerhahn, Nanette/Laub, Dori: Against Forgiving: The Encounter That Cannot Happen Between Holocaust Survivors and Perpetrators. The Psychoanalytic Quarterly, 2018, 87: 1, S. 39-72. Danke an Selma Berg für die Übersetzung.

207 Davoine, Francoise/Gaudillière, Jean-Max: The psychoanalysis of psychosis at the crossroads of individual stories and of history. In: Laub, Dori/ Hamburger, Andreas (Hg.): Psychoanalysis and Holocaust Testimony. Unwanted Memories of Social Trauma 2017. S. 95. Übersetzung von Katharina Voß.

> digmatische Form liefert. So wiederholt sich die Familie ihrer Form nach in den Sozialstrukturen der Fabrik, der Gewerkschaften, der Volks- und Oberschule, der Universität, der Handelsgesellschaft, der Kirche, der politischen Parteien und des Regierungsapparats, der Streitkräfte, der Krankenhäuser im allgemeinen und der psychiatrischen im besonderen usw.«[208]

Die Familie produziert und behält die Normen und die Machtausübung zwischen den Geschlechtern und zwischen Eltern und Kindern bei. Sie hat in allen westlichen disziplinären Systemen eine Brückenfunktion inne, da sie unter anderem dafür zuständig ist, Individuen in die Institutionen der Disziplinarmacht – die Schule und andere Bildungseinrichtungen, psychiatrische Orte oder die Arbeitswelt – einzugliedern. Westliche Familienstrukturen ermutigen, unterstützen und ergänzen die Leugnungen und die relationalen Revisionismen. Die Familie (und der erweiterte Familienkreis) ist meist die erste Struktur, der wir in unserem Leben begegnen, in der sich eine rechtfertigende ideologische Erzählung entwickelt. Diese oftmals nostalgische und verklärende Erzählung wird innerhalb der Gruppe erzeugt: Die Deutungshoheit der Familienmitglieder ergibt sich dabei aus den internen Machtverhältnissen und dies entscheidet, *wer* die Erzählung *eigentlich* besitzt. Das bedeutet, dass es legitime und illegitime Geschichten in der Familie gibt. Der Glaube an die Idee der Familie, an deren Unschuld, an die Eltern und ihre Erzählungen über die Familie ist eine Säule westlicher Gesellschaften. Mit Unschuld, meine ich nicht nur, dass es schwer ist, sich seine Eltern als Nazis vorzustellen. Es ist auch sehr schwer, sich die eigene Mutter oder den eigenen Vater grün vor Neid vorzustellen. Neid, Konkurrenz, Gier oder Eifersucht sind Gefühle, die Erwachsene Kindern gegenüber empfinden können, die wir aber nur ungern auf unsere Eltern oder Familienmitglieder beziehen. Es ist erschreckend zu sehen, wie wenig mensch über die eigene Familie in den letzten zwei, drei oder vier Generationen weiß oder wie unpräzise dieses Wissen ist. Ein kollektives Nachdenken der Familie über sich selbst ist selten. Ebenso ist eine eigene Erzählung des Individuums über sich selbst oder über die familiäre Gruppe keine Selbstverständlichkeit und wird in der Regel nicht zugelassen. Die eigene Familie und ihren offiziellen Diskurs auseinanderzunehmen oder sie mit ihrem Illusionscharakter zu konfrontieren, geht immer mit dem Risiko ihrer Zersplitterung einher. Kinder (und Kind-Sein bedeutet, gegenüber

---

208 Cooper, David: Der Tod der Familie. Rowohlt, 1989, S. 8.

den Erwachsenen meistens machtlos zu sein) lernen in einer ›normalen‹ Familie, die dominierende Erzählung zu reproduzieren und zu befolgen. Doch es entspricht nicht der Norm, den Nachfahren die Geschichte der Gruppe weiterzugeben UND das Hinterfragen der bisherigen Erzählung zu ermutigen, damit sich eine eigene bildet. Familiengeschichten werden oft intergenerationell mithilfe von Spaltung[209] umgeschrieben, wobei bestimmte Menschen, Dinge oder Geschichten unsichtbar gemacht werden. Dies verewigt die Machtverhältnisse, die Lügen- und Illusionsverhältnisse.

Familienstrukturen produzieren und reproduzieren die Unterdrückungs- und Diskriminierungsformen der Gesellschaft, in der sie verankert sind. Innerfamiliäre dominierende Diskurse über die eigene Familie sind Wahrheitsdiskurse[210], legitim und legitimiert. Wie Gesetze oder Verbote bestimmen sie, was als objektiv und was als subjektiv gilt. Sie lassen wenig Verhandlungsspielraum. Es kann ein lebenslanges Ringen sein, die eigene Sicht über die familiäre oder elterliche Erzählung zu finden und zu verwirklichen, sich von den offiziellen Versionen abzuwenden und sich das Sich-Selbst-Erzählen wieder anzueignen.

Dementsprechend gibt es eine enge Verbindung zwischen der Ideologie des Familienkonzepts und der institutionellen und staatlichen Unterdrückungsgeschichte, da die familiären und staatlichen Strukturen in Wechselwirkung zueinander stehen. Die Lügen und Leugnungen in der Geschichtsschreibung sind sozial konstruiert, interagieren mit den Diskursen innerhalb der Familienkreise und werden von diesen unterstützt, sind jedoch auch widersprüchlich. Familiengeschichten in Europa sind grundsätzlich mit katastrophalen Geschichten verbunden. Nur wenige waren nicht direkt oder indirekt an den Massakern des 19. und 20. Jahrhunderts beteiligt oder Opfer der Verfolgungen. Wahrheits- und Leugnungsdiskurse haben eine besondere Form, wenn die Familiengeschichte die Täter*innenschaft schützt. Die Familienerzählung interagiert mit dem majorisierten Diskurs und produziert ihn zugleich. Sie kann auch den gesellschaftlich-majorisierten relationalen Revisionismus bestärken. Meiner Erfahrung nach sind die Werke und öffentlichen Diskurse über faschistische Täter*innenschaft in

209 Ich verwende hier weiterhin das Wort Spaltung in seiner psychoanalytischen Bedeutung.

210 »Das Wichtige bei der Frage der Wahrheit ist, dass bestimmte Dinge tatsächlich als wahr gelten und dass das Subjekt diese entweder selbst erzeugen oder sie akzeptieren oder sich ihnen unterwerfen muss.« In: Foucault, Michel: Subjektivität und Wahrheit. Suhrkamp, 2016, S. 30.

Familien oft selbstmitleidig, narzisstisch und unglaublich unpositioniert in ihrem Begehren nach einer Absolution, d.h. nach einer Befreiung von der Schuld(angst).

Ab den 1990er-Jahren sind Bücher oder Filme der Nachkommen von ›Nazigrößen‹ zu einem eigenen Genre geworden. *»Opa war kein Nazi« Nationalsozialismus und Holocaust im Familiengedächtnis*[211] ist das einzige mir bekannte wissenschaftliche Buch über die Überlieferung von Geschichten des Nationalsozialismus innerhalb deutscher Täter*innenfamilien. Es beruht auf Interviews mit Täter*innenfamilien und auf intergenerationellen ›Gesprächen‹, die keine wirklichen Dialoge sind. Wenn mensch sich beim Lesen der Interviews nicht als Kompliz*in und Dominierte*r des Gesagten positioniert, weiß sie*er, dass diese Gespräche kognitiv und menschlich überhaupt kein Sinn machen. Die Autor*innen sind Soziolog*innen und Psycholog*innen. Ihr Buch vermag es nicht, Familienideologien und Spaltung als ungeschriebenes familiär und gesellschaftlich wirksames Gesetz zu analysieren. Nie geht es um das Negieren der Verhältnisse zwischen Opfern und Täter*innen und auch nie darum, wie sich eine Gesellschaft staatlich und familiär auf (Ver)Leugnungen und Ermordungen aufbauen konnte oder wie das nationalsozialistische Denken in einer ›Demokratie‹ weitergegeben wird. Die weißen deutschen Autor*innen scheinen eine Art Solidarität und Mitleid mit den interviewten Familien zu empfinden. Der Text hat diese Form, *weil* seine Autor*innen und Interviewer*innen weiß und deutsch sind. Folglich können sich intergenerationelle Lügen, Absurditäten, Wahrheitsverdrehungen, zusammenhanglose Rechtfertigungen und Unschuldsinszenierungen des Täter*innendiskurses ausbreiten und halten. Sie werden aussprechbar. Dies wird jedoch nicht tiefer analysiert und noch nicht einmal sichtbar gemacht. Man könnte behaupten, dass die in diesem Buch unter Deutschen stattfindende Auseinandersetzung die nationalsozialistischen Diskurskonstruktionen entlarven kann. Die Kompliz*innenschaft der Autor*innen mit den Täter*innen-Geschichten entlarvt jedoch gar nichts und liefert auch nichts Interessantes z.B. zur deutschen Schuldangst als Abwehr und Leugnung, zum Revisionismus oder zur Verantwortungslosigkeit. Denn die schablonenhaften und platten Analysen bleiben an den Diskurs der Interviewten und an dessen Logik gebunden. Stattdessen wird beispielsweise ›Loyalität‹ zwischen Generati-

211 Welzer, Harald/Moller, Sabine/Tschuggnall, Karoline: »Opa war kein Nazi« Nationalsozialismus und Holocaust im Familiengedächtnis. Fischer Verlag, 2002.

onen als Erklärung für die Wahrheitsverdeckung reproduziert, ohne dass die Bedeutung dieses Wortes im Kontext des Nationalsozialismus hinterfragt wird. Das Buch zeigt, dass sich Mythen und Konstruktionen weißer Nazi-Deutscher bis in die Enkel*innengeneration halten: Zum Beispiel Unschuldsdiskurse, das angebliche Unwissen über die Vernichtungen, der nationalsozialistische Diskurs über Jüd*innen als Unterdrücker*innen und Peiniger*innen der Deutschen, die Verwandlung von Nazi-Großvätern in Widerstandskämpfer oder auch die Relativierung des Nationalsozialismus durch DDR-Vergleiche. Dennoch wird dies weder als ein auf staatlichen und familiären Konstruktionen beruhendes System, das institutionalisierte und zwischenmenschliche Verleugnungen beinhaltet, noch als Fortbestehen der nationalsozialistischen Verdrehungen und Lügen begriffen und tiefergehend analysiert.

Unterdrückung durch Pädagogik und Bildungsprojekte

Das deutsche Bildungssystem verwendet den Begriff ›Holocaust-Erziehung‹.[212] Erziehung ist jedoch das falsche Wort: Es geht nunmal um Millionen Menschen, deren Leben zerstört wurde oder die ermordet wurden. Zeug*innenschaften von Überlebenden sind meist als Material für schulische und außerschulische Bildungsarbeit oder für die Wissenschaft vorgesehen.[213] Dass sie in Schulen, in Workshops und in der Universität sichtbar gemacht werden, ist unentbehrlich. Es ist jedoch traurig und beschränkend, dass Überlebende und ihre Zeug*innenschaften nur als ›Bildungsmöglichkeit‹ für bestimmte Räume verstanden werden und außerhalb davon keine Sichtbarkeit besitzen und nicht alltäglich mitgedacht wurden und werden. Überlebende werden zwar in Schulen und für bestimmte Veranstaltungen gebraucht. Auf Erwachsenen-Tagungen, in Universitäten oder Seminaren hingegen sind sie in Deutschland meist unerwünscht, es sei denn sie werden als ›nicht-wissenschaftliche Erfahrung‹ objektifiziert.

212 Zum Beispiel die *Bundeszentrale für politische Bildung* oder der *Bildungsserver Berlin*. Auch auf Englisch wird der Begriff ›Holocaust education‹ oft verwendet.

213 Zum Beispiel das Projekt *Zeugen der Shoah* der FU Berlin, das auch als DVD und Schulmaterial erhältlich ist, oder das Interviewarchiv *Zwangsarbeit 1939-1945*. Eine Ausnahme stellt das *Fortunoff Video Archive for Holocaust Testimonies* dar, denn es enthält keinerlei Rhetorik des Lehrens und Lernens und unterlässt es, die Pädagogikideologie zu untermauern.

Im Zentrum der jungen offiziellen Erinnerungs- und Entschädigungspolitik befindet sich die Stiftung *Erinnerung, Verantwortung und Zukunft* (EVZ). Sie finanziert Symposien, Bildungsprojekte und zahlreiche Begegnungen zwischen Überlebenden des Nationalsozialismus aus verschiedenen Ländern und deutschen Schüler*innen. Gegründet wurde sie in Berlin im Jahr 2000 nach jahrzehntelangen Verhandlungen zwischen Verfolgtenvertreter*innen und deutschen Konzernen und ebenso langen internationalen Kämpfen von Überlebenden und Antifaschist*innen für eine Entschädigung der Zwangsarbeiter*innen des Nationalsozialismus. Ihre offiziell verkündete Aufgabe war die Entschädigung der noch lebenden Zwangsarbeiter*innen des Nationalsozialismus, also von Menschen aus ganz Europa, die für deutsche Konzerne in Konzentrationslagern, Ghettos oder direkt in den Unternehmen zwangsarbeiteten. Nach 55 Jahren der Täter*innen-Opfer-Umkehr, Schuldabwehr und Zurückweisung der Verantwortung[214] beteiligten sich 6.544 Unternehmen und Banken, davon 26 Großunternehmen[215], an der Stiftung. Sie zahlten ihren Anteil von fünf Milliarden DM erst im Oktober 2001 ein. Weitere fünf Milliarden DM wurden vom Bund finanziert und von diesen zehn Milliarden DM waren 358 Millionen Euro für die Stiftung selbst reserviert.

> »Die Ausschüttung begann im Juni 2001, und als letzter Termin für die Antragstellung [für eine Entschädigung als Überlebende*r] wurde Ende September 2006 festgelegt. Nach einem Bericht von Dezember 2006 hat die Stiftung innerhalb von fünfeinhalb Jahren Entschädigungen in Höhe von 4,4 Milliarden Euro (8,6 Milliarden DM) an 1665 Millionen Zwangsarbeiter gezahlt«[216],

schreibt Raul Teitelbaum in seinem Buch *Die biologische Lösung*. Da zwischen dem Annahmestopp der Anträge und der Erstellung des Fonds nicht einmal sechs Jahre lagen, haben Hunderttausende Zwangsarbeiter*innen nie Entschädigungen erhalten. Die EVZ ist zum Gesicht der viel gelobten

---

214 »Auch wir waren Opfer des NS-Regimes und wir waren gezwungen, eine unrühmliche Aufgabe in diesem unmenschlichen Regime zu erfüllen«, sagte 1997 Karl-Hermann Baumann vom Unternehmen Siemens, zitiert in Raul Teitelbaums Buch: *Die biologische Lösung*, zu Klampen Verlag, 2008, S. 209. Auch IG Farben, Krupp, AEG, Flick und Rheinmetall verweigerten immer wieder Entschädigungen und behaupteten, sie wären von den Nazis zum Einsatz der Zwangsarbeiter*innen gezwungen worden. Dabei waren sie selbst Nazis der ersten Stunde.

215 Z.B. Opel, Deutsche Bank, Commerzbank, Porsche, Agfa, Siemens, Bahlsen, Melitta, Allianz, Bayer ...

216 Teitelbaum, Raul: *Die biologische Lösung*. zu Klampen Verlag, 2008, S. 225.

deutschen Erinnerungspolitik des 21. Jahrhunderts geworden, obwohl oder gerade weil sie von Anfang an Betrug war und zu einer Entpolitisierung der Geschichte führte.

> »Nach der Wahl Günther Saathoffs in den Stiftungsvorstand war der einst von ihm und Evers angeführte Entschädigungsaktivismus endgültig Geschichte. Fast alle Aktivisten blieben auf lange Sicht entweder in die Stiftung inkorporiert oder waren bei der Durchführung ihrer Projekte zugunsten NS-Verfolgter finanziell auf deren Zukunftsfonds angewiesen. Angesichts dieser institutionellen An- und Einbindung der Aktivisten in die Stiftung waren die letzten Entschädigungsforderungen linksradikaler Kritiker umso leichter zu ignorieren. Von den Zwangsarbeitern blieb vor allem das Bild dankbarer, hilfsbedürftiger alter Menschen.«[217]

Der ›Zukunftsfonds‹ der EVZ finanziert seit 2006 internationale und lokale Bildungsprojekte oder ›humanitäre [!!] Projekte‹. Die Webseite der Stiftung verwendet auch eine weiße *Charity*-Rhetorik in Bezug auf romane Menschen und Überlebende. Ab 2006 ersetzte dieser Fonds direkte Auszahlungen an Überlebende und betrog sie so de facto um ihre Reparationszahlungen. Ähnlich wie es der deutschen Politik gelingt, Selbstgefälligkeit und Schuldabwehr durch Pathos ins Zentrum der Gedenkdiskurse und -praxen zu stellen, erfüllt die EVZ eine Funktion der Legitimierung privater Unternehmen und des Staatsapparats sowie der Entschuldung aller Individuen, die Menschen verfolgten und ermordeten. Die Vor- und Nachnamen der Täter*innen, die Menschen durch Zwangsarbeit verfolgten und vernichteten, verschwinden nämlich hinter dem Firmennamen. So wird die Täter*innenschaft anonymer.

Die EVZ dient dem Ansehen Deutschlands und einer angeblichen Verantwortungsübernahme seitens des deutschen Staates und deutscher Unternehmen, obwohl es ihr eigentliches Ziel bleibt, sich von Schuld und Verpflichtung zu entledigen.

> »Die ›Nie-wieder‹-Sonntagsrede des Bundespräsidenten begründet zwar globalen Imagezuwachs, bleibt aber abgesehen vom obligatorischen Begleitprogramm in Form von Publikationen, Konferenzen und Gedenkstätteneinweihungen für Alltag und Struktur des Landes recht folgenlos. Einerseits kann der entkonkretisierte Schuldzusammenhang so immer wieder aktualisiert werden, um Kriege wie den Überfall auf Serbien als ›humanitäre Interventionen‹ präsentieren zu

217 Borggräfe, Henning: *Zwangsarbeiterentschädigung. Vom Streit um vergessene Opfer zur Selbstaussöhnung der Deutschen*. Wallstein, 2014, S. 498.

können, andererseits kann die Historie so weit wie möglich kaltgestellt werden, wo sich negative Konsequenzen für Deutschland ergeben. Dieses Paradigma greift auch im Fall der Stiftung Erinnerung, Verantwortung, Zukunft. Während es beispielsweise in einem Antrag der Grünen hieß, eine ›Aufarbeitung dieses düsteren Kapitels der deutschen Geschichte (ist) gerade für das Geschichtsbewusstsein der Gesamtgesellschaft besonders produktiv‹, drehten sich am Ende alle Bemühungen der deutschen Seite um die Garantie der ›Rechtssicherheit‹, mit der die Unternehmen jegliche zukünftigen Zahlungsforderungen unterbinden wollten. Die Funktionalität der Stiftung wird im Gesetzentwurf verdeutlicht, der die zahlenden Unternehmen lobend erwähnt, welche ›dem Ansehen der deutschen Wirtschaft insgesamt (...) dienen, das für eine auf den Export und die weltweite wirtschaftliche Zusammenarbeit angewiesene Nation von besonderer Bedeutung‹ ist.«[218]

Die Institutionalisierung der Erinnerung hat eine touristische und nicht-zwischenmenschliche Auffassung der Geschichte und des Gedenkens gefördert, die von Institutionen wie der EVZ mitkonstruiert und abgesichert wird. Gedenkstätten und pädagogische Methoden in Bezug auf den Nationalsozialismus und auf Genozide werden in Deutschland, Frankreich und Polen nur wenig von und mit Überlebenden oder POC gestaltet. Die Gefangenen- und Überlebendenverbände werden überhört. Oft dürfen sie keinen Einfluss auf die Bebauung der Gedenkstättengelände nehmen, z.B. darauf, wie rollstuhlgerecht diese werden, ob das Konzentrationslager wie ein Baudenkmal restauriert wird oder eben nicht oder an welchen Stellen des Lagers sich die Ausstellungen befinden. Sie dürfen meist weder die Entscheidung über Inhalt und Form von Veranstaltungen treffen, noch an ihnen Teil haben. Ebenso wenig dürfen sie bestimmen, inwiefern ehemalige Konzentrationslager ein Ort des Lernens und Austausches sein sollen (z.B. in der Gestaltung der Ausstellungen, Audioguides, Lesungen und Vorträge) oder ob diese lediglich ein Ort des Gedenkens sein sollten.

Die weiße und deutsche Aktivistin Claudia Krieg sagte 2013 in einem Vortrag in der Gedenkstätte Ravensbrück:

»Die verbliebenen Überlebenden von nationalsozialistischer Verfolgung und Vernichtung werden immer weniger wahrgenommen – weil sie die Kraft *nicht*

218 Weigand, Stefan: Nie wieder zahlen. Rechtsnachfolger, Entschädigungsverweigerer, Aufarbeitungsweltmeister – Deutschland und die Auszahlung der NS-Zwangsarbeiter. In: Jungle.World, 2007, 06.

mehr aufbringen können, in Erscheinung zu treten, weil sie sterben, so wie alte Menschen eben sterben. In den letzten Jahren gehörte es in den Ansprachen bei öffentlichen Gedenkfeiern zum guten Ton, dies zu erwähnen und zu bedauern. Denen, die sich davon zwangsläufig angesprochen fühlten, musste das wie verfrühte Grabreden erschienen sein, selbst wenn ihnen doch dabei angeblich Würde entgegengebracht werden sollte. In der Vergangenheit hat es keinen nennenswerten Dialog zwischen RepräsentantInnen der Überlebenden und VertreterInnen öffentlicher Interessen der Bundesrepublik gegeben – die Beziehungen waren mehrheitlich von Konflikten um die Gestaltung von Gedenkstätten und von geschichtspolitischen Streitfragen nach 1990 geprägt. Die vielen salbungsvollen Worte der Gedenkreden erfassten auch mitnichten, was die Sorge vieler Überlebender selbst betrifft. Nicht die Furcht vor dem Tod bereitet ihnen Angst, sondern, dass die Erinnerungen an die Verbrechen, die Nazi-Deutschland an ihnen begangen hat, nicht mehr weitergegeben werden: ›Wir haben Angst, dass es verloren geht nach unserem Tod‹, so die Bergen-Belsen-Überlebende Toni Dreilinger aus Israel, ›wir werden nicht ewig da sein‹. Diese Sorgen diskutieren Überlebendenverbände im Hinblick auf die Frage des Vermächtnisses in der Regel unter sich.«[219]

Als Überlebende*r über das Überleben zu sprechen, ist oft kompliziert und schmerzhaft. Folglich sollte sich auch die Täter*innengeschichte kompliziert anfühlen. Das Sprechen der Nachfahr*innen von Nicht-Verfolgten über die Geschichte der Genozide sollte ebenso persönlich sein. Es sollte nicht den Anleitungen von Bildungskoffern folgen. Die Auseinandersetzung mit Täter*innenschaft sollte nicht effiziente Erziehungs- und Lehrrezepte beinhalten und erzeugen, die relationale Geschichten und Verhältnisse ausblenden oder negieren.

In der offiziellen Sprache der Erinnerungspolitik und Geschichtsschreibung wird zudem häufig der Begriff ›Moral‹ (›moralische Verantwortung‹, ›moralische Pflicht‹) verwendet. In der Moral geht es aber um unpositionierte, unterdrückungsstützende Gesetze und Regeln, die in Wirklichkeit Erlösung oder Beruhigung der Schuldangst bedeuten. Bei Ethik und ethischer Verantwortlichkeit hingegen handelt es sich um ein persönliches Nachdenken und -fühlen, eine Beziehung, ein Verhältnis zu anderen Menschen und zum Gegenüber. Gedenken hat nichts mit Moral, sondern ausschließlich mit Ethik zu tun.

---

219 Aus ihrem Vortrag »Wissenschaft braucht keine Tränen – ein Vortrag ohne Format«.

Entpolitisierung, Enthistorisierung und Verleugnung: Romane-gadje[220] Beziehungen

»Das romani Episteme darf also nicht als etwas Bestimmtes betrachtet werden, als eine Kategorie eines heteronomischen, dogmatischen, außerhalb des Gesetzes stehenden Rechts, das folklorisiert oder umgewandelt werden muss, um dieser Vollkommenheit, dem Horizont der Wahrheit, der der westlichen Philosophie zugrunde liegt, zu entsprechen. Wir müssen uns eine andere Beziehung zwischen Singularität und Universalität vorstellen, um wieder in den Bereich des Möglichen einzutreten und von der Universalität zur Pluralität zu gelangen. Die romani Singularität ist kein ›Partikularismus›. Sie ist das Mittel zu einer anderen Universalität, einer Universalität, die auf andere Weise erreicht wird. Das Romanisein bedeutet aber auch eine andere Beziehung zur Wahrheit. Dies ist in Zeiten, in denen Männer und Frauen aus verschiedenen romane Gruppen der Verweigerung von Gerechtigkeit ausgesetzt sind, keine Nebensache. Wie viele marginale Episteme betrachtet das romani Episteme das Universelle in seiner Beziehung zur Gerechtigkeit. Gerechtigkeit erlaubt es uns, den Begriff der Wahrheit zu bewegen und zu durchdringen. Das Vollkommene ist ein Mittel, sich auf die Geschichte der Wahrheit zu beziehen, verstanden als ein Zusammenkommen, eine Vereinigung, ein Ursprung, und basierend auf der vorherrschenden philosophischen Tradition.

All diese Denkweisen haben das Romanisein auf einen Partikularismus, auf eine bestimmte Bestimmung reduziert. Die Antwort darauf ist nicht, wie es die romane intellektuellen Emanzipationsbewegungen bisher getan haben, zu schreien, dass Roma und ihre Intellektuellen gleichermaßen in der Lage sind, das Universelle zu denken. Stattdessen sollten romane Intellektuellen darüber nachdenken, die Beziehung zwischen dem Singulären und dem Universellen auf eine ganz andere Weise neu zu formulieren. Diese Neubewertung muss auch ein anderes Paradigma berücksichtigen, nämlich das der vielfältigen Formen des Romaniseins. Das romani Leben stellt den Begriff der Identität in Frage, indem es eine Position außerhalb der Dialektik von Essenzialismus und Universalismus einnimmt. Wenn wir an Gerechtigkeit als etwas denken, das von Wahrheit losge-

220 Siehe Glossar.

löst ist, dann macht das Gerechtigkeit zu der Modalität, durch die Singuläre zu Vielfachen werden. Es bedeutet, sich auf eine andere Bedeutung zu berufen als die, die durch die Wahrheit begrenzt ist und die eine feste, bestimmte Identität kennzeichnet. Es bedeutet im Gegenteil, die Bedeutung von Vielfältigkeiten in Frage zu stellen, wie wir es bei Singularitäten tun.«[221]

Sarah Carmona

Romane-gadje Geschichten im Gadje-Rassismus

Die Geschichte des europäischen Gadje-Rassismus aus romane Perspektiven ist wenig sichtbar. Auch bekanntere Autor*innen wie Ian Hancock und Rajko Đurić werden selten zitiert und wahrgenommen. Ausführliche analytische Werke über transnationalen Gadje-Rassismus (in der Art von Léon Poliakovs bedeutender *Geschichte des Antisemitismus* in mehreren Bänden) gibt es nicht.[222] Die Beziehungen zwischen Gadje und Rom*nja innerhalb des Gadje-Rassismus sind unsichtbar und werden verschwiegen. Dennoch ist der Gadje-Rassismus kein abstraktes Phänomen, er betrifft romane Menschen, die von Gadje verfolgt, kategorisiert und entmenschlicht werden. Er hat sich in konkreten Verhältnissen und in deren Verleugnung entwickelt. Die gleichen gadje-rassistischen Muster finden sich in unterschiedlichen Ländern wieder und stützen sich gegenseitig (in körperlicher und psychischer Gewalt, in der Literatur, in Gesetzen und in bildlichen und medialen Darstellungen). So haben viele europäische Staaten romane Menschen zwischen dem 16. und 18. Jahrhundert für ›vogelfrei‹ erklärt. Das heißt, es war nicht strafbar, sie zu ermorden. 1498 geschah dies in Freiburg und zwischen dem 16. und 18. Jahrhundert (mit Unterbrechungen)

221 Carmona, Sarah: Decolonizing the arts: Genealogy of Romany stereotypes in the Louvre and Prado collections. Critical Romani Studies, 2018, Number 2, S. 159. https://crs.ceu.edu/index.php/crs/issue/view/2 (12.01.2019). Danke für die Übersetzung an Selma Berg.

222 An dieser Stelle wird oft das 2011 erschienene Buch *Europa erfindet die* *** von Klaus-Michael Bogdal zitiert. Es ist nicht nur aus einer sehr weißen Sicht geschrieben, sondern reproduziert Klischees. So schreibt er auf Seite 13: »Was das Denken und Fühlen der Romvölker [!] betrifft, blicken wir zurück in einen undurchdringlichen Nebel, der sich wohl niemals lichten wird, da es an brauchbaren Zeugnissen mangelt [!!].« Er hat kein Interesse daran, romane Zeug*innenschaften zu recherchieren und zu zitieren. Er unterscheidet auch nicht zwischen der romani Geschichte und der unterdrückenden gadje Geschichte. Romane Menschen sind im Buch quasi abwesend, wenngleich es darin nicht nur um die weiße Konstruktion und um Gadje geht.

auch in Preußen, Böhmen und Mähren. In Frankreich haben 1641 König Ludwig der 14. und sein Minister Colbert durch Edikte Jagden gegen romane Menschen veranlasst und Kopfgelder für diese ausgezahlt. Europäische Herrschende haben die Verfolgung und Ermordung von Rom*nja teilweise delegiert: Ich konnte aber nicht herausfinden, wer sie ermordet und an den Jagden teilgenommen hat. Was jedoch feststeht, ist, dass die weiße Bevölkerung Geld erhielt, wenn sie romane Menschen verfolgte oder ermordete.

In Frankreich, England und Deutschland fanden diese Jagden ab dem 17. Jahrhundert parallel zu Hoftheateraufführungen statt, die Romn*ja in Szene setzten. Die Reichen entwickelten eine Masken- und Bekleidungsmode, die auch auf Festen und an Hoftheatern getragen wurde, das von Weißen imaginierte Bild der Romn*ja nachahmte und diese als exotisierte Figuren mitkonstruierte. Ludwig der 14., ›Trendsetter‹ der europäischen Monarchien, hat sich selbst in Balletten und Hoftänzen nach seiner Vorstellung des romano Mannes gekleidet und inszeniert. Schon damals war die Gleichzeitigkeit von Verfolgung und kultureller Ausbeutung der imaginierten Rom*nja durch deren Spektakularisierung kein Widerspruch, sondern sie waren und sind innerhalb der weiß-rassistischen und verleugnenden Strukturen komplementär und zusammenhängend. Der Aufruf zum Morden und der kulturelle Konsum geschahen zeitgleich.

Viele Künstler*innen inszenierten romane Menschen nach ihrer ersten Ankunft in Europa im 15. Jahrhundert auf rassistische Weise, zum Beispiel der Maler Caravaggio oder der Schriftsteller Cervantes. Beide beeinflussten den als ****-Mode bekannt gewordenen Stil. Gadje Künste hatten eine verheerende Rolle im Gadje-Rassismus: im Barock, in der Romantik des 19. Jahrhunderts und heutzutage. Sie haben romane Menschen stets verleumdet und zugleich exotisiert, sexualisiert, entmenschlicht und missbraucht.

Gadje Politiken beruhen europaweit bis zum 21. Jahrhundert auf Trennung: Erzwungene Trennungen innerhalb von romane Communitys und Trennungen zwischen Gadje und Romn*ja. Transhistorisch und transgeografisch bestanden sie aus Assimilationsmaßnahmen, dem Verbot, die eigene Sprache zu sprechen, Versammlungsverboten sowie Ghettoisierungen, Zwangsumsiedlungen und Deportationen (z.B. in Kolonien[223] und auf die Galeeren Spaniens, Portugals und Frankreichs vom 16. bis 18. Jahrhundert), Einkerkerungen in Arbeitsanstalten und Sterilisierungen (in Tschechien

223 Zum Beispiel im heutigen Brasilien, Algerien und Mexiko.

und Schweden auch noch nach dem Pharrajmos). Die gadji europäische Geschichte hat die Versklavung von romane Menschen auf dem europäischen Kontinent aus ihrem Gedächtnis gelöscht: Über sechs Jahrhunderte wurden Rom*nja in Moldawien und in der Walachei (im heutigen Rumänien) versklavt. Die ältesten erhaltenen bürokratischen Beweise dieser Versklavung sind aus dem 14. Jahrhundert und die Versklavung wurde erst 1856 abgeschafft.[224]

Vielleicht wurden außerdem vom 15. bis zum 19. Jahrhundert romane Menschen transatlantisch von Britannien, Frankreich oder Portugal nach Jamaika, Louisiana oder Brasilien zur Versklavung verschifft. Die Forschung befasst sich leider nicht mit dieser Geschichte. Noch gibt es zu wenige Quellen. Außerdem sind diese bis jetzt nur oberflächlich erforscht worden, als dass von einer ›transatlantischen Versklavung‹ gesprochen werden könnte. Ich habe in diesem Buch leider nicht den Platz, um die Thesen und Kontroversen diesbezüglich zu erläutern. Dass die Hypothesen einer transatlantischen Versklavung von Rom*nja der Öffentlichkeit völlig unbekannt sind, ist vielsagend.

Nachdem Spaniens Vertreibungsversuche der Rom*nja im 15. Jahrhundert fehlgeschlagen, romane Frauen und Männer zwangsgetrennt und der Caló (eine romani Sprache) sowie romani Bekleidung verboten worden waren, untersagte das spanische Parlament 1610 schließlich romane Menschen, sich als ›Gitano/Gitana‹ zu bezeichnen. Romane Menschen sollten nicht mehr als solche existieren, sondern sich an die weißen Spanier*innen anpassen; ihre Geschichte und selbst ihr Name, ›Gitano/Gitana‹, sollten verschwinden.

Ende des 18. Jahrhunderts wurden erneut die Wörter ›Gitano/Gitana‹ und ihre Verwendung als Selbstbezeichnung und mittels ähnlicher Maßnahmen verboten: Das Ausradieren der romane Menschen und der Romanipe sollte durch die Spaltung und Veleugnung ihres Selbst und der Geschichte von romane-gadje-Beziehungen erreicht werden. Dies sollte mittels der Unsichtbarmachung in der Alltagssprache und dem gesetzlichen Verbot der Identifikation als Rom*nja erfolgen. Diesen Politiken unterliegt die Vorstellung, dass eine Geschichte ganz ausgelöscht werden kann, wenn sie keinen Namen hat und nicht mehr weiß, wer sie ist. Die Romanipe

224 Hancock, Ian: We are the romani people. University Of Hertfordshire Press, 2002, S. 17-29.

im Spanien des 21. Jahrhunderts zeigt jedoch, dass dieser revisionistische Versuch misslungen ist.

Eine Geschichte der Beziehungen im Gadje-Rassismus muss erst noch geschrieben werden, umso mehr, als dass der Gadje-Rassismus die romani Geschichte als ›Außenseiterin‹ und romane Communitys als ›abgeschottet und mysteriös‹ darstellt.

Die Geschichte des Pharrajmos in Frankreich zeigt, dass die Bevölkerung zur Komplizin der Staatspolitik werden und diese teils übertreffen kann. Die weiße gadji Zivilbevölkerung mehrerer Städte in den Regionen Côte-d'Or und Loire-Inférieure beteiligte sich durch namentliche Denunziationen, Petitionen und Anfragen zur Errichtung von Lagern für romane Menschen direkt an der faschistischen Verfolgungspolitik Frankreichs zwischen 1939 und 1946. Sie schaffte es in den meisten Fällen tatsächlich, ihre romane Nachbar*innen internieren zu lassen. In Südfrankreich schrieben Menschen Petitionen, damit ihre romane Nachbar*innen in das dort befindliche Lager Gurs transportiert wurden.[225] 1944 brachten gadje Bäuer*innen mehrere romane Gefangene, die es geschafft hatten, aus dem Lager Montreuil-Bellay (in der Maine-et-Loire Region) auszubrechen, in Eigenregie in Lager des deutsch-französischen Lagersystems zurück.[226]

Wie von den romane Schriftsteller*innen Raymond Gurême, Zoni Weisz und Philomena Franz beschrieben, waren romane Menschen vor dem Pharrajmos zumindest *teilweise* anerkannte Mitglieder der *lokalen* Strukturen, in denen sie lebten, da, wie bereits erwähnt, viele ihrer Berufe auf sozialen Kontakten beruhten. Dadurch, dass diese Beziehungen geleugnet und das Menschsein der Rom*nja in Abrede gestellt wurde, war eine Leugnung des Pharrajmos europaweit so lange möglich. Romane Realitäten und Worte werden jedoch durch die Leugnung der historischen Verhältnisse zwischen Weißen und Romn*ja auch weiterhin verdeckt, ignoriert und unsichtbar gemacht. Der Gadje-Rassismus enthistorisiert, entpositioniert und entwirklicht romane Menschen und deren Überleben über die Jahrhunderte. Auch der linke Gadje-Rassismus, der Rom*nja als ›Opfer der Opfer‹ wahrnimmt und konstruiert, betrachtet romane Vergangenheit und Gegenwart

225 Siehe Emmanuel Filhols Artikel »L'indifférence collective au sort des **** internés dans les camps français, 1940-1946« in der Zeitschrift *Guerres mondiales et conflits contemporains*, 2007/2, n°226, S. 69-82.

226 Vgl. Sigot, Jacques: Ces barbelés oubliés par l'Histoire. Un camp pour les ****...et les autres. Montreuil-Bellay 1940-1945. Édition Wallâda, 1994, S. 212.

nicht als eine aktive, widerständige, zwischenmenschliche und heterogene Geschichte. Doch diese legitimierte Verkennung und Unkenntnis von romani Geschichte (und zwar nicht nur von der Verfolgungsgeschichte) und romane Schöpfungen ist nicht nur eine Auswirkung des Gadje-Rassismus. Sie erzeugt ihn auch.

Hexenkunst, Hexenverfolgung und romani Geschichte

Jeanne Favret-Saada hat jahrelang über Hexerei in der Bocage, einer Gegend Westfrankreichs, geforscht. Sie schrieb 1977:

> »Bei ihren Vorbereitungen für die Feldforschung liest sie [die Autorin] sich durch die wissenschaftliche (und weniger wissenschaftliche) Literatur zu zeitgenössischer Hexerei: Texte von Folkloreforscher*innen und Psychiater*innen, von Okkultismusexpert*innen und Journalist*innen. Was sie herausfindet: ›Gutgläubige‹, ›rückständige‹ Bäuer*innen, die den Zusammenhang zwischen Ursache und Wirkung nicht begreifen, sehen die Schuld für ihr Pech bei den neidischen Nachbar*innen, die einen Fluch über sie verhängt haben; also gehen sie zu einer Hexe, die den Fluch brechen soll und die meist als ›Scharlatan‹ und manchmal als ›naiv‹ beschrieben wird. Diese Hexe beschützt die Bäuer*innen dann mithilfe ›geheimer‹ Rituale, die ›keine Bedeutung haben‹ und aus grauer Vorzeit stammen, vor ihren imaginären Angreifer*innen. Die geografische und kulturelle Isolation der Bocage in Westfrankreich ist zum Teil dafür verantwortlich, dass diese ›Überzeugungen‹ bis heute ›überlebt‹ haben. Wenn das alles ist, was es über Hexerei zu sagen gibt (und ganz gleich, wie viel man aus den Büchern der Folklorist*innen und aus den Reportagen über Hexereiprozesse in der französischen Presse der letzten zehn Jahre zu erfahren versucht – man wird nicht mehr finden als das), so kann man sich fragen, woher die Obsession kommt. Angesichts der immensen öffentlichen Neugier, der Faszination, die schon vom Wort ›Hexerei‹ auszugehen scheint, und der Erfolgsgarantie aller Texte zum Thema kann man sich fragen, welche journalistische Sensationsnachricht jemals ein größeres Publikum finden könnte.«[227]

Obwohl es im Westfrankreich der 1970er-Jahre viel (Gadje-)Hexerei gab, wurde sie klassistisch als ›archaisch und analphabetisch‹ konstruiert, geothert und verleumdet. Hexenkunst und Wahrsagen existieren auch heute

227 Favret-Saada, Jeanne: Deadly Words. Cambridge, 1980, S. 3. Übersetzung von Katharina Voß.

noch in Europa, obwohl Forscher*innen sie schon in den 1970er-Jahren als Vergangenheit darstellten.

Ich habe keine aus romani Sicht erzählte europäische Geschichte der Hexenkunst und des Wahrsagens als Beruf finden können. Die sozialen, therapeutischen und zwischenmenschlichen Geschichten darüber sind jenseits der Ethnologisierung wenig erforscht, obwohl es zahlreiche akademische Arbeiten über Hexerei gibt. Das Thema des Wahrsagens in der romani-gadji Geschichte ist voller rassistischer Stereotype und Verleumdungen. Wahrsagen ist ein Beruf, der *manchmal* von romane Menschen ausgeübt wurde und wird. Dennoch wurden romane Menschen in ihrer Gesamtheit als Hexen und Betrüger*innen konstruiert, exotisiert und kriminalisiert (Letzteres schon in Schriften von Martin Luther und Heinrich Grellmann). Die Beschimpfungen ›(teuflische) Hexe‹ oder ›Wahrsagerei‹ kommen häufig in Kunstwerken vor, die den intellektuellen und kulturellen Gadje-Rassismus nachhaltig geprägt haben. Am berühmtesten sind Prosper Mérimées *Carmen*, Victor Hugos *Glöckner von Notre Dame* und dessen Walt Disney Verfilmung sowie Karl Mays, Goethes, Schillers, Brentanos, Cervantes‹, Walter Scotts und E.T.A. Hoffmanns Bücher. Dieses gadje-rassistische Bild der *Hexe/Wahrsagerin* wurde auch in der Malerei genutzt, zum Beispiel von Georges de la Tour, Caravaggio[228], da Vinci und Watteau. Vor und nach der Ankunft von romane Menschen im Europa des 15. Jahrhunderts gab es zahlreiche Gesetze und Erlässe gegen ›Magier*innen‹ und ›Wahrsager*innen‹, die als Gefährdung des Christentums wahrgenommen wurden. Die nationalsozialistische deutsche Regierung verabschiedete unter anderem 1934, 1939 und 1942 Erlässe und Anordnungen, die das Wort ›Wahrsagerei‹ beinhalteten, um romane Menschen zu kriminalisieren und zu deportieren, zum Beispiel:

> »Eine Anordnung des Reichssicherheitshauptamts vom Herbst 1942, die Sinti und Roma Frauen beim Verdacht der Wahrsagerei Konzentrationslagerhaft androhte, bot den Polizeistellen die Handhabe zu willkürlichem Vorgehen und zahlreichen tatsächlich unbegründeten Verhaftungen.«[229]

---

228 Carmona, Sarah: Decolonizing the arts: Genealogy of Romany stereotypes in the louvre and prado collections. Critical Romani Studies. 2018, Number 2, S. 152.

229 Krokowski, Heike: Die Last der Vergangenheit. Campus, 2001, S. 28.

Bezeichnend ist auch, dass Sintizze 1939 für die weiß-deutsche Bevölkerung als Wahrsagerinnen arbeiteten, Informationen über den Krieg deuten und vorhersagen sollten und kurz darauf deportiert wurden.[230]

Die Konstruktion von ›teuflischen, ketzerischen und magischen‹ romane Figuren in der gadji Vorstellungswelt bedeutete eine Rassifizierung und Unsichtbarmachung von romane Menschen und romane-gadje Beziehungen. Wahrsagen ist ein zwischenmenschlicher Beruf, unabhängig davon, ob er als Aberglaube, falsch oder richtig verstanden wird. Es handelt sich um eine Dienstleistung, die Gespräche, Traumdeutungen, Rituale oder Interpretationen zur Beruhigung oder Betreuung der Klient*innen anwendet. Es ist ein Beruf des Psychischen, der die Sprache und das Verhalten von Menschen deutet und ein therapeutisches Setting erschafft.

Die romane-gadje Beziehungen rund um das Wahrsagen sind voller rassistischer Widersprüche und Heucheleien: Weiße Menschen konnten romani Wahrsagen und Magie durch Kräuterbehandlungen, Zaubersprüche und Rituale für sich nutzen, das heißt von Wissen, Austausch und Interaktionen profitieren. Dennoch verleumdeten sie diese Praxen stets, stellten romane Menschen als Betrüger*innen und Dieb*innen, Gadje hingegen als Opfer dar. Sie ließen die Erzählung der romane-gadje Beziehungen aus, romani Kenntnisse wurden negiert, verspottet und aberkannt.

Die erste Staffel der US-amerikanischen Serie *Shut eye* (2016–2017) mit der Gadji Isabella Rossellini als ›böser‹ Romni verdeutlicht diesen Mechanismus. Ein weißer Held mit Familie ist Hellseher und Wahrsager (›*psychic*‹) von Beruf. Er arbeitet für eine kalifornische romani Familie, die ihn ausbeutet und ebenfalls im Psychic-Business tätig ist. In der ersten Folge sagt er, er habe nicht gewusst, dass Rom*nja tatsächlich existieren! Zunächst wird er als Betrüger dargestellt, denn die Annahme der Serie ist, dass Wahrsagen zwingend Schwindel ist. Doch dann wird er durch den Gegensatz zu den ›bösen‹ romane Menschen unschuldig gemacht. Diese werden als widerlich, archaisch und verlogen gezeigt. Ab der dritten Folge ist der Held nicht mehr nur die weiße, bessere Kopie der romane Figuren. Durch einen Autounfall bekommt er sogar echte Visionen, eine wahre Gabe und Wahrsagermacht. Jetzt kann er die Zukunft und die Menschen tatsächlich teilweise lesen, sein ›Wissen‹ ist nun keine Täuschung mehr. Ab diesem Zeitpunkt wird er noch altruistischer und legitimer als die ro-

230 Reuss, Anja: Kontinuitäten der Stigmatisierung. Metropol, 2015, S. 58.

mane Figuren dargestellt. Auf einmal ist er nur noch ein halber Betrüger, dessen Ambivalenz anziehend wirkt: eine weiße männliche Figur, die über tatsächliches Wissen und eine reale Gabe verfügt und dadurch ehrlich und sympathisch werden kann, die Vorderseite. Die Kehrseite sind die romane Figuren, die nur aus falschen, unseriösen und betrügerischen Gründen in demselben Business sind, keine Menschenkenntnisse haben und kriminell und dumm sind. Der gadjo Held bleibt auch in der zweiten Staffel zugleich Menschenfreund und Betrüger und immer besser als die romane Menschen, deren Essenz lediglich als Schwindel und Lüge dargestellt wird und mit denen keine Identifikation möglich sein soll.

Darüber hinaus gibt es zahlreiche Verbindungen zwischen Teufels-Rhetorik bzw. Dämonisierungen und antisemitischen und rassistischen Konstruktionen. Der Grundwortschatz zur europäischen Hexenverfolgung ist vom Antisemitismus der Täter*innen geprägt, wie der Begriff ›Hexensabbat‹ (›synagoga satanae‹) verdeutlicht. Die vom 14. bis 18. Jahrhundert in Europa als Hexen verfolgten Menschen wurden der Brunnenvergiftung, der Tierwandlung, der Schadenzauber, der Promiskuität, des Ritualmords, der Teufelsanbetung und des Kinderraubs beschuldigt. All diese Anschuldigungen oder Zuschreibungen finden sich in historischen antisemitischen und/oder gadje-rassistischen Diskursen wieder. Dennoch ist in der Forschung nur wenig über diese weißen rassistischen Konstrukte und Diskurse der Hexenverfolgung zu lesen. Brian P. Levacks Klassiker *The witch-hunt in early modern Europe* (2006) erspart sich jegliche Analyse des Antisemitismus (jüdische Menschen und ihre Verfolgung werden lediglich sechs Mal ultrakurz erwähnt). Romane Menschen und Gadje-Rassismus werden komplett ausgelassen. William Burns' Enzyklopädie *Witch hunt in Europe and America* (2003) erwähnt Rom*nja nur zwei Mal am Rande. Eine Ausnahme ist Carlo Ginzburg, der 1989 in seinem Buch *Hexensabbat* die Hexenverfolgung der Neuzeit im antisemitischen und rassistischen Europa verortet. Seine Analyse der Entstehung des Bildes vom Hexensabbat ab dem 14. Jahrhundert verknüpft die Verfolgung von leprakranken Menschen, Muslim*innen und Jüd*innen mit den Theorien der Hexenverfolgung und Inquisition. Er interpretiert Dämonologie und Hexenverfolgung und deren rassifizierende Konstruktionen aus einer POC-Sicht .

Dennoch wäre es falsch, zu behaupten, dass weiße Frauen rassifiziert worden sind. Die unterschiedlichen Unterdrückungsformen liefen parallel, waren aber nicht identisch. Der weiße intellektuelle und alltägliche Feminismus verdeckt oft POC-Geschichten der europäischen Hexenverfolgung und der weißen diskursiven Konstruktionen von Hexenverfolger*innen und Inquisition. Trotz der rassistisch hergestellten Verbindung zwischen romane Menschen, besonders Frauen, und dem Magischen während der Hexenverfolgung in Europa, wird nicht erforscht, ob romane Menschen als Hexen verfolgt wurden oder ob und welche Verknüpfungen es zwischen der Romanipe-Geschichte und der Hexenverfolgungs- und Inquisitionsgeschichte gibt.

Silvia Federici, anerkannte marxistische Feministin, schrieb 2004 mit *Caliban and the Witch* ein Buch über Hexenverfolgung und patriarchale Unterdrückung und Regulierung, das zum Standardwerk geworden ist. Darin erwähnt sie die Verfolgung von romane Menschen während der Hexenverfolgung ein einziges Mal und verwendet dabei ein Schimpfwort:

> »In einer früheren Phase hatten Männer bis zu 40 Prozent der Beschuldigten gestellt, und eine geringere Zahl wurde auch später noch verfolgt; die meisten kamen aus den Reihen der Vagabunden, Bettler und Wanderarbeiter, oder sie waren Sinti, Roma [E.F.: Federici schreibt im englischen Original nicht ›Sinti, Roma‹, sondern das gadjo Schimpfwort] oder Priester niedrigen Ranges. Darüber hinaus war die Beschuldigung, den Teufel zu verehren, bis zum 16. Jahrhundert zu einem in politischen und religiösen Auseinandersetzungen häufig anzutreffenden Motiv geworden; es gab kaum einen Bischof oder einen Politiker, der im Eifer des Gefechts nicht beschuldigt wurde, ein Hexer zu sein. Protestanten beschuldigten Katholiken, insbesondere den Papst, dem Teufel zu dienen. Luther selbst wurde der Magie beschuldigt, ebenso John Knox in Schottland, Jean Bodin in Frankreich und viele andere anderswo. Auch Juden wurden gewohnheitsmäßig beschuldigt, den Teufel zu verehren; oft wurden sie mit Hörnern und Klauen dargestellt. Die herausragende Tatsache besteht jedoch darin, dass mehr als 80 Prozent derer, die im Europa des 16. und 17. Jahrhunderts als Hexen angeklagt und hingerichtet wurden, um Frauen handelte.«[231]

Im restlichen Text verwendet Federici zur Benennung der Verfolgten die Kategorie ›Frau‹ und (mit Bezug auf ihre marxistische Analyse) zumeist den Begriff ›Frauen aus dem Proletariat‹, ohne zu sagen, ob diese weiß, romane oder andere POC waren. So negiert sie Unterschiede zwischen POC und Weißen. Zudem relativieren zahlreiche ihrer *Vergleiche* zwischen

231 Federici, Silvia: Caliban und die Hexe. Frauen, der Körper und die ursprüngliche Akkumulation. Mandelbaum Verlag, 7. Auflage 2017, S. 224.

Verfolgungen und Ermordungen von POC und Weißen die europäische POC-Geschichte und das Überleben von POC in der Neuzeit sowie in den Anfängen des Kapitalismus. So vergleicht Federici die Überlebensbedingungen von Schwarzen und *Native Americans* während der Versklavung und Kolonisierung mit denen der weißen Arbeiter*innenklasse und weißer Bäuer*innen in Westeuropa. Sie verwendet das Wort ›genozidal‹ für Ausbeutungs- und Verfolgungssituationen der weißen Arbeiter*innenklasse und impliziert Shoah-Vergleiche.[232] Eine These ihres Buches ist, dass die Hexenverfolgung wie ein Genozid (an Frauen) war.[233] Die darin vorausgesetzte Absicht der Täter, Frauen in ihrer Gesamtheit zu vernichten, ist jedoch unbelegt. Ihr Buch stellt Verfolgungen in Wettbewerb zueinander und erzeugt Relativierungen und Opferkonkurrenz. Sie versteht Hexenverfolgung als kapitalistische Repression, *Silencing*, Zerstörung, Einfriedung (*enclosure*) und Zersplitterungsstrategie weiblicher Widerstandsformen und des weiblichen Körpers. Da sie Hexenverfolgung mit der ausbeuterischen und mörderischen Geschichte des Kapitalismus verbindet, verortet sie ihre Analyse in der Geschichte der transatlantischen Versklavung und Kolonisierung der zukünftigen USA. Die Geschichte der Versklavung von romane Menschen in Rumänien, die bis 1856 andauerte und Teil der europäisch-kapitalistischen Geschichte ist, findet jedoch keine Erwähnung.

Im 21. Jahrhundert wird im Westen zunehmend eine positive Idee der Hexe in Filmen, Serien und Events vermarktet und in linken Kreisen ist die Figur der Hexe bereits seit den 1970er-Jahren in Mode. Die neue, weiße, sich zum Feminismus bekennende ›Wicca‹-Religiosität und der Neopaganismus sind jedoch, besonders in den USA und in Deutschland, voller Aneignung von POC-Praxen und -Gegenständen (besonders von *Native Americans*).[234] Seit circa 15 Jahren gibt es in Berlin weiße queere Partys mit Tarot-Karten-Ständer und Wahrsagetresen, die in ihrer beabsichtigten

---

232 Z.B. »When we look at the beginning of capitalist development, we have the impression of being in an immense concentration camp.« (Federici, Silvia: Caliban and the Witch. Autonomedia, 2004, S. 64).

233 Z.B. »[Crossing] all boundaries, the witch-hunt spread from France and Italy to Germany, Switzerland, England, Scotland and Sweden. What fears instigated such concerted policy of genocide?« (Federici, Silvia: Caliban and the Witch. Autonomedia, 2004, S. 169).

234 https://qz.com/805704/columbus-day-cultural-appropriation-white-americans-need-to-stop-assuming-native-american-culture-belongs-to-them-too/ (09.06.2019). https://www.tumblr.com/search/cultural%20appropriation%20in%20witchcraft (14.05.2019).

Coolness eine weiße Vorstellung des Wahrsagens reproduzieren und bewusst oder unbewusst Rom*nja exotisieren. Für eine Szene, die ihre Kraft u.a. aus der Subversion gesellschaftlicher Normen schöpft, ist Wahrsagen vielleicht gerade deshalb so aufregend und anziehend, weil es mit den – weißen, rassifizierten – Vorstellungen von Romnja* und anderen W*OC als mysteriös, subversiv, unspießig und powerful verbunden ist. Ähnliche Instrumentalisierungsprozesse lassen sich auch in anderen ›alternativen‹ Szenen finden. Die von der Mittelklasse inszenierte und angestrebte Subversion und der Gadje-Rassismus liegen oft nah beieinander. Dies ist zum Beispiel seit dem 19. Jahrhundert in der Verwendung des gadje-rassistischen Begriffs ›Bohème‹ als (Selbst-)Bezeichnung prekärer oder vermeintlich unrechtmäßiger weißer Künstler*innen und ihrer Lebensformen der Fall.[235] Frankofone Gadje haben romane Menschen schon im 16. Jahrhundert als ›Bohémien*nes‹ bezeichnet. Das ist eine Fremdbezeichnung, die sich in mörderischen Gesetzen und Erlassen wiederfand. Die gadji (Selbst-)Bezeichnung ›Bohème‹ für sentimentale Ideale, ›freie‹ Lebensweisen oder das Kunstmilieu leitet sich davon ab. In der internationalen Literatur von Puschkin, Tolstoi und Rimbaud bis hin zu Jan Yoors und Colum McCann sowie in S. Knights aktueller Serie *Peaky Blinders* treten diese rassistischen Muster ebenfalls in Erscheinung. Die verzerrte Vorstellung und Fantasie vom Gangster- und Outlaw-Leben ist für die Ober- und Mittelklasse attraktiv und aufregend. All diese Praxen eignen sich eine imaginäre Romanipe an, rufen rassistische Bilder hervor und reproduzieren diese.

Romane-gadje Geschichten und relationaler Revisionismus

»Die Noten von meinen Liedern auf Romanes
sie sind noch alle durcheinander
der höchste Ton, er sitzt ganz oben
und der kleinste fällt hin und her.
Meine Töne haben noch keinen Halt
und sie streiten sich miteinander
und das, obwohl ich es ihnen sagte.
Habt doch etwas Geduld, ihr seid ja
Töne auf Romanes.

235 Auch Etienne Comars Film *Django* über Django Reinhardt spielt mit der Konstruktion der Vorstellung von ›Bohème‹.

Und glaubt ihr
ihr werdet das Rampenlicht gut vertragen
denn ihr kennt doch noch kein Licht?
Im Finstern ward ihr tief begraben
doch nach der tiefen Finsternis für euch
erscheint dann auch das Licht.«[236]

Ceija Stojka

»Ich singe, weil ich mich dran erinnern kann, was ich erlebt habe.«
Manolito de Maria, Flamencosänger aus dem Anfang des 20. Jahrhunderts

Als Romni* zu sprechen, bedeutet oft, die Geschichte, die Romanipe und die Beziehungen zwischen Gadje und Rom*nja wiederherzustellen und Verleumdungen zu dekonstruieren. Romani Geschichte und die Geschichte des Gadje-Rassismus werden oft dekontextualisiert erzählt, ganz nach dem Motto: Rom*nja sind doch sowieso immer verfolgt worden. Dabei wurden romane Menschen nie zufällig oder überall gleichermaßen verfolgt. Ebenso haben Rom*nja keineswegs geschichtslos und zufällig gehandelt. Und die Romanipe hat sich nicht einfach ohne Kontext ›hier und da‹ verändert.

Romane Menschen waren immer Akteur*innen der Geschichte, sowie der Gegenwart und Vergangenheit ihrer Länder. Sie waren keine passiven Opfer oder passiven Verfolgten und ›Mitbürger*innen‹. Im *Silencing*, in der Exotisierung und in den gadje Otheringsprozessen der Romanipe werden die Beziehungen zwischen Gadje und Rom*nja sowie ihr Zusammenleben jedoch verleugnet und unsichtbar gemacht.

In Frankreich zum Beispiel waren zu Zeiten der Könige Franz I. und Heinrich IV. (zusammengenommen zwischen 1515 und 1610) mehrere romane Communitys an Kriegen beteiligt, die Frankreich als Nation bildeten, und danach ebenfalls an der *Fronde* (Aufstände und Kriege zwischen 1648-1653), in der sie für Adelige als Soldaten kämpften. Als Ludwig XIV. Frankreich zentralisieren und die Macht der Adeligen und Dissident*innen verringern wollte, trennte er auch romane Communitys und verfolgte sie, da einige von ihnen für seine Gegner*innen arbeiteten.[237] Wir können also annehmen, dass ein Teil der Verfolgung im Frankreich des 17. und 18. Jahrhunderts nicht aus dem Nichts kam, sondern unter anderem daher

236 Stojka, Ceija: auschwitz est mon manteau. Edition Bruno Doucey, 2018, S. 88.
237 Siehe Henriette Asseos Artikel: Travestissement et divertissement. Bohémiens et Egyptiens à l'époque moderne. Dossiers du Grihl, 2009.

rührte, dass einige romane Menschen Kommandanten und Soldaten für weiße Gadje (Gutsherren und Adelige) waren, die die Könige gefährdeten. In der Geschichte osteuropäischer Länder haben romane Menschen auch eine große Rolle gespielt, etwa im Kampf gegen das Osmanische Reich[238] oder Ende der 1980er-Jahre in Rumänien, als sich in Temesvar, Craiova oder Brasov die Revolte gegen Ceausescu organisierte.[239] Diese Geschichten müssen noch erzählt werden. Und im Hinblick auf die nationalen Musikgeschichten Ungarns, Russlands oder Spaniens müssen noch viele weitere romane-gadje Geschichten geschrieben werden.

Isidora Randjelović schreibt in ihrem Artikel über die Geigerin Panna Czinka:

> »Obwohl das Musizieren für Roma und Sinti bis in die Gegenwart ein ambivalentes Feld darstellt, auf dem Anerkennung und Stigmatisierung verhandelt werden, bot bereits die ›Musikindustrie‹ des 18. Jahrhunderts gute Voraussetzungen einer schichtübergreifenden Akzeptanz, und die Musik der Roma ertönte in verschiedenen gesellschaftlichen Sphären. So genannte ›Zigeunermusiker‹ wurden an den Höfen herumgereicht und es galt als modern, eigene ›Zigeunerkappellen‹ zu besitzen und Wettveranstaltungen zu organisieren. Gleichzeitig musizierten Roma und Sinti aber auch auf Festlichkeiten der Bauern und auf Jahrmärkten. Sie kreierten den Musikstil Verbunko, dessen Name sich vom deutschen Wort ›werben‹ ableitet und der insbesondere auf großen Werbeveranstaltungen für die militärische Rekrutierung gespielt wurde. Roma Musiker wurden vorzugsweise zu diesem Zweck von der Armee engagiert, weil sie den Verbunko beherrschten und man darauf hoffte, dass die Zuhörer, betört von der Musik, die Verpflichtungsschreiben mit ihrer Unterschrift versahen.«[240]

Romane Musiker*innen waren Teil der ungarisch-österreichischen Geschichte und Akteur*innen der Musikgeschichte dieser Zeit. Es wird aber, z.B. vom weißen Ethnologen Patrick Williams, behauptet, der Verbunko sei lediglich eine »ungarische Volksmusik« und romane Musiker*innen

238 Đurić, Rajko: Ohne Heim – Ohne Grab: die Geschichte der Roma und Sinti. Aufbau Verlag, 2002, S. 109-116.

239 Ebd., S. 140.

240 Randjelović, Isidora: Auf vielen Hochzeiten spielen. Strategien und Orte widerständiger Geschichte(n) und Gegenwart(en) in Roma Communitys. In: Kien Ngi Ha u. a. (Hg.): Re/visionen. Postkoloniale Perspektiven von People of Color auf Rassismus, Kulturpolitik und Widerstand in Deutschland, Unrast Verlag, 2007, S. 269. Der Text ist auf der Webseite der Inirromnja zu lesen: https://inirromnja.wordpress.com/rromanipe/literatur/ (05.12.2018).

nur seine Interpreten. Der romano Aktivist und Forscher Rajko Đurić erklärt hingegen, dass die Basis der ungarischen Musik romani ist.[241] Es ist sehr verdächtig, dass so viele nationalistische Kontroversen behaupten, Musikstile seien *nicht* romani (der Verbunko, der Flamenco oder Bartoks Inspirationen). Isidora Randjelović gibt der Romanipe-Geschichte (auch als Gender- und Klassengeschichte) und den romane-gadje Begegnungen ihre Komplexität zurück:

> »Wie ihre männlichen Kollegen trat Panna Czinka am Hof und auf Militärveranstaltungen auf, musizierte auf privaten und öffentlichen Festlichkeiten und war willens und in der Lage, sich in den verschiedenen gesellschaftlichen Domänen ihren Raum zu sichern. In ihren Grenzwanderungen begnügte sie sich jedoch nicht nur mit der Anwesenheit in den jeweiligen sozialen Sphären, sondern trug die Elemente der einen in die anderen herein – indem sie etwa die Militäruniform, die für das Spielen des Verbunko schicklich war, regelmäßig auch beim Musizieren am Hof trug. Diese Strategie des Annehmens und Transportierens unterschiedlicher Lebensweisen in unterschiedliche gesellschaftliche Zusammenhänge zeigt sich am deutlichsten darin, dass sie als Frau einer Erwerbsarbeit als Berufsmusikerin nachging und durch ihre Professionalität den Zugang zu den Oberschichten der Mehrheitsgesellschaft erlangte.«[242]

Von der Annahme ausgehend, der Verbunko und die ungarische Musik des 18. Jahrhunderts seien nicht romani, wird ebenso behauptet, die Werke des 19. und 20. Jahrhunderts von Liszt, Schumann, Berlioz oder Bartok seien von der ›ungarischen Volksmusik‹ inspiriert. Diese Komponisten schrieben ihre als ›ungarisch‹ oder ›rumänisch‹ betitelten Rhapsodien, Tänze und Lieder meist auf dem Boden der Unsichtbarmachung der Romanipe und der romane-gadje Begegnungen. Die Musikstücke klingen allerdings sehr romani und sehr weiß zugleich. Berühmte gadje Komponisten des 19. und 20. Jahrhunderts (z.B. Bartok, Liszt, Schumann, Brahms oder Berlioz) verarbeiteten romane Musikformen und -stile für die hegemoniale klassische Musik, ohne dies zu benennen. Da sie von romane Musiker*innen ›klau-

241 Đurić, Rajko: Ohne Heim – Ohne Grab: Die Geschichte der Roma und Sinti. Aufbau Verlag, 2002, S. 163.

242 Randjelović, Isidora: Auf vielen Hochzeiten spielen. Strategien und Orte widerständiger Geschichte(n) und Gegenwart(en) in Roma Communitys. In: Kien Ngi Ha u. a. (Hg.): Re/visionen. Postkoloniale Perspektiven von People of Color auf Rassismus, Kulturpolitik und Widerstand in Deutschland, Unrast Verlag, 2007, S. 270.

ten‹, fühlen sich ihre Musikstücke eben auch ›geklaut‹ und angeeignet an. Zum Beispiel ist Liszts ethnologisierendes Buch *Die **** und ihre Musik in Ungarn* (1859) voll von Rassismus (und zwar nicht nur Gadje-Rassismus), Antisemitismus und Revisionismus. Es gehört zur gadje-rassistischen Kunst der Romantik. Die gadje Code-Worte dieses Rassismus sind also u.a.: Freiheit, Natur, Gesetzlosigkeit, Spontaneität, Leidenschaft oder das Kindliche. Liszt bezeichnet Rom*nja als ›primitiv, faszinierend und unbezähmbar‹, ihre Musik als ›grob‹ und ›unüberlegt‹. Die Musikologie seiner Zeit betrachtete ihn als verräterisch und ›progressiv‹, da er anerkannte, dass Rom*nja die weiße ungarische und europäische Musik stark beeinflussten. Auch im 21. Jahrhundert wird er als antirassistisch angesehen. Dabei sind sein Essentialismus und sein bürgerlich-sentimentaler Gadje-Rassismus allgegenwärtig. Der romano Pianist György Cziffra interpretierte Liszts ›ungarische‹ Werke auf eine sehr persönliche Weise. Sie klingen bei ihm ausgesprochen romani. György Cziffras Geschichte ist sehr unbekannt, sei es seine Verfolgungsgeschichte unter dem kommunistischen Regime in Ungarn, seine Zugehörigkeit zum Bürgertum in Frankreich nach seinem Exil aus Ungarn im Jahre 1956, oder seine Konzert-Improvisationen von Liszt, Brahms oder Schumann.

Auch Russland und die Sowjetunion hatten und haben eine heterogene kulturelle romani Geschichte, die nicht wahrgenommen wird. Laut einiger Musikwissenschaftler*innen waren Rom*nja ab 1775 Mitbegründer*innen der russischen Chortradition.[243] Im Zarismus bildeten sich äußerst große Klassenunterschiede zwischen romane Menschen. Es gab eine romani Elite, die durch Karrieren in der Musik und im Militär zu Ansehen und einer relativen sozialen Sicherheit gelangte. Die kommunistische Revolution von 1917 verstärkte die Berufsvielfalt innerhalb der romane Communitys.[244] Rom*nja waren Teil dieser Revolution, nicht nur Opfer der sowjetischen Politik. Ab 1925 gab es romane Räte, romane Kolchosen und eine romani Selbstorganisation von Jugendgruppen, die 600 Mitglieder zählte, aber 1928 aufgelöst wurde.[245] Einige Schulen lehrten auf Romanes. 1931 wurde eine romani Grammatik verfasst. In der Anfangszeit der UdSSR erschienen

243 Đurić, Rajko: Die Literatur der Roma und Sinti. Parabolis, 2002, S. 32.

244 Lemon, Alaina: Between two Fires... Gypsy Performance and Romani Memory from Pushkin to Postsocialism. Durham, 2000.

245 Đurić, Rajko: Die Literatur der Roma und Sinti. Parabolis, 2002, S. 187.

300 romane Publikationen.[246] Die ältesten erhaltenen Werke der romani Literatur waren in Russland Ende des 19. Jahrhunderts herausgegeben worden. Diese Literatur wurde im Laufe der Zeit durch Zeug*innenschaften, Artikel, Journalismus, Erzählungen und Gedichte sehr lebendig. In den ersten Jahren der Sowjetunion erreichte sie trotz des fortbestehenden Gadje-Rassismus eine größere Öffentlichkeit, etwa mit Olga Pankowa, die bereits 1933 den Gedichtband *Amare divesa* veröffentlichte. Leider sind von ihr keine Übersetzungen in westeuropäische Sprachen erhältlich. Nina Dudorowa und Ivan Rom Lebedew sind weitere Intellektuelle, die zu jener Zeit romane Schriftsteller*innen-Gruppen angehörten. 1931 wurde das romani Theater *Romen*, das es auch heute noch gibt, gegründet. Ab 1940 wurden seine Stücke nur noch auf Russisch (nicht mehr auf Romanes) aufgeführt. Aufgrund der stalinistischen Politik ab den 1940er-Jahren und des Pharrajmos wurden diese alltäglichen und kulturellen romane Bewegungen jedoch verfolgt und ermordet. Danach konnten sie sich nie wieder aufbauen.

Die Geschichte des Flamenco insgesamt und des *Cante jondo*[247] (auf Deutsch: tiefer Gesang) im Speziellen ist ebenfalls von der Unsichtbarmachung der Romanipe, von gadje Aneignungen und Entpolitisierungen gekennzeichnet. Der Flamenco und der Cante jondo wurden von romane Menschen in Andalusien entwickelt. Andalusien war als Teil des Al-Andalus-Gebiets bis 1492 zugleich muslimisch, katholisch und jüdisch geprägt. Es gab und gibt viele Polemiken über die Entstehung und Geschichte des Flamencos: darüber, ob er von andalusischen Weißen und/oder von Rom*nja erfunden wurde, ob er von jüdischer und/oder arabischer Musik beeinflusst wurde Festzustehen scheint, dass zumindest ein Teil des Cante jondo einer romani Interpretation sowie einem neuen Verständnis der traditionellen regionalen andalusischen Musik der Rom*nja entspringt. Der Flamenco wird von gadje und romane Menschen gespielt, der Cante jondo, rauer und härter, fast ausschließlich von Rom*nja. Der Flamenco wird in Deutschland mit Tanz assoziiert, er ist aber Gesang und/oder Musik und/oder Tanz. Die Liedtexte des romano Flamenco und des Cante jondo sind Zeugen*innenschaften von romane Leben und romani Überleben: Sie beschreiben die Arbeit (z.B. Bergbau, Schmieden oder Korbflechten), die Beziehungen innerhalb und außerhalb der Familien und Communitys, die

246 Đurić, Rajko: Die Literatur der Roma und Sinti. Parabolis, 2002, S. 31-41.

247 Z.B. die Familia Pinini, Inés Bacán, Fernanda und Bernanda Utrera, Chocolate, la Paquera de Jerez.

Verfolgungen, die Armut und neuerdings auch den Pharrajmos (z.B. in Liedern der Sängerin Inés Bacan und in Stücken des Choreografen Israel Galván). Die Beziehung zwischen dem Ich und dem Du ist im Flamenco sehr präsent, und zwar nicht nur in Liebesgeschichten und im Liebeskummer. Bei Auftritten ist die Kommunikation mit dem Publikum sehr wichtig: Die Texte, der Tanz und die Noten werden adressiert. Die *Palos*, die Formen des Flamencos, sind mit den Themen der Liedtexte verbunden. Die *Tarantos* behandeln die Minenarbeit, die *Soleas* und *Seguiriyas* sind Ausdrucksformen des Leidens, die *Carceleras* (von *cárcel* – Gefängnis) handeln von Gefängniserfahrungen oder von der Gefahr, verhaftet zu werden, und die *Martinete* (von *martillo*, dem Werkzeug der Schmiede) sprechen meist von schwierigen Lebensbedingungen und Verfolgungen. Die Benennungen, Ästhetiken und Inhalte der *Palos* zeugen von romane Realitäten. Texte bzw. Gedichte werden manchmal über mehrere Generationen weitergegeben, weitergespielt und uminterpretiert. Die Stücke können zugleich ein Gedächtnis der Flamenco-Familien, der gesellschaftlichen Verhältnisse und der Veränderungen der Flamenco-Geschichte sein.

> »In den 1940er- und 1950er-Jahren wurde der Flamenco von Francos kunstlosem Regime als Nationalkunst dargestellt. Diese Art der Darstellung wurde *Nacional flamenquismo* genannt; hier geschah eine Nationalisierung des Flamenco, die bis heute vor allem die unterhaltsamen Facetten in den Vordergrund rückt.«[248]

Der Faschist Franco betrieb ab 1939 in Spanien eine Politik der weißen Aneignung des Flamencos, die zum Teil internationale Erfolge verbuchte: Bis heute werden Pseudo-Flamenco-Melodien oft in Spiel- und Dokumentarfilmen verwendet, wenn Spanien dargestellt werden soll. Gleichzeitig verfolgte Francos Regierung romane Menschen und die Romanipe weiterhin und leugnete, dass der Flamenco von Rom*nja erschaffen wurde und romano ist.[249]

> »Während dieses Zeitabschnitts traten einige der besten Künstler*innen auf; trotzdem wurde der Flamenco billiger und verlor seine Würde. Der *Nacional*

248 Martinez, Emma: Flamenco. Melbay, 2009, S. 69. Übersetzung von Selma Berg und Katharina Voß.

249 Auch Musikwissenschaftler*innen und Uniprofessor*innen haben dies negiert. Siehe Leblon, Bernard: Gitanos und Flamenco: die Entstehung des Flamenco in Andalusien. Parabolis, 1997, S. 84.

flamenquismo war Wegbereiter für alle Flamencoklischees, von Frauen in Pünktchenkleidern mit Blume hinterm Ohr bis zum Bild des spanischen Machos.«[250]

1976 wurde ein Flamenco-Theaterstück über Spaniens romani Geschichte aufgeführt, das, z.B. in Granada, mit faschistischen Drohungen konfrontiert wurde. Ein Theater, das dieses Stück im Programm hatte, wurde sogar in Brand gesetzt. Das Stück trug den Titel *Camelamos naquerar*, was in der romani Sprache Caló »Wir wollen sprechen« bedeutet. Dass der Titel auf Caló ist, einer äußerst verfolgten Sprache, die heute wenig gesprochen wird und bereits im 16. Jahrhundert in Spanien verboten wurde, bedeutet Positionierung und Empowerment. Der in Spanien bekannte kalo[251] Dichter José Heredia Maya verfasste die Texte, die Choreografie kreierte der Kalo Mario Maya. Dieses experimentelle Stück mischte Flamenco-Gesang und -Tanz und erzählte die Geschichte der Kalé seit dem 15. Jahrhundert, die Verfolgungen und den Widerstand. Der Cante jondo und der Flamenco werden durch Folklorisierung und Paternalismus eingeschränkt und verarmt, nichtsdestotrotz sind sie oft politisch, fordernd oder bezeugend, und zwar nicht nur zwischen den Zeilen.

Es ist immer ziemlich schmerzhaft und erzeugt Wut, dass majorisierte und minorisierte Geschichten und Erzählungen im Alltag, im Bildungsbereich oder in intellektuellen Orten nicht zusammengebracht und zusammengedacht werden, als ob wir geschlossene, leere, homogene Einheiten wären, als ob romane Menschen nicht (mit-)existierten. Aktuelle gadje Versuche, romane Schöpfungen zu definieren und einzukreisen, gehören zur Institutionalisierung von romane Themen. Übliche Fragen wie ›Was ist romani Kunst und Musik?‹ oder ›Gibt es eine romani Theaterkunst oder Literatur?‹ sind verschult, glättend, essenzialisierend und beschränkend.[252] Außerdem wirken diese Fragen unter dem Deckmantel angeblich wohlwollender Pädagogik und Didaktik verleugnend. So funktionieren

250 Martinez, Emma: Flamenco. Melbay, 2009, S. 69. Übersetzung von Selma Berg und Katharina Voß.

251 Das Adjektiv ›kalo‹ (männlich) ist von ›Kalé‹ (der Selbstbezeichnung einer romani Community in Spanien) abgeleitet.

252 Diese Fragen waren z.B. Veranstaltungstitel im Ankündigungsprogramm der Eröffnung des *Romarchive* in Berlin 2018. Dieses hochfinanzierte Digitalarchiv ist Teil der Institutionalisierung und Entpolitisierung der Geschichte. Die Tatsache, dass es ohne jegliche öffentliche Ausschreibung zunächst von auserwählten Weißen aus der Kunst- und Universitätsszene geleitet wird, um in der Zukunft einer romani Organisation übergeben zu werden, ist bevormundend und unterdrückerisch.

Kapitalismus, akademischer Diskurs, Klassismus und Institutionen: Sie konstruieren Subjekte (und eben nicht nur Objekte), denen ein bestimmter Platz und eine bestimmte (Un)Sichtbarkeit zugewiesen werden, damit sie bloß nicht spontan, autonom und in realen Beziehungen sein und dementsprechend stören können. Es ist nicht dasselbe, von den Geschichten der Romanipe und der Gadje zu sprechen oder mittels Objektifizierungen darüber zu sprechen, *was* Schöpfungen, Organisationen und Menschen vermeintlich sind. Heterosexistische Fragen und Analysen im Westeuropa des 20. Jahrhunderts darüber, ob es so etwas wie eine weibliche Literatur gibt, erscheinen heute auch peinlich und absurd.

Relationale romani Geschichten müssen erst noch erzählt werden, also romane Geschichten und anderen Geschichten in Beziehung zueinander: die Gründung europäischer Nationalstaaten *und* die Romanipe, die russische Revolution *und* die Romanipe, die Adelsgeschichte oder die proletarischen Kämpfe *und* die Romanipe, der spanische Krieg von 1936 bis 1939 *und* die Romanipe, die Migrationskämpfe *und* die Romanipe ... oder auch die Romanipe in den Stadt- und Nachbarschaftsgeschichten der Orte, an denen wir leben. Diese Arbeit gleicht manchmal der einer Detektivin, die immer auf der Hut sein muss, alles hinterfragen muss, weil die Spuren verwischt oder ethnologisiert wurden und die Deutungen widersprüchlich sind. Romani Bezeugen wurde im Laufe der Jahrhunderte nie ernst genommen und die bisherigen weißen Forschungen sind meist rassistisch, inkohärent und unpositioniert.

Eine romani Geschichte aus romani Sicht wird in Deutschland seit einigen Jahren durch romane Selbstorganisationen präsenter und durch eine alltägliche und politische Arbeit des Verwebens unterdrückter Überlieferungen auch ein Stück sichtbarer. Die Erzählung der romane Geschichten und der Rolle von romane Communitys in der Konstruktion majorisierter oder minorisierter Geschichten ist voller Lücken, da sie durch Gadje-Rassismus und relationalen Revisionismus zersplittert und enthistorisiert wird. Deshalb sind alle Formen des familiären, freundschaftlichen, literarischen oder künstlerischen romane und unterdrückten Bezeugens so wertvoll, spannend und schöpferisch für die Beziehung zum Vergangenen und zur Zukunft. Sie sind Quelle von Widerstand.

Epilog: Wider die Versöhnlichkeit

»Der Ort der Imagination ist mit der Erinnerung verbunden.«[253]

Toni Morrison

Mit der Überlieferung und Aufrechterhaltung des ›weißen Wissens‹ über romane Menschen wird die strategische Gewalt ethnologisierender Wissenschaft fortgeführt. Dieser historisch gewachsene Gadje-Rassismus macht es möglich, nahezu irgendetwas (und egal was) über irgendjemand (und egal wen) zu behaupten. Bei all den angeblich wohlwollenden Diskursen über Rom*nja auf Konferenzen und Tagungen, in Artikeln und Dokumentarfilmen handelt es sich nicht nur um Grenzüberschreitungen. Vielmehr handelt es sich um Narzissmus, scholastische[254] Reproduktion, Aneignung, Usurpation, um die Festlegung eines majorisierten ›Wir‹ und um das Erkaufen von Unschuld. Es handelt sich um eine Wissenschaft der Enteignung, die sich des Wissens der Minorisierten nur deshalb bedient, um es im Sinne einer wissenschaftlichen Disziplin und im Sinne der Ober- und Mittelklassen zu übersetzen und so zu verdrehen. Intellektuelle Aneignung ist allgegenwärtig: Egal, ob es sich um das Erdenken von Ideen oder die Erfindung von Gegenständen handelt, es gibt keine Chancengleichheit in Bezug auf das Copyright oder das Patentrecht. Wer was erfunden hat, ist oft eine Frage der Erzählungen und der Unterdrückungsgeschichte. Vorherrschend dabei ist ein intellektueller Sozialdarwinismus, der für das Unsichtbarmachen und für die Minorisierung des unerlaubten Sprechens sorgt.

---

253 Morrison, Toni: The site of memory. In: William Zinsser (Hg.): Inventing the Truth. The Art and Craft of Memoir, Houghton Mifflin, 2nd Edition 1995, S. 98.

254 In Anlehnung an Pierre Bourdieus *Meditationen. Zur Kritik der scholastischen Vernunft* verstehe ich die Scholastik als eine Eigenschaft der Wissensreproduktion unter Akademiker*innen, die im Umgang mit wissenschaftlichen Themen und Praxen Universalismus, Diskontinuität zwischen Praxis und Denken, Unschuld, Neutralität und eine Illusion der Uneigennützigkeit predigen. Dadurch sichern sie, ohne es unbedingt wahrhaben zu wollen, die Monopolisierung des Diskurses und die Verewigung der Herrschaft.

Warum sind POC-Charaktere in sämtlichen Serien und Filmen[255] zu Opfern bestimmt? Warum sind sie diejenigen, die sterben und verletzt oder ermordet werden, sodass am Schluss nur die weißen Figuren leben? Es liegt nicht daran, dass sie Nebenrollen haben, obgleich es stimmt, dass uns diese Drehbücher nur Nebenrollen zugestehen. Die Beseitigung und das Sterben bestimmter Menschen sollen zur Erhaltung des Lebens und der Macht anderer Menschen beitragen. Das wird im Film normal(isiert) und als zwingend dargestellt. Solche Drehbücher beherrschen auch den Alltag. Wie kann die majorisierte Elite dennoch ehrlich an die Idee des Fortschritts glauben? Diese Idee war schon immer kolonial und eine Inszenierung der Rechtfertigung und Unschuld der Dominierenden.

Spalten, Ausradieren und Verleugnen verdeutlichen, dass es dem intellektuellen Verhalten gegenüber Rom*nja oft an jeglicher Ethik fehlt. Die Zitiergemeinschaft[256] reproduziert Fehler unendlich, denn ihre Zitate zitieren nur Zitate, die auch lediglich Zitate zitieren, aber nie zur Quelle kehren. Solange es sich nur um (fehlerhafte) botanische Skizzen handelt, kann man diese ›wissenschaftliche Akkumulation‹ belächeln, aber nicht, wenn menschliche Leben betroffen sind, in denen Verfolgung und Vernichtung allgegenwärtig sind. Natürlich geht es hier um Business, ein akademisches, journalistisches und alltägliches Business. So lässt sich das sparsame Zuhören bei Zeug*innenschaften rechtfertigen, und auch die Ökonomisierung von Forschung sowie das Unterlassen von Stellungnahmen, die für intellektuelle Majorisierte einen Kontrollverlust bedeuten könnten.

In den meisten Büchern oder Veranstaltungen weißer Gadje werden das romani Sprechen und der romano Körper als Erfahrung inszeniert, die die legitime oder wissenschaftliche gadji Sprache bekräftigen, rechtfertigen oder bestätigen sollen. Die Verdrehung der Idee von Erfahrung provoziert in diesen Situationen eine Entkontextualisierung, eine Entwirklichung der

255 Siehe die Filme *Matrix*, *Hunger Games*, *White Material*, die Filme von Q. Tarantino, die angebliche linke Wende im Western, Fernsehserien wie *Kommissarin Lund*, *The Wire*, *Orange is the New Black* usw.

256 Ich verstehe die Zitiergemeinschaft als einen geschlossenen Kreis der wissenschaftlichen Diskussion, ein System der gegenseitigen Legitimation, Anerkennung und Verbundenheit unter Wissenschaftler*innen: »Wenn ich etwas weiß, wenn ich etwas zitiere, bin ich Teil davon; wenn ich die*den hier zitiere, wird auch er*sie als Gegenleistung mich zitieren; wenn ich die*den da zitiere, bin ich cool; in Anbetracht aktueller Geschehnisse im wissenschaftlichen Feld, kann ich die*denjenigen nicht zitieren; ich kann unmöglich die nicht-patentierten und ›nicht-wissenschaftlichen‹ Formen des Wissens zitieren …«

Rom*nja und ihrer Kämpfe. Klassismus, Elitismus und Rassismus sind hier offensichtlich. Romane Menschen werden Nicht-Wissenschaft, Körperlichkeit und eine essenzialisierte Erfahrung zugeschrieben. Der ganze Umfang ihrer Subjektivität mit ihrem vielfältigen Wissen, ihren Komplexitäten, Windungen und Paradoxen wird auf die Zuschreibung ›SintiundRoma-Zeuge‹ reduziert – und hierbei werden die Worte ›Sinti‹, ›Roma‹ und ›Zeuge‹ allesamt missbräuchlich verwendet. Dabei umfasst die Erfahrung eines Menschen seine Vielschichtigkeit als Subjekt und die Genealogie seiner Geschichten und Wege. Im Bezeugen sind die eigene Sprache eines jeden Menschen und die besondere Sprache der Erfahrung der Kern und die Verortung von Geschichte, sowohl persönlicher, als auch institutionalisierter oder delegitimierter kollektiver Geschichte.

Eine würdevolle Geschichte des 20. und 21. Jahrhunderts ließe sich ohne die Sprache der unmittelbaren und nachträglichen Zeugenden und Überlebenden nicht erzählen.

Und es gibt viel zu tun. Wir müssen unsere Zeit hergeben, um das Zerstörte zu reparieren, um der Verleumdung Richtigkeit und Genauigkeit entgegenzustellen, um rassistische, klassistische und heteronormative Gewalt zu dekonstruieren. Wir müssen die Verdeckung unserer Geschichte aufdecken, Risse zunähen, weißen Diskursen und Forschungsergebnissen mit großem Misstrauen begegnen, weiter alltäglich forschen.

In Gayatri Chakravorty Spivaks Gesamtwerk findet sich ein roter Faden zur Positionierung in der Wissenschaft. Sie verortet ihre Analyse in der feministischen und postkolonialen Forschung und stellt darüber hinaus Mittel für einen würdevolleren Begriff von Wissenschaft und Wissensbeziehungen zur Verfügung. Ihre Texte liefern Elemente, mit denen der Katastrophe, die dem wissenschaftlichen und alltäglichen Gadje-Rassismus innewohnt, sowie den manchmal absurden romane-gadje Beziehungen im politischen und intellektuellen Bereich entgegengetreten werden kann. Der Begriff der Objektivität in wissenschaftlichen und politischen Arbeiten negiert die sozialen Beziehungen in den Forschungsfeldern und die Performativität der Wissenschaft. Er negiert auch die Tatsache, dass alles interaktiv ist. Ein ›Forschungsobjekt‹ lebt, es befindet sich nicht im Schwebezustand, während es erforscht wird.

Fehler und Lügen und deren Reproduktion in weißen Diskursen entstehen durch die Unfähigkeit der Autor*innen, romane Themen statt als Ressource als Bewegungen, Handlungen, Widersprüche und Interaktionen zu betrachten, die im Endeffekt das Leben ausmachen. Intellektueller Rassismus beschränkt die Vorstellungen von Leben, Geschichte und Menschlichkeit und höhlt sie aus, oft im eigenen Interesse.

Solange es nicht den Drang gibt, positionierte Diskussionen zu führen, kann zwischen weißen Gadje und Rom*nja kein besonders ideenreicher Dialog oder Austausch entstehen.

Parteilichkeit ist ein Werkzeug. Die Unvollkommenheit der Standpunkte auch. Da Wissen immer mit Machtformen verbunden ist, ist es auch immer eine Geschichte von Gruppen. Wissen in all seinen Aspekten ist untrennbar von den vielfältigen Formen kollektiver Geschichten: akademisches, elitäres, familiäres, mündliches, schriftliches, einfallsreiches Wissen, individuelles und kollektives Wissen...

Romani Wissen ist ein dominiertes Wissen: Es muss sich gegen ökonomische, soziale und rassistische Hindernisse behaupten und ist durch (die manchmal aufgrund der Rede- oder Finanzierungsberechtigung unvermeidbaren) Kompromisse mit dem Wissen der Majorisierten in deren vorgefertigtem Anerkennungssystem immer mit dem Risiko der Selbstaufgabe konfrontiert. Die bewilligte Anerkennung der Minorisierten ist in der Regel schon dadurch ein monumentaler Betrug, dass sie eben bewilligt ist. Dies ist in den Gedenkpolitiken nach 1945 offensichtlich.

Wie im von Gershom Scholem[257] 1962 bloßgestellten System eines vermeintlichen ›deutsch-jüdischen Gesprächs‹ schlagen uns weiße Gadje vor, uns selbst aufzugeben: Indem wir zum Beispiel öffentlich das sagen, was sie von uns erwarten, indem wir uns nötigen lassen, uns selbst zu essenzialisieren, oder indem wir, angeblichen pädagogischen Notwendigkeiten folgend, die Maßstäbe in der Rassismusanalyse möglichst niedrig halten.

In einem Brief an einen weißen Menschen des Kulturbusiness antwortet Gershom Scholem auf die gespaltene Unaufrichtigkeit und Unschuldsinszenierung:

> »Ich bestreite, daß es ein solches deutsch-jüdisches Gespräch in irgendeinem echten Sinne als historisches Phänomen je gegeben hat. Zu einem Gespräch

257 Gershom Scholem war ein jüdischer Historiker und Philosoph, der 1897 in Berlin geboren wurde und sein Leben lang die jüdische Mystik erforschte.

gehören zwei, die aufeinander hören, die bereit sind, den anderen in dem, was er ist und darstellt, wahrzunehmen und ihm zu erwidern.«[258]

An anderer Stelle in seinem Brief schreibt er:

> »Der Versuch der Juden, sich den Deutschen zu erklären und ihre eigene Produktivität ihnen zur Verfügung zu stellen, sogar bis zur völligen Selbstaufgabe hin, ist ein bedeutendes Phänomen, dessen Analyse in zureichenden Kategorien noch aussteht und vielleicht jetzt erst, wo es zu Ende ist, möglich werden wird. Von einem Gespräch vermag ich bei alledem nichts wahrzunehmen.«[259]

Dominierende rechnen immer mit der Selbstaufgabe der Minorisierten. Auch gibt es Ähnlichkeiten zwischen dem, was Gershom Scholem beschreibt, und den Verhältnissen und Scheindialogen zwischen weißen Gadje und Rom*nja. Es ist nämlich oft ermüdend, aus der Position heraus, in die wir versetzt werden, die uns zugewiesen wird und die nicht einmal unserer tatsächlichen Lage entspricht, Dinge korrigieren oder erklären zu müssen. Denn das bedeutet bereits, sich verwickeln zu lassen.

Es reicht nicht, eine Identität zu bekräftigen, um vielfache und komplexe, d.h. unbequeme, Wissen entstehen zu lassen. Identität kann nicht von Selbstreflexivität und Achtsamkeit befreien. Identität ist zunächst ein schwebendes Ding, von dem die Suche nach einem minorisierten, verschwiegenen Wissen – nach der Kollektivierung der Geschichten und Positionierungen – ausgeht. Kein Wissen lässt sich in der Öffentlichkeit jenseits von Machtverhältnissen äußern. Das regulierende akademische System der Literaturhinweise, Zitate und Treuepflicht sowie Macht- und Herrschaftssysteme machen komplexe Übersetzungen unterschiedlicher Wissen unsichtbar. Dabei hat Wissen mit Austausch und Übersetzen zu tun.

Wenn ich meine Großmutter zitiere oder von dem rede, was sie mir über ihre und meine Geschichte beigebracht hat, ohne dafür das Konzept ›Wissen‹ zu verwenden, weiß ich, dass sie sich in meinen Worten kaum wiederfinden würde, da meine Sprachwerkzeuge aufgrund meiner sozialen Positionen nicht die ihren sind. Ich übersetze das Überlieferte auf meine Weise, aus der Perspektive meiner Generation und entlang der Bewegungen

---

258 Scholem, Gershom: Wider den Mythos vom deutsch-jüdischen »Gespräch«. Judaica 2, Suhrkamp, 1995, S. 7-11.

259 Ebd.

meines Lebens. Sie könnte sich sogar wundern oder sich verraten fühlen, wenn ich das, was nur unter uns beiden gesagt wurde, an einen anderen Ort legen und weitererzählen oder öffentlich machen würde. Als ich aber das, was ich aus ihrem Wissen übersetzte, an sie zurückübersetzte, konnte sie sowohl meine Solidarität erkennen als auch die Bemühung, unsere besondere Beziehung und Verbundenheit niemals zu verraten.

Die Schönheit und Kraft illegitimierten Wissens beruhen auf gemeinsamen Bemühungen um eine gegenseitige Anerkennung und auf der Kompliz*innenschaft freundschaftlicher, familiärer oder liebender zwischenmenschlicher Geschichten.

Die Vergabe von (Arbeitsstellen- oder Projekt-)Finanzierungen und die Sicherung ihrer Kontinuität und Stabilität sind immer Zugeständnisse, die Rassismen folgen: Romane Realitäten und Wissen sind fast immer illegitim. Sie sind zeitlich, geografisch und je nach Klasse und Community heterogen und aufgrund ihrer schriftlichen, mündlichen, gespielten und gesungenen Formen uneinheitlich. Eine Harmonisierung und Objektivierung dieser Fülle würde romane Widerstände, die es immer gegeben hat, glätten. Ein positioniertes Verhältnis zu romane Erfahrungen garantiert unser kreatives Beharren darauf, das Eigene zu sagen, nicht nur im Sinne von Kontern, sondern viel mehr als Engagement, als Widerstand. Das Transnationale, das Transgenerationnelle, das Zwischenraumwissen, die Gleichzeitigkeit der Kenntnisse und Handlungen in unterschiedlichen (und manchmal gegensätzlichen) sozialen und ökonomischen Räumen, das Zusammenspiel von Widersprüchen in Lebensnotlagen und bei Entscheidungen waren immer ein Teil der Romanipe. Eine positionierte Recherche nach unserem Wissen kann ständig weitergeformt werden. Unser Wissen kann zusammengefügt werden, positionierte Archive für die Vergangenheit, Gegenwart und Zukunft genährt werden, und all das im transnationalen und intergenerationellen Austausch. Wir können unsere Redensarten mit den historischen Mitteln der Communitys, des Theaters, der gesungenen und instrumentalen Sprache, der Poesie in Romanes und in anderen Sprachen verewigen. Eine eigene Bildsprache in Videos, im Film oder in Comics schärft unseren Blick und ist eine mächtige Aussage gegen all die elitistischen Kolonialblicke der Filmfestivals und all die Kolonialblicke des Fernsehens.

Unser Reichtum liegt in den romane Verhältnissen und Bindungen, in gemeinsamem und rivalisierendem Wissen. Er kann auch in unserem Verhältnis zu Gadje liegen. Die komplexe, schwierige und schmerzliche

Arbeit, gegen Gewalt anzukämpfen und sich vor dem Einfluss der Macht und den Verletzungen der Angriffe zu schützen, die unsere individuelle und kollektive Selbstbehauptung torpedieren, hört nicht auf. Es ist eine Arbeit des Kennenlernens unseres vielfältigen und widersprüchlichen ›Wir‹, der Selbstwertschätzung, der alltäglichen Forschung zu romane Themen, zu unterschiedlichen Widerstands-, Passing-, Überlebens- und Überlieferungsstrategien.

Anfangs wollte ich einen Text schreiben, um auf Gadje-Rassismus hinzuweisen und dessen System zu zerpflücken. Diese Aufgabe hat mich allerdings zur Verzweiflung gebracht. Ich bin immer noch der Meinung, dieses System sollte dargelegt und zerlegt werden, aber zugleich stelle ich mir die Frage, ob sich das wirklich lohnt und ob ich die notwendige Kraft habe, mich dabei nicht zu verlieren.

Als ich die ersten Seiten meines Entwurfs einer Freundin gab, sagte sie mir:

»Es ist wie in einem Gerichtsverfahren, in dem ein Mächtiger ohne jegliche Beweise Unwahrheiten behauptet, während die andere Person ihre Zeit damit verbringt, die richtigen Informationen zu sammeln, um das zu widerlegen. Du hast dich von dir abwenden lassen und reagierst nur noch, der Andere hält dich in seinem Feld gefangen und hindert dich daran, das zu sagen, was du eigentlich sagen willst.

Das ist bloß eine Technik – es ist sehr erfreulich und schöpferisch, sich davon zu lösen.«

Danke!

Dieses Buch hätte ohne meine Freund*innen und ohne das Lieben nicht existiert. Ich bedanke mich bei euch von ganzem Herzen! Vielen Dank für die Arbeit, die Begleitung und das Wohlwollen an Luis, Ali, Kat, Céline! Vielen Dank für das Gesamtlektorat und die Unterstützung an Selma Berg! Vielen Dank an Jordane, Eric, Cha, Marlene, Boris und Joëlle für das Lesen, das Feedback und die Ermutigungen! Vielen Dank an Basia für das Dolmetschen und an Teodora für die frühere Übersetzungsarbeit!

Für eine Kontakaufnahme: elsa.fragmente@protonmail.com

Glossar

verfasst mit Luis Greco

Gadje: (auch Gadže geschrieben, ›GaDSCHe‹ ausgesprochen) ›Gadje‹ ist ein Romanipe-Wort, ein kollektiver Begriff zur Bezeichnung von nicht romane Personen. Diese (nicht zwingend abwertende) Benennung bezeichnet jede Person ohne romani Geschichte oder Gegenwart. ›Gadje‹ ist, soweit ich weiß, transnational, transhistorisch und in vielen romane Sprachen und Communitys präsent. Ich verwende den Begriff ›**Gadje-Rassismus**‹, um aus einer romani Perspektive das Netz der Verleumdungen, Verleugnungen und Zuschreibungen und das Ausmaß der Gewalt zu beschreiben, die Rom*nja, Manouches, Sinti*zze, Kalé und andere romane Communitys erlebt und überlebt haben, erleben und überleben.

Holocaust: Das Wort ›Holocaust‹ kommt (im Gegensatz zu den selbst gewählten Begriffen Shoah, Khurbn, Pharrajmos oder Samudaripen) aus dem Griechischen und bezeichnete in der Antike Brandopfer, also Opfergaben für Götter. Durch lateinische Bibelübersetzungen gelangte der Begriff in den christlichen Wortschatz. Diese Idee der Opferung als Rechtfertigung und Erklärung durchzieht das weiße oder majorisierte Denken.

Majorisiert/minorisiert: Menschen, Erzählungen, Wissen und Gefühle *werden* in gesellschaftlichen und institutionellen Prozessen minorisiert bzw. majorisiert. Minorisierung und Majorisierung werden also produziert, denn Menschen sind nicht aus sich selbst heraus minorisiert oder majorisiert. Auch die Geschichten und das Wissen existieren gesellschaftlich gesehen nicht per se, unabhängig von den Menschen, die sie hervorrufen und weitertragen, oder denen, die sie unterdrücken. Die Minorisierung besteht im Überhören und Negieren bestimmter Leben und Worte. Die Präsenz von Erzählungen, Recherchen, Verletzungen und Bezeugungen unterdrückter Geschichten wird verschwiegen, verleugnet und verleumdet. Unsichtbarmachung und die Herstellung von Hegemonie verdecken minorisierte Geschichten. Majorisierung hingegen macht bestimmte Narrativen zu universellen und allgemeingültigen und definiert eine Norm. Majorisierung bedeutet also, in einer Gesellschaft eine ›Mehrheit‹ zu konstruieren und zu postulieren und demgegenüber unterdrückte Communitys als ›Minderheiten‹ zu definieren; hierbei handelt es sich um die Zuweisung gesellschaftlicher Positionen. Die beiden

Begriffe, die dann für die majorisierten bzw. die minorisierten Menschen verwendet werden, sind absichtlich entpolitisierend und naturalisieren die gesellschaftlichen Machtverhältnisse.

Moral: Der Begriff ›Moral‹ (›moralische Verantwortung‹, ›moralische Pflicht‹) wird in der offiziellen Sprache der Erinnerungspolitik und der Geschichtsschreibung oft verwendet. Ich unterscheide hier zwischen Moral und Ethik. Was die Moral betrifft, handelt es sich hierbei um unpositionierte, unterdrückungsstützende Gesetze und Regeln, die in Wirklichkeit einen Erlösungswunsch beinhalten und auf eine Beruhigung der Schuldangst abzielen. Im Gegensatz dazu geht es bei der Ethik und einer ethischen Verantwortlichkeit um ein persönliches Nachdenken, eine Beziehung, ein Verhältnis zu anderen Menschen und zum Gegenüber.

Pharrajmos: wird ›Parajmos‹ ausgesprochen, das H ist stumm. Eine romani Bezeichnung des Genozids an romane Menschen in Europa zwischen 1933 und 1945.

Philoromaismus/Philosemitimus: Ich halte den sogenannten ›Philoromaismus‹ (der besser als **Romanifetischisierung** bezeichnet werden sollte) für keinesfalls solidarisch, er besteht vielmehr aus Eigennutz, Aneignung, Grenzüberschreitungen, Fetischisierung und Schuldabwehr. Er vermittelt und unterstützt stereotype Bilder, auf die sich das Begehren der ›philoromaistischen‹ Gadje richtet. Er ist die andere Seite des Gadje-Rassismus. Der heutige ›Philosemitismus‹ ist von denselben Elementen geprägt. Historisch wurde der Begriff ›Philosemitismus‹ von Antisemit*innen verbreitet. Er wurde als Bezeichnung für Befürworter*innen der Gleichstellung jüdischer Menschen verwendet, doch im Übrigen erhofften sich auch diese ›Philosemit*innen‹ mit der ›Emanzipation‹ die Abschaffung des Judentums und des Jüdischseins. Aufgrund dieser Geschichte bevorzuge ich das Wort **Romanifetischisierung** dem Wort Philoromaismus.

POC: Mein Verständnis von ›POC‹ folgt der Herangehensweise von Luis Greco. POC steht für *Person of Color,* wenn es sich um eine Person handelt und für *People of Color,* wenn mehrere Personen gemeint sind. POC umfasst Menschen, die in einem oder mehreren Kontexten rassifiziert werden. Es ist ein politischer Begriff, der verwendet werden kann, um teilbare Unterdrückungs- und Widerstandserfahrungen von verschiedenen rassifizierten Communitys zu betonen, eine Verbindung untereinander zu ermöglichen und eine Verbundenheit zum Ausdruck zu bringen. Diesem Buch liegt eine breite Auffassung des Begriffs ›POC‹ zugrunde.

Relationaler Revisionismus: Ich schlage den Begriff ›relationaler Revisionismus‹ vor, um eine bestimmte Form der Verleugnung und Negierung zu beschreiben, nämlich die der menschlichen Beziehungen bei zwischenmenschlich begangener Gewalt und Zerstörung. Ich verstehe unter ›relationalem Revisionismus‹ politische, familiäre und soziale Praktiken der Vermeidung des ›Zuhörens‹ und des ›Sich-Stellens‹ sowie der Negierung der Verhältnisse innerhalb einer Geschichte. Anhand dieses Begriffs lässt sich beschreiben, wie Positionen und Beziehungen von Täter*innen, Herrschenden und gesellschaftlichen Trägern in und nach Genoziden negiert werden, selbst wenn die Fakten über die vernichtenden Ereignisse z.B. des Pharrajmos und der Shoah offiziell nicht mehr geleugnet werden. Der relationale Revisionismus ist ein alltäglicher Revisionismus, in dem Beziehungen, Positionen, Erzählungen, Gefühle und die Geschichte zwischen minorisierten und majorisierten Individuen und Gruppen verdrängt, abgespalten und negiert werden.

Romani: Ich verwende in diesem Text das Substantiv ›Rom*nja‹ und die Adjektive ›romani‹ (weiblich), ›romane‹ (Plural), ›romano‹ (männlich) als politische Begriffe, die alle romane Communitys umfassen. Der Sammelbegriff ›Sintiundroma‹ wird oft in einem Atemzug ausgesprochen, wobei weder der Sinn beider Begriffe bekannt ist oder hinterfragt wird, noch bemerkt wird, dass es sich überhaupt um zwei Begriffe handelt.

Romane-gadje: Mit den Adjektiven ›romani-gadji‹ (weiblich), ›romane-gadje‹ (Plural), ›romano-gadjo‹ (männlich) bezeichne ich das Relationale zwischen romane und gadje Menschen, also alles, was ihre Beziehungen betrifft.

Romanipe: Die Romanipe umfasst alles, was romani ist: eine bestimmte Wahrnehmung der Welt, romani Kunst, romani Geschichte und oftmals einen mehrsprachigen Alltag.

Sentimentalität: Sentimentalität ist in Geschichtsdiskursen eine unterdrückerische Technik, die durch Pathos eine Positioniertheit menschlicher Beziehungen und Bindungen verhindert und von den Kämpfen minorisierter Menschen und einer würdevollen Geschichtsschreibung ablenkt. Sentimentalität und Pathos erzeugen Druck, auf eine bestimmte Weise zu fühlen, und bewirken dadurch, dass die eigene Geschichte oder das, was Menschen anderen Menschen angetan haben und antun, vergessen wird.

Spaltung: Das Wort ›Spaltung‹ verstehe ich mit Bezug auf seine psychoanalytische Bedeutung als Abwehrmechanismus durch einen psychischen Mechanismus der Abtrennung, nicht als Trennung zwischen Menschen. Wenn Systeme oder Personen spalten, entscheiden sie sich, zu einem bestimmten Zweck bewusst oder unbewusst nur bestimmte Dinge zu sehen oder nicht zu sehen und sie scheinbar zu ›vergessen‹. Dinge oder Menschen werden aus der Geschichtsschreibung, dem individuellen oder kollektiven Gedächtnis und der gesellschaftlichen Präsenz ausgelassen oder weggeschoben. Anders als die Spaltung geht die Verleugnung, die ebenfalls ein Abwehrmechanismus ist, mit der Präsenz eines Subjekts einher.

Trauma: Mein Verständnis von ›Trauma‹ folgt der Herangehensweise des Psychoanalytikers Eric Dem Collec: Das Trauma ist nicht etwas Verdrängtes, es ist keine Erinnerung und kann auch keine Erinnerung werden. Wenn ihm nicht im eigenen Rhythmus begegnet wird, gleitet seine Zeitlichkeit in die Ewigkeit ab. Das Trauma besteht aus zwei unteilbaren aufeinanderfolgenden Momenten. Der erste Moment ist der des Ereignisses, das einen Menschen in eine absolute Einsamkeit, Verletzbarkeit und Hilflosigkeit versetzt, ohne die Möglichkeit zu fliehen oder sich zu verteidigen. Der zweite Moment ist der, der das Trauma fixiert. Er liegt im Verrat derer, die Hilfe hätten leisten können: der Staat, die Gesellschaft, die Erwachsenen, die Eltern, die Nachbar*innen usw.

Viktimisierungskonkurrenz: Als Abwehrreaktion auf die Schuldangst streben Teile der Täter*innengesellschaft einen Opferstatus für sich an. Sich selbst als Opfer zu definieren, gehört zu den Unschuldsinszenierungen nach Genoziden und erzeugt Kämpfe um diesen Status, da die Weißen einerseits untereinander in Konkurrenz stehen und andererseits auch mit den tatsächlichen Opfern des Genozids in Konkurrenz treten. Der Opferstatus bedeutet für die Mitglieder der Täter*innengesellschaft, sowohl sich von der Schuld freizusprechen als auch soziales Kapital und einen psychischen Zugewinn durch Aufmerksamkeit, Zuwendung und der Befriedigung narzisstischen Begehrens zu erlangen.

Weiß: Auch weiß ist ein politischer Begriff, er tat jedoch von Anfang so, als sei er ein biologischer. Der Begriff wurde historisch dadurch gebildet, dass sich Gruppen von Menschen durch Abgrenzung und Rassifizierung von anderen Menschen, die als nicht-weiß definiert wurden, als Kollektiv konstituierten. Weiße Sicht- und Handlungsweisen sind solche, die ein Sichtbarmachen rassifizierender Strukturen und Handlungen verhindern, das eigene Weißsein stabilisieren und die Rassifizierung anderer stützen. Im Buch werden Menschen als weiß bezeichnet, die nicht rassifiziert werden. Sie profitieren strukturell von der Rassifizierung anderer Menschen. Durch die Machtverhältnisse ist Weißsein eine gesellschaftliche und strukturelle Realität. Ein Abstreiten dieser Realtität (›Ich fühle mich gar nicht weiß‹, ›Ich bin bunt‹, ›Sind wir nicht alle ein bisschen ****gadje-rassistisches Wort* ***‹) trägt ebenfalls zur Stabilisierung dieser Verhältnisse bei.

Anhang: Englischsprachige Originalzitate

Zitate aus englischsprachigen Texten wurden in diesem Buch in deutscher Übersetzung wiedergegeben. Die englischsprachigen Originale können hier nachgelesen werden.

Verletzung und Bezeugen

In listening to testimonies, and in working with survivors and their children, I came to believe the opposite to be equally true. The survivors did not only need to survive so that they could tell their story they also needed to tell their story in order to survive. There is, in each survivor, an imperative need to tell and thus to come to know one's story, unimpeded by ghosts from the past against which one has to protect oneself. One has to know one's buried truth in order to be able to live one's life. This imperative to tell and to be heard can become itself an all-consuming life task. Yet no amount of telling seems ever to do justice to this inner compulsion. There are never enough words or the right words, there is never enough time or the right time, and never enough listening or the right listening to articulate the story that cannot be fully captured in thought, memory and speech. The pressure thus continues unremittingly, and if words are not trustworthy or adequate, the life that is chosen can become the vehicle by which the struggle to tell continues. The above-mentioned survivor did so by constructing her life in such a fated way, that it came to be a testimony to her loneliness and bereavement in spite of the fact that her world was filled with loving people and in spite of her remarkable gifts – her creativity, her warmth, her generosity, her eloquence and her love of life.[260]

Dori Laub

The haunting conclusion here is that we cannot return to naturalism. In fast, suffering in our immediate (Western) environment has widely become a media phenomenon. Our perception of the Holocaust, too, is influenced by its presentation in the

260 Laub, Dori: Testimony, crises of witnessing in literature, psychoanalysis and history. Routledge, 1992, S. 75-92.

media – and we should then meet a survivor in the flesh, we meet this person as a specimen of our medially formed pre-conceptions.[261]

Andreas Hamburger

You can't know the sad feelings I have ... no one can know unless they have been taken from their home and had their father die and put on exhibition, and be left to starve in a strange land where the men insult you when you ask for your own father's body to bury or to be sent home. These are the civilized men who steal, and murder and torture and pray and say ›Science‹.[262]

Minik Wallace

The picturesque tableau was aligned with authenticity through detail, conventionalized detail serving to impose a unity of the inherent multiplicity of the ›exotic‹. As a mask to hide colonial anxieties, the picturesque was a mean to catalog the distant, in a discourse that Suleri describes as ›an unhinged aestheticism that veils and sequesters questions of colonial culpability but in so doing, becomes a casualty to its own abstract guilt‹. In the picturesque cataloging of peoples of Melanesia, the Americas and so on anthropology provided the justification for what was in many cases genocide: a central premise of much of anthropology was that the native was always already vanishing, and the anthropologist could do nothing but record and reconstruct, racing against the evolutionary clock. Often accompanying the premise, however, was abstracted guilt, as a nostalgia for lost origins, and as fear -contemplation of death in the abstract leading to contemplation of one's own death.[263]

Fatimah Tobing Rony

The interviews reveals a remarkable tension between the Western reception of the film as a great work of art and the desire of the local Inuit to see record of their ancestors and their land, and their recognition of the fictional quality of many of the scenes, a number of which they find ludicrous. At a screening of Nanook, members of the Inukjuak community convulsed with laughter over the famous seal-hunting scene so beloved by Bazin and usually received with solemnity by the Western audiences. The inaccuracies in the film are pointed out by Moses Nowkawalk, the manager of the local television, and Charles Nayoumealuk, whose father

---

261 Hamburger, Andreas: Genocidal Trauma: individual and social consequences of assault on the mental and physical life of a group. In: Laub, Dori/ Hamburger, Andreas (Hg.): Psychoanalysis and Holocaust Testimony. Routledge, 2017, S. 72.

262 Tobing Rony, Fatimah: The Third Eye. Race, Cinema and Ethnographic Spectacle. Duke University, 1996, S. 107.

263 Tobing Rony, Fatimah: The Third Eye. Race, Cinema and Ethnographic Spectacle, Duke University, 1996, S. 90-91.

was a friend of Allakariallak's. Flaherty explained Nowkawalk › doctored‹ scenes, including costuming the Inuit actors in polar bear skins, using an igloo set, and falsifying to a ridiculous extent the seal hunt, so that the image would fit the Southern [non-Inuit or white] imagination. The scene with the gramophone was staged.[264]

Fatimah Tobing Rony

Cinema offers a potent way of vicariously circumscribing the threat of the return gaze. When the exhibiting of native villages was discontinued due to prohibit cost, world wars and the end of the imperialism, cinema took over many of his functions. Cinema after all, is a much less expensive way of circulating non-Western bodies ›in situ‹ than in circulating reconstructed ›villages‹. Early cinema showed a fascination for the subject of indigenous, non-European peoples in its proliferation of travelogues, scientific research films, safari films, scripted narrative films and colonial propaganda films. Like ethnography, cinema is also a topos for the meeting of science and fantasy. Cinema, however, eliminated the potentially threat of the return look of the performer present in the exposition, thus offering more perfect scientific voyeurism. Films about the customs and manners of the peoples of ›X‹ emphasized the family unit and habitat, as the fair did. The fence of the fair was now the movie screen and the position of the European viewer was reaffirmed. Finally, the cultures were presented as encapsulated ›villages‹ on film, making ethnographic film, like the ethnographic fair, a superb time machine, inviting the viewer to travel temporally et spatially, back in an evolutionary time to the ›childhood ‹ of modern white man, constructing the native body as a hieroglyphs of language of gesture or as frozen ethnographic tableaus.[265]

Fatimah Tobing Rony

The video archive might, therefore, be thought of as helping to create, after the fact, the missing Holocaust witness, in opening up the historical conceivability (the retrospective condition of possibility), of the Holocaust witness. The testimony constitutes in this way a conceptual breakthrough, as well as a historical recovery which I tend to think of as a ›historical retraction‹. What ultimately matters in all processing of witnessing, spasmodic and continuous, conscious and unconscious, is not simply the information, the establishment of the facts, but the experience itself of living through testimony, of giving testimony. The testimony is, therefore, the process by which the narrator (the survivor) reclaims his position as a witness:

---

264 Tobing Rony, Fatimah: The Third Eye. Race, Cinema and Ethnographic Spectacle, Duke University, 1996, S. 122-123.

265 Tobing Rony, Fatimah: The Third Eye. Race, Cinema and Ethnographic Spectacle. Duke University, 1996, S. 43.

reconstitutes the internal >thou< and thus the possibility of a witness and a listener inside himself. In my experience repossessing one's life story through giving testimony is itself a form of action, of change, which has to actually pass through, in order to continue and complete the process of survival after liberation. The event must be reclaimed because even if successfully repressed, it nevertheless invariably plays a decisive formative role in who one comes to be, and it how one comes to live one's live.[266]

Dori Laub

Sprachen, um der Toten zu gedenken

Many months later, a conference of historians, psychoanalysts and artists, gathered to reflect on the relation of education to the Holocaust, watched the videotaped testimony of the woman, in an attempt to better understand the era. A lively debate ensued. The testimony was not accurate, historians claimed. The number of chimneys was misrepresented. Historically, only one chimney was blown up, not all four. Since the memory of the testifying woman turned out to be, in this way, fallible, one could not accept – nor give credence to her whole account of the events. It was utterly important to remain accurate, least the revisionists in history discredit everything. A psychoanalyst who had been one of the interviewers of this woman profoundly disagreed. >The woman was testifying< he insisted >not to the number of the chimneys blown up, but to something else, more radical, more crucial: the reality of an unimaginable occurrence. One chimney blown up in Auschwitz was as incredible as four. The number mattered less than the fact of the occurrence. The event itself was almost inconceivable. The woman testified to an event that broke all compelling framework of Auschwitz, where Jewish armed revolts just did not happen, and had no place. She testified to the breakage of a framework. That was historical truth.[267]

Dori Laub

266 Laub, Dori: An event without a witness: truth, testimony and survival. In: Felman Shoshana/ Laub Dori (Hg.): Testimony, crises of witnessing in litterature, psychoanalysis and history. Routledge, 1992, S. 75-92.

267 Laub, Dori: Bearing witness or the vicissitudes of listening. In: Felman, Shoshana/ Laub, Dori: Testimony, crises of witnessing in litterature, psychoanalysis and history. Routledge, 1992, S. 57-74.

Überleben und Beziehungen

There is no healing reunion with those who are, and continue to be missing, no recapture or restoration of what has been lost, no resumption of an abruptly interrupted innocent childhood. The testimony aspires to recapture the lost truth of that reality, but the realization of the testimony is not the fulfillment of this promise. The testimony in its commitment to truth is a passage through, and an exploration of differences, rather than an exploration of identity, just as the experience it testifies to the Holocaust is unassimilable, because it is a passage through the ultimate difference – the otherness of death. Yet it is this very commitment to truth, in a dialogic context and with an authentic listener, which allows for a reconciliation with the broken promise and which makes the resumption of life, in spite of the failed promise, at all possible. The testimony cannot efface the Holocaust. It cannot deny it. It cannot bring back the dead, undo the horror or reestablish the safety, the authenticity and the harmony of what was home. But neither does it succumb to death, nostalgia, memorializing, ongoing repetitious embattlements with the past, or flight to superficiality or to the seductive temptation of the illusions of substitutions. It is a dialogic process of exploration and reconciliation of two worlds – the one that was brutally destroyed and the one that is – that are different and will always remain so. The testimony is inherently a process of facing loss – of going through the pain of the act of witnessing – which entails yet another repetition of the experience of separation and loss. It reenacts the passage through difference in such a way, however, that it allows perhaps a certain repossession of it. It is the realization that the lost ones are not coming back, the realization that life is all about is precisely living with an unfulfilled hope, only this time with the sense that you are not alone any longer – that someone can be there as your companion – knowing you, living with you through the unfulfilled hope, someone saying: I'll be with you in the very process of losing me. I am your witness.[268]

Dori Laub

What do I mean by the notion of a witness from inside? To understand it one has to conceive of the world of the Holocaust as a world in which the very imagination of the Other was no longer possible. There was no longer an Other to which one could say 'Thou' in the hope of being heard, of being recognized as a subject, of being answered. The historical reality of the Holocaust became, thus, a reality which extinguished philosophically the possibility of address, the possibility of appealing,

268 Laub, Dori: An event without a witness. In: Felman Shoshana/ Laub Dori: Testimony, crises of witnessing in literature, psychoanalysis and history. Routledge, 1992, S. 75-92.

or of turning to another. But when one cannot turn to a 'you' one cannot say 'thou' even to oneself. The Holocaust created in this way a world in which one could not bear witness to oneself. The nazi system turned out therefore to be foolproof, not only in the sense that there were in theory no outside witnesses but also in the sense hat it convinced its victims, the potential witnesses from the inside, that what was affirmed about their 'otherness' and their inhumanity was correct and that their experiences were no longer communicable even to themselves, and therefore perhaps never took place. This loss of the capacity to be a witness to oneself and thus to witness from the inside is perhaps the true meaning of annihilation, for when one's history is abolished, one's identity ceases to exist as well.[269]

Dori Laub

Individuelle und kollektive Traumatisierungen

Psychic trauma can broadly be conceived of as falling into two categories: (a) traumata in which events conspire against the individual (e.g., natural disasters, illnesses, accidents), and (b) traumata in which other persons deliberately attempt to destroy the individual (e.g., war, murder, torture). Within the latter category, lie two subtypes: (a) those traumata wherein the victimizer is a lone individual (e.g., a robber, rapist, assailant), and (b) those traumata in which society as a whole or as represented by the government either colludes in, condones, or actually sanctions the victimization (e.g., war, genocide, state supported torture). At the end of this article we consider what the types of traumata have in common, but here we note important differences among them: The second supraordinate category has both a moral and an interpersonal dimension absent in the first; hence, it has implications for the conclusions the individual draws about the nature of people and it influences the victim's subsequent interpersonal relationships and social self. [...] The link between self and other is predicated on the possibility and the expectation of empathy, which are to some degree taken for granted. In the concentration camps, the sadistic, bureaucratic killing disproved this basic expectation. An empathic response was absent not only from the Nazis, but from fellow citizens and Allies as well (i.e., from society at large). When people prove malignant on such a massive scale, the survivor retains the memory of a basic deficit – of a compromise in the empathic dyad. When their vital needs are neither heeded nor responded to by others, individuals lose the expectation that their needs will be met. Faith in the

269 Laub, Dori: An event without a witness. In: Felman Shoshana/ Laub Dori: Testimony, crises of witnessing in literature, psychoanalysis and history. Routledge, 1992, S. 75-92.

possibility of communication dies and intrapsychically there may no longer be a matrix of two people – self and resonating other. Accordingly, we propose that an essential feature of the trauma suffered by a survivor of a genocide is the victim's feeling of inability to affect the environment interpersonally so as to elicit a sense of mutuality. The victim feels that there is ‹no longer anyone on whom to count‹ (Wiesel, 1968/1970, p. 229), as the link between self and other has been effaced by the failure of empathy.[270]

Dori Laub und Nanette Auerhahn

Man-made traumatizations often affecting great parts of the population – caused, for instance, by genocide, war, dictatorship with racist, ethnic and political persecution – have a special position. The involvement of the social environment in the traumatization (through victimization) of an entire group and a ›perpetratorization‹ (to coin this term by analogy) of an another group or nation causes severe traumatic consequences visible on an interactive level. Denial of acknowledgment, a conspiracy of silence, institutional rejection, breakdown of a successful myth construction, and, moreover, of historical elucidation, are more the symptoms perpetuating social trauma – and they backfire on the traumatized individual who, in a scarred and sometimes hostile environment, is then deprived of major resilience factors necessary for a successful coping process.[271]

Andreas Hamburger

A change can be observed in the clinical research on social trauma over the last decades, which has turned to deepened qualitative research on interactive aspects of trauma. Trauma is not a one-person phenomenon. It is experienced and reenacted in social situation, and one of its central symptoms is the loss of communicative exchange with an internalized Other. In social genocidal traumatizations, the resulting psychopathology is the outcome not just of the traumatic itself, but of the damage to the cultural and social ›holding environment‹ as well. The ›conspiracy of silence‹ shared by the perpetrators as well as by the survivors, leads to a chronification of the traumatic experience of being alone with an overwhelming experience in a unsymbolized space. What da Rocha Barros and da Rocha Barros have described

270 Auerhahn, N./Laub, D.: Failed Empathy. A central theme in the survivor's Holocaust experience, Psychonalytic Psychology, 1989, S. 377-400.

271 Hamburger, Andreas: Psychoanalysis and Holocaust Testimony, Routledge, 2017, S. 70.

as an attack on the symbolic function by the traumatic experience corresponds to the distortion of the communicative space in social trauma.[272]

Andreas Hamburger und Dori Laub

But what we are is what our ancestors did. How they survived. We are the memories we don't remember, which live in us, which we feel, which make us sing and dance and pray the way we do, feelings from memories that flare and bloom unexpectedly in our lives like blood through a blanket from a wound made by a bullet fired by a man in the back of our hair, for our heads, for a bounty or just to get rid of us.[273]

Tommy Orange

Like Regnault, who classified West African movement as Savage, and like Regnault's colleague Charcot, who used chronophotography to study hysteria in women, Mead and Bateson filmed Balinese in trance in the interest of medical pathology. Mead and Bateson's films of 1936-38 were financed by the Committee for the Research into Dementia Praecox (schizophrenia), and were motivated by a belief that the Balinese routinely entered into dissociated states of consciousness akin to those of the schizophrenic: pathology is still a part of the anthropologist's concept of the Ethnographic.[274]

The failure of empathy not only destroys hope of communicating with others in the external world and expectation of resonance with the internal other, it also diminishes the victim's ability to be in contact and in tune with themselves, to feel that they have a self. Survivors' desperate attempts to find lost families after the war, their hope against hope for years that loved ones are still alive, as well as the urgency with which they established new bonds and families can be understood as stemming from their need to find themselves again. We quote Améry (1966/1980, p. 44): After the Holocaust, I was a person who could no longer say 'we' and who therefore said I merely out of habit, but not with the feeling of full possession of myself.[275]

Dori Laub und Nanette Auerhahn

What would an inappropriate ›racial film‹ be? In 1906 the Dutch conquer the South of Bali, but the narrative of glorious colonialism, a narrative that colludes with anthropology and cinema to picture Bali as a peaceful island of dancing people

272 Hamburger, Andreas/Laub, Dori: Psychoanalysis and Holocaust Testimony. Routledge 2017, S. 279.

273 Orange, Tommy: There There, Harvill Secker, 2018

274 Tobing Rony, Fatimah: The Third Eye. Race, Cinema and Ethnographic Spectacle, Duke University, 1996, S.146.

275 Auerhahn, N./Laub, D.: Failed Empathy. A central theme in the survivor's Holocaust experience, Psychonalytic Psychology, 1989, S. 377-400.

and ancient preserved temples, is disrupted. The Raja of Badung and his court, dressed in royal white finery and numbering in the hundreds, greet the Dutch colonial soldiers by refusing to submit. The scene turns red with their blood: in a puputan (finishing) these people kill themselves, each other, or march forward toward the Dutch colonial army to be gunned down. The soldiers later loot the Raja's palace. A filmmaker is there to produce documentation. The film of the puputan that he shoots is placed in a drawer and never shown to the public. Only certain kinds of ethnographic spectacles are acceptable in cinema, not those which expose the repressive violence that undergirds the ideology of political physics.[276]

Fatimah Tobing Rony

Falsche Politiken des Bezeugens

I ask for a history that deliberately makes visible, within the very structure of its narrative forms, its own repressive strategies and practices, the part it plays in collusion with the narratives of citizenships in assimilating to the projects of the modern state all other possibilities of human solidarity.[277]

Dipesh Chakrabarty

Inarguably, there is a satisfaction in dwelling on the degree to which the power of our enemies over us is implicated, not in their command of knowledge, but precisely in their ignorance. The effect is a real one, but it carries dangers with it as well. The chief of these dangers is the scornful, fearful, or patheticizing reification of ›ignorance‹; it goes with the unexamined Enlightenment assumptions by which the labeling of a particular force as ›ignorance‹ seems to place it unappealable in a demonized space on a never quite explicit ethical schema. (It is also dangerously close in structure to the more palpably sentimental privileging of ignorance as an originary, passive innocence.)[278]

Eve K. Sedgwick

Why, she asked, was she the only crazy one in the family? I told her one is enough to do the job of recording an erased truth. She realized that her symptoms had also benefitted others. She had been nuts, poor thing, so they could feel good! From

276 Tobing Rony, Fatimah: The Third Eye. Race, Cinema and Ethnographic Spectacle, Duke University, 1996, S. 153.
277 Chakrabarty, Dipesh: Europa als Provinz. Campus Verlag, 2010, S. 65.
278 Sedgwick, Eve K.: The epistemology of the closet. California Press, 1990, S. 7.

now on, though, she lifted her head, and used her astute intelligence to bring about her 'come back' on her own terms.[279]

Françoise Davoine and Jean-Max Gaudillière

When talking about forgiveness, we ask: Who is speaking? When perpetrators covet forgiveness, they usually have in mind forgetting, letting go, not taking revenge, and renouncing violence. They view accountability as associated with vengeance, punishment, guilt, and a loss of power, status, and face. When perpetrators ask for forgiveness, they want to be released from the burden of guilt, so that they can be done with this chapter of their lives and move on, as if the Holocaust can be purified. When victims discuss forgiveness, they try to integrate it with ideas of morality and rehumanization. They talk about memory as memorial and as a way to honor victims, and justice and political change as vindication and restitution.[280]

Nanette Auerhahn und Dori Laub

Entpolitisierung, Enthistorisierung und Verleugnung: Romane-gadje Beziehungen

So the Romani episteme must not be considered as something determinate, a category of a heteronomic, dogmatic, outside law that needs to be folklorized or converted to correspond to this perfectibility, the horizon of truth that underpins Western philosophy. We must imagine another relationship between singularity and universality in order to re-enter the scope of the possible and move from universality to pluriversality. Romani singularity is not ›particularism‹. It is the means to another universal, a universal reached in a different way. But Romaniness also means another relationship with truth. This is no minor consideration in times when men and women from different Romani groups are subjected to denials of justice. Like many marginal epistemes, the Romani episteme considers the universal in its relationship with justice. Justice permits us to move and pierce the concept of truth. The perfectible is a means of relating to the history of truth, understood as a coming together, a unification, an origin, and based on the dominant philosophical tradition. All these ways of thinking have reduced Romaniness to a particularism,

279 Davoine, Francoise/Gaudillière, Jean-Max: The psychoanalysis of psychosis at the crossroads of individual stories and of history. In: Laub, Dori/ Hamburger, Andreas (Hg.): Psychoanalysis and Holocaust Testimony. Unwanted Memories of Social Trauma 2017. S. 95.

280 Auerhahn, Nanette/Laub, Dori: Against Forgiving: The Encounter That Cannot Happen Between Holocaust Survivors and Perpetrators. The Psychoanalytic Quarterly, 2018, 87 1, S. 39-72.

a particular determination. The answer to that is not, like the Romani intellectual emancipation movements have done thus far, to clamor that Roma and their intellectuals are equally capable of thinking the universal. Instead Romani intellectuals should be thinking about reformulating the relationship between singular and universal in a very different way. This reassessment also needs to take another paradigm into account, that of the multiple forms of Romaniness. The Romani being challenges the notion of identity, taking position outside the essentialism versus universalism dialectic. If we think of justice as something dissociated from truth, that makes justice the modality whereby singulars become multiples. It means calling on a significance other than that circumscribed by truth, which marks a fixed, determined identity. It means, on the contrary, questioning the significance of multiplicities as we do that of singularities.[281]

Sarah Carmona

Getting ready to leave for the field, she looks through the scientific (and not so scientific) literature on contemporary witchcraft: the writings of folklorists and psychiatrists, of occultists and journalists. This is what she finds: that peasants who are ›credulous‹, ›backward‹ and impervious to ›cause of effects‹, blame their misfortune on the jealousy of a neighbor who has cast a spell on them, they go to an unwitcher (usually described as a ›charlatan‹ now and again as ›naive‹) who protect them from their imaginary aggressor by performing ›secret‹ rituals which ›have no meaning‹ and ›come from another age‹. The geographical and cultural isolation of the Bocage is partly responsible for the ›survival‹ of these ›beliefs‹ in our time. If that be all to be said about witchcraft (and however much you try to find out from the books of folklorists or the reports of trials in the french press over the last ten years, you will learn no more), you may wonder why it seems to be such an obsession. To judge by the public's immense curiosity, the fascination produced by the very word ›witchcraft‹, the guaranteed success of anything written about it, one wonders what journalistic scoop could ever find a greater public.[282]

Jeanne Favret-Saada

In an earlier phase, men had represented up to forty percent of the accused, and a smaller number continued to be prosecuted later, mostly dawn from the ranks of the vagabonds, beggars, itinerant laborers, as well as the gypsies and lower-class priests. By the 16th century, moreover, the charge of devil worship bad become a common theme in political and religious struggle; there was hardly a bishop or

281 Carmona, Sarah: Decolonizing the arts: Genealogy of Romany stereotypes in the Louvre and Prado collections. Critical Romani Studies, 2018, Number 2, S. 159.

282 Favret-Saada, Jeanne: Deadly Words. Cambridge, 1980, S. 3.

a politician who, in the heat of the moment, was not accused of being a witch. Protestants accused Catholics, especially the pope, of serving the devil; Luther himself was accused of magic, and so were John Knox in Scotland, Jean Bodin in France, and many others. Jews too were ritually accused of worshipping the devil, often being portrayed with horns and claws. But the outstanding fact is that more than eighty percent of those who were tried and executed in Europe in the 16th and 17th centuries for the crime of witchcraft were women.[283]

Silvia Federici

283 Federici, Silvia: Caliban and the Witch. Autonomedia, 2004, S. 179.

Literaturhinweise

Améry, Jean: Jenseits von Schuld und Sühne. Bewältigungsversuche eines Überwältigten. Szczesny 1966.

Awosusi, Anita: Vater Unser. Verlag regionalkultur 2016.

Awosusi, Anita/Pflock, Andreas: Sinti und Roma im KZ Natzweiler-Struthof – Anregungen für einen Gedenkstättenbesuch. Dokumentations- und Kulturzentrum Deutscher Sinti und Roma 2006.

Baldwin, James/ Mead, Margaret: A Rap on race. Dell 1971.

Barry, Céline: Toubabesse oder wie Bildung Frauen koloniale Macht verleiht. Edition Assemblage 2019.

Benjamin, Walter: Der Erzähler. In: Illuminationen. Ausgewählte Schriften 1. Suhrkamp 1977.

Beradt, Charlotte: Das Dritte Reich des Traums. Suhrkamp 2016.

Bion, Wilfred R.: Quatre discussions avec Bion. Ithaque 2006.

Bojadžijev, Manuela: Die windige Internationale. Rassismus und Kämpfe der Migration. Verlag Westfälisches Dampfboot 2012.

Bourdieu, Pierre: Méditations pascaliennes. Seuil 1998.

Carmona, Sarah: Decolonizing the arts: Genealogy of Romany stereotypes in the louvre and prado collections. Critical Romani Studies. Number 2, 2018.

Caruth, Cathy: Listening to trauma: conversations with leaders in the theory and treatment of catastrophic experience, Johns Hopkins University Press 2014.

Chakrabarty, Dipesh: Europa als Provinz. Campus Verlag 2010.

Davoine, Francoise/Gaudillière, Jean-Max: The psychoanalysis of psychosis at the crossroads of individual stories and of history. In: Laub, Dori/ Hamburger, Andreas (Hg.): Psychoanalysis and Holocaust Testimony Unwanted Memories of Social Trauma. Routledge 2017.

Derrida, Jacques: Pardonner. Galilee 2012.

Đurić, Rajko: Die Literatur der Roma und Sinti. Parabolis 2002.

Đurić, Rajko: Ohne Heim – Ohne Grab: die Geschichte der Roma und Sinti. Aufbau Verlag 2002.

Efoui, Kossi: Solo d'un revenant. Seuil 2008.

Efoui, Kossi: The shadow of things to come. Seagull Books 2013.

Eliot, Janna: Spokes. Five Leaves Publication 2008.

Ertel, Rachel: Le Shtetl. Payot 2011.

Reuss, Anja: Kontinuitäten der Stigmatisierung. Metropol 2015.

Rose, Romani: Bürgerrechte für Sinti und Roma. Zentralrat Deutscher Sinti und Roma 1987.

Rosenberg, Otto: Das Brennglas. Verlag Wagenbach 2012.

Scholem, Gershom: Wider den Mythos vom deutsch-jüdischen »Gespräch«. Judaica 2 Suhrkamp 1995.

Sedgwick, Eve K.: The epistemology of the closet. California Press 1990.

Sigot, Jacques: Ces barbelés oubliés par l'Histoire. Un camp pour les Tsiganes...et les autres. Montreuil-Bellay 1940-1945. Ėd. Wallâda 1994.

Spivak, Gayatri C.: Can the Subaltern Speak? Turia + Kant 2007.

Stern, Anne-Lise: Le savoir déporté. Seuil 2004.

Stojka, Ceija: Wir leben im Verborgenen. Picus 2013.

Stojka, Ceija: auschwitz ist mein mantel. Edition Exil 2008.

Stojka, Ceija: Meine Wahl zu schreiben – ich kann es. Lyrik der Wenigerheiten 2003.

Stojka, Ceija: Träume ich, dass ich lebe? Cbt 2009.

Strauß, Adam (Hg.): Flucht – Internierung – Deportation – Vernichtung. Hessische Sinti und Roma berichten über ihre Verfolgung während des Nationalsozialismus. I-Verb.de 2005.

Strauß, Daniel (Hg.): ... weggekommen. Philo Verlag Berlin 2000.

Tahirović Sijerčić, Hedina (Hg.): Sar o Paj. Like Water – Collection of poems by Romani women. Amber Press Australia 2010.

Tahirović Sijerčić, Hedina: Rom like Thunder. Magoria Books 2011.

Teitelbaum, Raul: Die biologische Lösung. Zu Klampen Verlag 2008.

Tobing Rony, Fatimah: The Third Eye. Race, Cinema and Ethnographic Spectacle. Duke University 1996.

Weiß, Jane: Antiziganismus als Bildungsbarriere. In: Heinrich-Böll-Stiftung (Hg.): Online-Dossier Perspektiven und Analysen von Sinti und Roma in Deutschland. 2014.

Yıldız, Yasemin: Keine Adresse in Deutschland? Adressierung als politische Strategie. In: Cathy Gelbin/Kader Konuk/Peggy Piesche: AufBrüche kulturelle Produktionen von Migrantinnen, Schwarzen und jüdischen Frauen in Deutschland. Ulrike Helmer Verlag 1999.